오문수 기자의

흉허물 없는 사람 있소?

사람과 삶

머리말

"흉허물 없는 사람 어디 있겠소"

"가진 것 많다 유세 떨지 말고,
건강하다 큰소리치지 말고
명예 얻었다 목에 힘주지 마소.
세상에 영원한 것은 없더이다.
잠시 잠깐 다니러 온 이 세상
있고 없음을 편 가르지 말고
잘나고 못남을 평가하지 말고
얼기설기 어우러져 살다나 가세.

다 바람 같은 거라오
뭘 그렇게 고민하오
만남의 기쁨이건 이별의 슬픔이건
다 한순간이오
사랑이 아무리 깊어도 산들바람이고
외로움이 아무리 지독해도 눈보라일 뿐이오
폭풍이 아무리 거세도 지난 뒤엔 고요하듯
아무리 지극한 사연도
지난 뒤엔 쓸쓸한 바람만 맴 돈 다오"

서산대사가 열반하실 때 쓴 열반 시다. 서산대사는 명예도 부도 권력도 사랑도 다 바람같은 존재라고 했다. 맞다. 세상만사 모든 게 바람같은 존재다. 하지만 무지렁이로 살아온 내게는 산과 들에서 만난 사람들의 존재가 가볍지 않다. 때로는 같이 웃으며 기쁨을 주기도 하고 같이 울기도 했지만 세상 떠날 때는 아프기도 하고 가슴이 허전하기도 했다. 아니! 지금도 아프다. 책 속에는 이 세상을 떠난 몇 분의 글도 있다. 멀리서 바라본 분도 계시지만 아주 가까이 지낸 분도 있다. 그분들에게 묻고 싶다.

"흉허물없는 사람이 어디 있습니까? 뭐가 그리 아프다고 총총히 떠나셨습니까? 욕이란 욕은 다 듣고도 뻔뻔하게 사는 사람도 많은데요"

"담배 있나?" 한 마디가 준 천 마디 말

"담배 있나?"

이 말은 내가 제일 싫어하는 말 중 하나이다. 담배 피우는 사람을 싫어하는 것이 아니라 담배를 싫어하기 때문이다. 부모님이 담배를 피우지 않았기 때문에 담배를 배우지 않았고 군대에서도 담배를 배우지 않았다. 잠깐 담배를 배우게 된 것은 대학 시절 영어연극에 주연으로 등장하면서 커다란 시가 담배를 피워야 했기 때문이다. 콜록콜록 하면서 담배를 피우면 몸에 두드러기가 나서 체질적으로 맞지 않았다.

그런데 봉하마을을 방문했을 때 노무현 대통령 기념관에 걸린 그림 하나가 내 가슴을 후볐다. 부엉이 바위 위에 적힌 말풍선 속 "담배 있나?"라는 말. 내게는 천 마디 말보다 더 많은 말로 다가왔다. 한 나라의 대통령을 지낸 분이 온갖 수모를 당하는 심정은 담뱃불보다 더욱 시커멓게 타들어 갔을 것이다.

폐결핵으로 요절한 북한 출신 김응관 시인의 시, 30년 만에 시집으로 출판해 준 이환희 여사... 나이 들어 꼭 닮고 싶은 어른이었다

여수에는 내가 존경하는 어른이 계셨다. 일제강점기인 1925년에 여수에서 태어나 2001년 6월 29일 영면한 이환희 여사는 한국 근현대사에서 일어난 크고 작은 변란을 겪었다. 일제강압통치, 8.15해방, 여순사건, 6.25전쟁, 4.19의거, 5.16쿠데타, 5.18민주화운동, 6월 민주항쟁 등 역사의 소용돌이를 체험한 분이다.

일제강점기 시절 수재들만 입학할 수 있다는 경성여자사범학교를 다닌 이환희 여사는 우리말 말살 정책 때문에 일본어 사용을 강요당하면서 비장한 마음으로 일본어를 배웠다. 격동기 시절 남보다 많이 배운 신여성인 그녀 친구들은 교수나 교육계에서 두각을 나타낸 사람들이 많았다. 하지만 그녀는 고향인 여수에 내려와 유치원과 초·중등학교에서 인재를 양성하고 여성들의 지위 향상을 위한 여성 단체 활동에 많은 힘을 기울였다.

살아계실 때 몇 번 뵙지 않았지만 항상 인자한 미소를 띠며 다정다감하게 사람들을 맞이해주는 모습에 나도 나이들면 저렇게 늙어야겠다는 생각을 했다. 그분이 가신 지 20년이 지난 작년 어느 날 책꽂이에 꽂힌 <한 줄의 편지>라는 수필집이 눈에 들어왔다. 정갈한 필치와 소외된 이들을 진정으로 사랑한 인류애가 꿈틀거리는 글들. 마지막 페이지가 끝날 때까지 손을 놓지 못한 이유는 따로 있었다. 그동안 다른 분들이 보내준 수필집 속에는 미사여구와 자기 미화가 많았지만 그 분의 글은 달랐다. 진솔한 글이 가슴을 후볐기 때문이다.

그녀의 수필집은 한글과 일본어 번역본이 동시에 기록되어 있다. 일본어로 번역된 연유가 있었다. 1994년 일본 미야자끼 백제유적답사단이 부여를 방문했을 때 '혼돈회'의 대표 야마시타 미치야씨를 만난 인연으로 <

혼돈>지에 투고를 하게 되었다. 처음에는 인사치레로 써 보냈던 것인데 <비>라는 작품이 혼돈상 가작으로 선정되었고 독자들이 독후감을 써주었기 때문에 계속 원고를 보내게 되어 <혼돈>과의 연이 깊어졌던 것이다. 그녀가 쓴 <1995년의 어떤 상념>, <창씨개명> 등 15편의 글이 일본어로 실리자 미야자끼 일대에서는 일대 센세이션으로 받아들여졌다.

<1995년의 어떤 상념>은 학교에서 조선어사용을 전면금지 당하면서 겪었던 아픔과 경성여자사범학교 시절 겪었던 일화, 신사참배를 반대했다는 이유로 폐교 당한 일부 사립학교문제, 황국신민이라며 징용 당한 조선인과 위안부 문제 등을 자세히 기록한 글이다. <창씨개명>은 그녀가 학창시절 개명을 강제당했던 이야기로 그 중에는 끝까지 개명을 반대한 한 할아버지의 일화도 적혀있다. 60이 훨씬 넘어서 쓴 글이지만 유려하고 세심한 필치에 일본인들도 감동해 독후감을 보내왔다.

또 하나 나를 사로잡은 <하얀 고무신에 어린 눈물>이 내 가슴을 아프게했다. 두만강변 국경 마을에서 태어나 함경북도 성진으로 이사한 39세 청년 김응관에 얽힌 사연이다. 그는 홀홀단신으로 월남하여 의지할 곳이 없자 군에 입대해 병을 얻었다. 이환희여사는 주변의 어려운 사람들을 돕자며 결성한 '소화회' 사람들과 함께 여수 신월리에 있는 결핵환자촌을 방문해 설탕에 재운 딸기를 환자들에게 먹여주었다. 잠시 후 구석에 있는 한 사람이 그만 울음을 터트리며 천천히 말을 시작했다.

"저 고무신을 꼭 다시 한번 신어 보겠다고 투병하고 있지만 오늘 같은 온정을 접하고 보니 인자 죽어도 여한이 없습니다"

가끔 월간지에 시나 수필을 써서 발표하기도 했던 그의 꿈은 건강해져 오래 살 수 있다면 시집을 출판하는 것이었다. 그녀는 좀 더 많은 시작을 하게 되면 시집을 출판해드리겠다고 약속했다. 결핵환자촌을 방문하거나 편지를 주고받던 어느 날 김응관은 세상을 떠났고 그의 옆에 있었던 환자 한 명이 이환희 선생님께 전해주라며 남기고 갔다는 원고 뭉치를 건넸다. 생활형편 때문에 내년에는, 내년에는 하면서도 시집 출판하는 일이 쉽지 않았다. 매년 장마 때면 원고에 곰팡이라도 필까봐 바람을 쐬고 햇볕에 말린 그녀는 30년 만에 약속을 지켰다. 김응관 유고시집 <나는 벙어리>에는 "할말이 너무 많아 나는 벙어리입니다"라고 적혀있다. 그의 시 중 몇 줄을 보면 전쟁의 참상과 고향을 그리워하는 이야기가 적혀 있다.

"포성이 하늘을 찌르고 젊은 병사가 피를 토하고 죽어간 산과 들과 마을의, 그리고 고향의 이야길랑 더 더욱 말하지 못합니다"

김응관은 자신의 시 <죽음을 닮은 생각>에 병에 걸려 움직일 수 없는 자신의 신세를 한탄하며 결핵환자라고 멸시하는 사람들에 대한 원망을 담고 있다.

"우리는 너무나 많은 시간 고독했다. 따스한 가정이란 먼 옛날의 동화 속에 나오는 왕자와 공주 이야기이고 어쩌면 향수와 같은 감상일런지도 모르겠다. 포성이 산야를 치받고 울리던 전쟁과 번거롭고 악착스런 사회에서 병을 얻고 쓰러진 너무나도 공평하지 못한 불행아들이다. 이 가난한 나라에 하필이면 병인이란 멍에가 차고 겨웁다. 차라리 제 힘으로 땅바닥을 기어가는 굼벵이의 존재가 얼마나 떳떳하고 부러운가"

"신보다 사람이 그립다. 아플 때 찾아와 주고 기쁠 때 함께 웃어 주고 슬플 때 함께 울어주는 인간이 그립다"고 말한 김응관 옆에는 참 인간 이환희 여사가 서 있었다. 이환희 여사의 얘기다.

"남북 이데올로기와 전쟁의 희생자였던 대부분의 북한 출신 사람들은 살아서는 돌아가지 못했던 고향의 하늘을 죽어서는 자유롭게 날아다닐 수 있을까? 생각하면 찢어질 것 같은 가슴의 아픔을 느끼는 것이다"

76세의 고령에도 여수지역사회연구소 이사장직을 수락한 것은 “여순사건으로 가족이 학살당한 사람들이 연좌제가 무서워 조개처럼 입을 다물고 있지 않으면 안 되었기에 그 희생자 가족의 가슴 아픈 추억을 이해하는 작업에 산증인으로서 미력이나마 도움이 되리라는 생각 때문이었다”고 한다.

‘사상이 다름을 초월하여 희생자는 동등한 명예 회복이 되지 않으면 안 된다’고 반복해 말씀하신 그녀가 돌아가셨을 때 여수시민회관 광장에서는 여수시민사회장이 치러졌다. 이환희 여사가 돌아가셨다는 소식을 들은 일본의 양심있는 지식인들도 참석해 가시는 길을 애통해 했다.

60넘은 의지의 한국인들…레기나 브렛(Legina Brett) “성장해가는 노인이 죽어가는 젊은이보다 낫다”

미국 오하이오주 클리블랜드 플레인 딜러에 사는 90세 노인인 레기나 브렛(Legina Brett)은 “성장해가는 노인이 죽어가는 젊은이보다 낫다”고 했다. 100세 시대를 살아가는 나이든 분들이 귀담아 들어야할 경구다. 책에는 60이 넘었지만 나이를 의식하지 않고 세상을 변화시키기 위해 애쓰는 분들도 있다.

초등학교를 마치고 서울로 가출해 고학하면서, 중국집 보이, 구두닦이, 신문팔이, 신문배달, 넝마주이를 전전하며 주위 도움으로 목사가 된 이재언씨. 여수 백야도에서 섬 주민들을 대상으로 선교활동을 하다 섬 주민들의 어려운 현실을 목격하고 선교와 복지 활동을 병행하다 섬 전문가가 됐다. 그는 30년 동안 전국에 소재한 유인도 447개를 3번 돌고 <한국의 섬> 시리즈 13권을 출간했다. 그의 덕분에 나는 서남해안 섬 100여개를 돌아보며 바다에 대한 시야를 넓혔다.

늦은 나이에 만난 친구 중에는 별난 친구가 있다. 사귀면 사귈수록 정감이 가는 친구인 이효웅은 나와 동갑내기이자 세상을 향한 지향점이 같다. 40년간 초등학교 교사 생활을 하는 동안 옥상에서 3년간 자신이 손수 설계하고 제작한 소형 해양탐사선 코스모스호를 타고 백령도부터 동해안 휴전선 인근과 독도까지 8,000㎞를 항해했다. 동해안을 항해하다 수상한 선박으로 오인돼 군경이 출동하기도 한 이씨는 카약을 타고 해식동굴을 촬영하기도 한다. 배타고 해식동굴을 탐사하는 건 위험하기 때문에 카약 타고 찍은 그의 해식동굴 사진은 우리나라 최고다.

살다 보면 바보(?) 같은 사람도 있다. 하는 짓이 바보가 아니다. 웬만한 사람같으면 시도 조차 못해볼 일을 하는 사람을 일컫는 말이다. 영악하게 자기 자신의 이익만을 탐하지 않고 의미있는 일에 헌신하는 사람을 일컫는 말이다. 그가 바로 고조선유적답사회를 이끄는 안동립씨다. 동아지도 대표이기도 한 그는 지도학회 이사로 재직 중이던 2005년에 일본에서 다케시마의 날을 제정해 국민들이 공분하자 독도를 17번 방문하여 50여일간 체류했다. 독도에 체류하는 동안 독도의 식생, 식물의 종류, 지명, 위치를 자세히 표시한 지도 80만부를 발행했다. 독도살리기에 애쓴 그에게 국가에서 돌아온 것은 소송이다. 2007년 서도의 제일 높은 봉우리에 이름이 없어 그가 '대한봉'이라고 짓자 국가 허락없이 마음대로 지명을 지었다는 게 이유다. 그가 재판에서 이긴 결과는 값지다. 그가 작명한 대한봉이 공식 지명이 됐기 때문이다.

그가 영토보전을 위해 아파트 두 채를 팔아 제작해 국민들에게 나눠준 지도는 무려 9가지다. 독도지형 지도, 독도식생지도, 고조선의 광역과 요하문명지도, 고조선 역사지도, 백두산지도, 우리역사지도, 하멜표류기 지도, 대마도는 우리땅 거꾸로 전국지도, 중학교 사회과부도.

독도사랑 공로로 2021년 대통령 상을 수상한 안동립. 서울에서 아파트 두 채를 가지고 있으면 배불리 먹고 살 수 있을텐데 사서 고생하는 바보같은 그에게 박수를 보낸다.

학교 화장실에서 치킨파티를 연 조영만 교장...패배 의식에 젖어있던 학교를 개혁하다

'타성에 젖었다'는 뜻은 변화나 새로움을 꾀하지 않아 굳어진 습관대로 나태하게 산다는 의미다. 한 지인으로부터 여수시 화장동에 있는 여수석유화학고등학교에는 교육계의 타성을 깬 별난 교장이 있으니 만나보라는 전갈이 왔다. 매일 아침 등교하는 학생들에게 하이파이브를 하며 학생들을 격려해준다는 것이다.

반신반의하며 학교를 찾아갔다. 여수 시내 중학교 3학년 학생 대부분이 진학을 기피한 학교였기 때문이다. 교장실에 들어가 학교 현황판과 경영관에 대해 듣다가 충격을 받았다. 훌륭한 교장이 빈말이 아니었기 때문이었다. 공모교장으로 부임한 조영만 교장은 여수산단에 소재한 대기업 직원 출신이다. 그가 학교에 부임할 때 학생과 교직원들에게 말한 교장의 꿈이다.

"성공하는 사람들의 공통점은 긍정주의자이며 일을 시키면 안 되는 이유보다는 될 수 있는 방안을 찾는 사람을 육성하는 것입니다"

전교생에게 '나의 인생 사명서와 인생목표 100가지'를 의무로 써오라고 숙제를 내준 그가 학교 화장실을 둘러본 후 실망해서 학생들에게 "화장실이 깨끗해지면 화장실에서 파티를 열겠습니다"라고 말했다. 화장실이 호텔 화장실처럼 깨끗해지자 그는 학생들과 함께 화장실에서 치킨파티를 열었다. 사비로 학생들에게 치킨파티를 열어준 조영만 교장이 학생들 품성 교육을 위해 시작한 일은 전원 금연, 무감독시험, 매일 감사일기 쓰기다. 품성 교육을 통해 달라진 학생들이 낸 결과물은 어떨까?

2017년 1월 4일 졸업한 제16회 졸업생 99명 중에서 공기업에 채용된 학생이 80%가 넘고 중소기업을 포함하면 87명이 합격했다. 높은 취업률이 나올 수 있는 비결은 무엇일까? 첫 번째 요인은 좋은 학생들이다. 입학 당시 학생들의 내신을 살펴보면 상위 20~30%다. 두 번째 요인은 교육 프로그램이다. 전교생이 기숙사에서 생활하면서 전문 학사 수준의 지식 습득에 몰두했다. 반복되는 심성 훈련도 이어졌다. 졸업 전까지 학생들이 취득한 위험물, 가스, 환경, 화학분석, 에너지, 전자기기, 정보처리, 컴활/PPT, 토익 스피킹 등의 자격증 취득률 총계를 계산해보니 783%나 됐다. 교육은 한 마디로 성장 과정에 있는 학생의 변화를 이끌어내는 과정이다. 타성에 젖은 교육으로는 타성에 젖은 학생만 길러낼 뿐이다.

걸레스님으로 알려진 중광스님은 묘비명에 "괜히 왔다 간다"고 썼다. 그 말을 듣고 책 출판을 준비하며 내가 살았던 길을 뒤돌아 보니 내 묘비에는 "괜찮게 살고 간다"고 적을 수 있을 것 같다. 책 출판을 권유하고 편집해준 비지아이 출판사 신익재 사장에게 감사드린다.

차례

머리말 3

흉허물 없는 사람 있소? - 인물

아흔 살 장인 장모와 행복한 하루 19
'행복도시'를 꿈꾸는 시민운동가 한창진 25
노회찬 "가진자들을 위한 정책에서 벗어나야" 30
그땐 세상이 다 미쳤었지 35
격동기를 살았던 신영길 박사 41
키스나무와 기근(基根)을 아시나요 46
단 수수대 과자를 아시나요 51
봉하마을에서 다시 만난 노무현 55
그 분은 이 땅의 사람이 아니었다 60
사람은 사람 때문에 상처 받고 사람 때문에 치유받는다 68
이 포스터 그렸다고 검찰조사 "겁 안 나요" 72
엄홍길 대장은 큰 산이었다 76
어린 왕을 고아로, 대비를 과부라 부른 기개의 남명 조식 81
왕년에 한가락하던 이 남자, 날 울리네 85
모든 괴로움은 내가 어리석어서 생기는 일 89
죽다 살아난 그, 이젠 아프리카 돕겠답니다 93
'아저씨'라 불리고 허름한 집에서 산 국가주석 98

차례

80세까지 바다 누비기로 했습니다 103
전 세계 돌아다녔지만 내 고향이 최고 109
내 손으로 직접 만든 배… 3년 걸렸습니다 114
제주 우도의 전설을 만들어가는 사람 118
이 사람 없었다면 윤동주도 없었다 123
40평 '집'을 1,200만 원에, 놀라운 건축 노하우 131
아기가 뱃속에서 죽었는데도 모르는 산모들이 있었어요 138
수장시킨 드론만 4대… 한국 최고의 섬 전문가 144
독도에서 가장 고통스러운 건 산사태와 깔따구 148
내 삶을 뒤돌아보게 한 이환희 여사 155
"똥구멍이 찢어지게 가난하다"는 말에 이런 배경이 162
독도에서 산 50년… "태풍 와도 잠만 잘자요" 168
일본해로 표기된 동티모르 역사교과서 동해로 바꾸기도 176
군함도 강제징용에 원폭 피해까지… 한 남자의 삶 182
우리나라 최초의 여성 CEO 김만덕 189
밥 두 숟가락의 황홀감… 그녀가 시를 쓴 이유 195
'안철'씨 목소리 통해 76년만에 되살아난 노래 '청석포' 198
기구한 운명의 한 남자… "가족 7명 중에 나만 살아남았어요" 203

차례

흉허물 없는 사람 있소? - 역사

도롱이 입은 이 사내의 국적은 일본? 211
역성혁명에 불복한 여수가 치른 값비싼 대가 217
전라좌수영 수군의 한 축, 방답진 221
일제 잔재 없애는 것만이 과거사 청산일까 226
근대개혁운동과 항일민족운동의 산실이 된 임실 232
"해외학자들이 '최고' 외쳤다".. '전북 가야' 답사기 239
세계문화유산 등재 기다리는 전북 가야 답사기 244

흉허물 없는 사람 있소? - 교육

인권이 살아 숨 쉬는 학교 만들기 253
학생들을 영어의 바다에 빠뜨려라 259
책 만들며 영어 배워요 264
3년 연속 수능 영어 만점, 비결이 뭐냐고요? 268
요즘 아이들 '성관계 하면 임신' 안 통해요 274
폐교 직전보다 학생수 10배 증가, 비결은? 280
초등학생 국악 연주실력 끝내주네 287

차례

나는 아마도 전생에 한국인이었을 걸요 293
국제해상무역의 선구자 장보고 297
258m위에서 내려보니, 황포강이 흐른다 301
이국적 모습의 아름다운 항구 나가사키 307
흰종검글? 이건 대체 무슨 뜻일까 311
내가 찍은 '흉물 골프장' 사진, 교과서에 실렸네 316
4개국 문화가 한자리에… 이런 거 '알랑가몰라' 319
화장실에서 치킨파티를 한 교장선생님 323
긴 호흡으로 갈 때라야 희망은 보여! 329
세상에서 가장 아름다운 '무너'를 소개합니다 333
뿔난 전남대 여수캠퍼스 동문 "차라리 분리독립하자" 338
33년 교직생활 되돌아 보게 만든 한 수업 344
베를린 장벽 무너지는 모습 본 독일인 "DMZ 보고 전율" 350
육지에서 유학오는 학교, "떠나기 싫다"는 학생들 357
세월호 추모곡 만든 초등학교 선생님 364

사람과 삶

오문수 기자의 흉허물 없는 사람 있소?

아흔 살 장인 장모와 행복한 하루

결혼기념일 축하 '외도' 여행

"시발역인 동대문에서 종착역인 서울역까지 천천히 가는 전차를 친구들과 쫓아가 잡아타던 시절이 8살 무렵이었는데, 한 게 아무것도 없이 벌써 90이야. 세월 참 빠르다!"는 장인과 장모님을 모시고 거제도에 있는 외도에 다녀왔다.

10월 3일은 두 분의 결혼기념일이고 26일은 장인 생신이다. 꽃을 좋아하여 '80 먹은 소녀'라고 놀리던 장모님과 여행을 좋아하시는 장인을 모시고 안동을 가기로 오래 전부터 계획했었다.

하지만 여수에서 안동까지는 상당한 거리이고 순천 낙안읍성과 비슷하다는 주위의 설명에 꽃을 좋아하시는 장모님을 위해 외도를 가기로 했다. 며칠 전에 말씀을 드리고 7시 반에 출발한다는 말씀에 어린애들처럼 좋아하시는 두 분을 보니 진작 모시고 갔어야만 했다는 생각이 들었다.

장인은 어릴 적 종로 YMCA 옆에 집이 있어 틈나면 도서관에 가기도 하고 농구도 하여 학창시절에는 농구선수를 했다. 그런 연유로 여수시 농구협회장도 맡기도 할 만큼 건강했지만, 지금은 방금 한 말을 또 묻고 하셔서 치매가 걱정되기도 한다.

더 쇠약해지기 전에 맛있는 것도 사드리고 여행도 보내드리려고 하지만

1 일본에서 대학 영문과를 졸업하셔서 시립도서관에서 영자신문을 보시는 장인

2 장모님 역시 사범대학을 졸업해 교사로 재직하셨다.

3 포로수용소 유적공원

4 일본해군이 주둔했었다는 지심도

5 온갖 화초와 나무들로 꽃 공화국인 외도

6 광양읍에 있는 월남쌈 전문식당다

요즘 걸음 걷는 속도가 5년 전보다 훨씬 떨어졌다. 일본에서 대학 영문과를 졸업하셔서 지금도 시립도서관에서 영자신문을 보시는 장인은 치매방지를 위해 사전을 찾아가며 영자신문을 읽고 오신다.

일제 때 대학 졸업 후 곧바로 취직해 고위직에 올랐지만 올곧은 성격이라 부정과 타협하지 못하고 퇴사하여 사업을 벌였지만 남의 말을 쉽게 믿어서 실패를 거듭하기도 했다.

장모님도 연세가 80이다. 역시 일제 때 사범대학을 졸업해 고등학교 교사로 재직하셨다. 한때는 수녀가 되어 소록도에서 나환자 간호의 꿈을 꾸다가 장인과 결혼하셨다. 장인 대신 경제를 책임지고 일찍 돌아가신 친정어머니 대신 8남매의 맏이로 집안 대소사까지 도맡아했다.

어느 날 새벽기도 가는데 강도가 성경책 가방을 돈으로 알고 빼앗으려는데 끝까지 놓지 않자 왼쪽 눈을 밟아 멍이 들고 퉁퉁 부은 눈으로 병원에 누워 계셨다. 화난 자식들이 강도를 욕하자 그 와중에도 "하나밖에 없는 허리를 밟았으면 꼼짝 못할 텐데 한쪽 눈만 밟았으니 얼마나 다행이냐! 하나님 은혜에 감사하다."고 말씀하셨던 천사다.

두 분을 모시고 아내와 함께 거제시 장승포에 도착한 시간은 오전 11시. 11시 20분 배를 타고 출항하려는데 선장이 비슷한 배가 너무 많고 관광색이 낳기 때문에 돌아올 때 이 배를 탈 수 없을 수도 있다며 '챔피언'이라는 선명을 나눠주며 이름표처럼 차도록 권한다.

15분쯤 항해 후 일본해군이 주둔했었다는 지심도가 보인다. 현재는 낚시터로 유명하다. '쥐의 귀'처럼 생겨 '서이말'이라 불리는 바위는 대마도와 가장 가까워 조오련씨가 대마도를 향해 수영을 출발한 곳이다.

항구에 있는 여객선이 크기나 높이가 적은 이유는 해금강에 있는 십자동굴을 빠져나가야 하기 때문이란다. 파도가 없고 날씨가 좋으면 동굴을 지나갈 수 있지만 오늘은 약한 파도가 있어 구경만 하고 다시 되돌아 나왔다.

우리나라 명승 1호는 소금강이고 2호는 해금강이다. 득남바위, 촛대바위, 이빨 빠진 사자바위 등으로 유명한 해금강을 거쳐 외도에 도착했다. 상륙 후 돌아와 다시 승선하기까지 허용된 시간은 1시간 30분이다.

거동이 불편한 두 분을 위해 노인복지회관에서 휠체어를 빌렸지만 오히려 불편할 거라는 말에 휠체어를 포기하고, 경사진 산길을 걸어 올라가던 도중 공원 벤치에 앉아 부두에서 사온 충무김밥으로 점심을 때우기로 했다. 커다란 총각김치며 오징어무침과 어묵 맛을 음미하며 즐거운 점심 식사시간을 가졌다.

정상 부분에 오르니 정말 대단하다. 섬을 이렇게 아름답게 가꾼 이창호씨 부부에게 감사드리며 부럽기도 하다. 일전 TV에서 봤지만 온갖 화초와 나무들로 꽃 공화국을 건설했다. 장모님은 예쁜 꽃들만 보면 "씨를 얻을 수 없는가?"며 묻는다.

4만 4천 평의 천연동백림 숲과 아열대 식물인 선인장, 코코야자, 가자니아, 선샤인, 용설란 등 3천여 종의 수목과 섬 안에 조성된 전망대, 조각공원, 야외음악당 등 섬 전체가 하나의 공원이다.

식사하느라 시간을 뺏겨 두 분을 비너스 공원에서 구경하시라고 한 후 아내와 함께 빠른 걸음으로 돌아다녔지만 승선할 시간이 다됐다. 선장에게 좀 기다려달라고 사정하든지 다음 선편을 예약하든지 선택하기 위해 부리나케 뛰어 내려가고 아내는 두 분을 모시고 서둘러 내려와 간신히 배를 탔다. 가쁜 숨을 몰아쉬던 노인들이 안도감에 즐거워하신다.

다음 코스는 포로수용소 유적공원이다. 포로들이 가장 많았을 때는 17만 3천 명까지 달했다는 포로수용소 디오라마를 본 두 분은 "정말 새삼스럽다. 6·25를 겪어보지 못한 세대는 그때 얼마나 지독했는지를 상상도 못할 것"이라고 말씀하신다.

그때는 사람 목숨이 파리 목숨만도 못했다. 고 한다. 전쟁이 나자 영어를 잘한다는 이유로 문관이 되어 미군 양륙함인 LST를 타고 제주도에서 갓 신병교육을 마친 군인들을 태우고 최전선으로 배치되는 군인들을 육지로 실어나르는 임무를 맡았다. 장인은 작전 중 차가 뒤집혀 죽을 뻔했다.

영양상태가 나쁘고 의료시설이 부족했던 일제 때는 나병환자들이 어린 사내아이 고추를 먹으면 낫는다는 속설이 있었다. 집안에 대사를 치르느라 고모가 축음기 바늘을 사오라고 심부름을 시켜 밤 8시쯤 시내에 나갔다. 저만치서 50대쯤으로 보이는 사람이 도와달라고 하여 따라갔다가 허리춤을 잡고 주머니에서 칼을 꺼내는 순간 잡았던 손을 뿌리치고 도망쳤다.

"두 번의 죽을 위기를 벗어나 이렇게 오래 사는가 보다."고 하며 "아무것도 한 게 없이 아흔이 돼 버렸다."고 한숨이다. 정말 아무것도 한 게 없을까? 장인은 항상 진취적 생각을 가지고 계신다.

수지침을 배워 노인정을 돌며 봉사활동을 하는데 짐이 많아 불편하다며 6번 만에 전국 최고령으로 운전면허를 따고, 자식들에게는 "아무리 어려운 일이 있더라도 낙심하지 말라"고 가르쳐 자녀들이 맡은 분야에서 열심히 살아간다.

자전거로 시내 상가를 돌며 여수에서 최초로 상호신용협동조합을 설립하셨고, 수지침 전문가가 되어 알고 있는 의학지식을 인터넷을 통해 알리겠다고 85세에 컴퓨터 학원에 다니기도 했다.

"요즘 젊은이들은 모든 일을 쉽게 포기하고 갈수록 도전정신이 부족하다."고 하시는 장인의 마음만은 언제나 청춘이다. "손주들이 시집 장가가는 모습을 보고 죽으려면 120까지 살아야겠다."는 욕심에도 기력이 쇠해지는 모습을 바라보는 자식들은 안쓰러운 심정이다.

저녁을 사겠다고 고집부리는 두 분을 모시고 광양읍에 있는 월남쌈 전문식당에 갔다. 각종 해초류와 깻잎, 숙주, 양파, 날치알, 양배추, 한천, 비트 등 21가지나 되는 맛깔스럽게 생긴 야채들을 듬뿍 라이스페이퍼에 싸서 두 손으로 먹어야 하니 "양반 되기는 틀렸다"고 웃었다.

꽃과 식물을 좋아하는 사장님의 취향으로 실내까지도 꽃이 가득하게 심어있는 모습에 장모님이 더욱 좋아하신다. "처음으로 타본 휠체어에 승용차, 배까지 타고 맛있는 음식까지도 먹었으니 너무나 행복한 하루였다."는 장인 장모님이 건강하게 오래 사셔야 할 텐데. (07. 10. 05)

‘행복도시’를 꿈꾸는 시민운동가 한창진

해직교사 출신 시민운동 30년...<행복도시를 만드는 시민운동> 출판

한창진! 그가 23일(금) 출판기념회를 열었다. 여수 신기초등학교 강당에서 연 <행복도시를 만드는 시민운동> 출판기념회에는 3백여 명의 지역인사와 뜻을 같이하는 운동가들이 그를 축하하기 위해 모였다.

국민의 절반 이상이 수도권에 집중하여 ‘서울 공화국’이란 말로 모든 것이 압축되는 한국 사회. 그 속에서 지방분권화를 외치며, 지역을 떠날 능력이 없어 지역에 살고 있는 것이 아니라, 지역에 사는 것이 행복하다고 느끼는 시민들이 모여 사는 지역이 바로 ‘행복도시’라는 말로 서두를 장식했다.

그는 1955년 여수시 수정동에서 태어나 여순사건과 한국전쟁의 피비린내가 채 가시지 않은 곳에서, 태평양으로부터 밀려오는 외세와 거센 파도를 보며 오동도 부둣가에 정박한 외항선을 보고 자랐다.

초등학교와 고등학교까지 고향에서 보낸 그는 광주교육대학과 조선대학을 졸업했다. 고향으로 발령난 그는 고등학생 이상 단체 해산을 명령했던 암울한 70년대 긴급조치 상황에서, 학생아카데미와 청년아카데미를 조직하여 흥사단 여수분회를 창립하였다.

시민단체로는 YMCA밖에 없었던 시절에 우수 학생을 선발하고 자부

1 한창진시민운동가 부부

2 출판을 축하하는 사물놀이 장면

3 출판기념회에는 3백여 명의 지역인사와 뜻을 같이하는 운동가들이 그를 축하하기 위해 모였다

4 <행복도시를 만드는 시민운동> 출판기념회

5 한창진은 '여수의 도산 안창호'라는 말을 들었다

6 그의 책은 시민의 자존심 3려통합, SOC의 싹 세계박람회, 보물단지 여수산단, 성숙한 시민사회, 미래의 투자 지역교육, 시민참여 자치 행정의 6개 분야로 구성

심과 긍지를 갖도록 지도한 그는, 학생과 주위로부터 인정받기 위해 모범적인 행동을 할 수밖에 없었다.

일요일 새벽 6시 자산공원에 올라 이순신 장군 동상 앞에서 애국가 4절까지 부르기, 3분 스피치, 쓰레기 줍기, 독서토론회, 금요강좌, 수련회, 문답 등을 통해 민족의식을 심어주며 '여수의 도산 안창호'라는 말을 들었다.

1980년 5월 18일 광주항쟁을 맞이하여 시 단위지역에서는 전남에서 유일하게 헌혈운동과 성명서를 등사기로 밀어 숨겨 다녔다. 울분과 분노를 삭이면서 행동하지 않은 양심에 대한 죄책감을 느끼던 그는, 6월 항쟁을 겪으면서 소수 엘리트 중심의 흥사단 활동에 한계를 느꼈다.

이름처럼 해직을 밥 먹듯 한 정해직 선생님을 만나면서 느낀 부끄러움이 잠재되어서, 우연찮게 교육민주화 운동에 참여하게 된 것이 인생의 전환점을 맞았다.

1987년 9월 26일 여수·여천 교사협의회가 창립되고, 88올림픽으로 썸머타임제가 실시된 어느 날 근무하던 여도국민학교교사협의회 회장이 되었다. 그 후 '빨갱이 교사'라는 누명과 '교사가 어찌 노동자인가?'라며 전국 최초의 사립초등학교 해직교사가 되었다.

해직을 반대하는 많은 학부모 서명과 집회에도 소용이 없었다. 명동성당 차가운 시멘트 바닥에서 열흘간의 단식과 13번의 경찰 연행은 오히려 그의 투쟁 의지를 굳건히 하는 계기가 됐고 재야 운동가로 변모하기 시작했다.

해직당한 직후 자전거 뒤에 참교육 티를 싣고 다니면서 마련한 돈으로 '열린교실'을 만들었다. 주민도서관과 문화 공간을 위한 다양한 프로그램을 진행하면서 동료 교사와 학생, 학부모, 지역 주민을 만나며 그들의 애환을 듣고부터 지역의 크고 작은 일에 나서기 시작했다.

교육감이 초도순시 차 여천교육청을 방문할 때는 혼자서 종이 피켓을 들고 앞마당에 걸터앉아 1인 시위를 했다. 시의원 징계에 맞서 시청 정문에서 몸싸움을 하면서 밀고 당기는 대치 속에 육중한 쇠문이 발등에 떨어져 발가락이 부러지는 수난을 당하기도 했다.

해를 거듭할수록 말은 거칠어갔고, 최루탄과 곤봉을 무서워하지 않는 싸움꾼이 되어가고 있었다. 여수뿐만 아니라 여의도, 광주 금남로, 부산, 마산 등 전국을 다니면서 거리 시위와 점거 농성을 하였고, 집회에 나서서 선동하는 발언을 사자후처럼 쏟아냈다.

그러면서도 여수 YMCA이사, 환경교사모임, 여수여천지역사회연구소, 환경을 지키는 시민의 모임 등 시민단체를 조직 또는 참여하여 활동하였다. KBS 여수방송국 고정 칼럼 방송, 다른 방송사와 언론의 인터뷰와 출연이 계속되었다.

1994년 여천시 관내로 복직되면서 학교 밖에서 참교육을 외쳤던 당사자로서, 사회가 교육과 교사에 대한 불신이 얼마나 크다는 것을 누구보다 잘 알고 있는 복직교사로서 내부 개혁은 당연한 과제였다. 오랜 관행에 젖어있는 학교를 바꾸는 것에 대한 높은 벽에 복직 2년 만에 쓰러져 2개월 병가를 내야만 했다.

이미 무쇠처럼 단단해진 그의 의지는 지역의 최대 현안인 3려통합운동과 민선 단체장 선거를 맞아 시장 후보 정책토론회를 준비하면서 시민자치운동으로 방향 전환했다. 이런 과정에서 탄생한 것이 '여천시민협'으로 통합 후, '여수시민협'으로 명칭이 변경되었다.

여수의 일은 여수에서, 여수 사람이 나서서 해결한다는 분권 의식으로 참여와 자치를 위한 새로운 시민운동을 시도하였다. 상근자 중심이 아닌 직업을 가진 시민들이 일을 서로 나눠서 작은 참여 속에 큰 기쁨을 거둔다는 기치를 내걸었다. 문화관광답사와 시민토론회, 자치 강좌, 의정 감시, 시내버스 공동 배차제 실현 등이 이에 해당한다.

지역의 주요 현안을 해결하는 과정에서 다양한 연대 활동이 자리 잡았다. 90년대 초반 '여수여천지역사회운동협의회'를 시작으로 시민단체연대회의 정책위원장과 집행위원장을 겸하면서 여수가 전국 제일의 시민운동지역으로 알려지게 되었다.

그는 한 선생 또는 한 대표라고 불린다. 한 선생은 교육 운동을 상징하고, 한 대표는 시민운동을 상징하는 호칭이다. 그러나 그는 남들이 겪기 힘든 이중 고통에 시달렸다. 언론에 자주 등장하면서 "아이들이나 열심히 가르칠 것이지 저런 데까지 나설까?"하는 의구심과 "자기일도 못하면서 시민운동을 한다."는 비아냥을 듣지 않기 위해 몇 배로 노력해야 했다.

전국YMCA연맹 이학영 총장은 "오늘 우리 사는 세상에 한창진 선생님 같은 분 천 명만 계신다면 아마 세상이 변해도 야무지게 변할 텐데 하는 생각을 해본다."고 말한다.

대학생 시절부터 30년지기로 출판기념회에 참석한 전국 흥사단 이사장 겸 월드리서치 대표 박인주씨는 "한씨를 통해서 여수의 희망을 보았다. 앞으로 여수를 더욱 아름답고 행복한 도시로 만드는 데 기여할 것."이라고 축하의 말을 했다.

30년 시민운동을 결산하면서 쓴 그의 책은, 시민의 자존심 3려통합, SOC의 싹 세계박람회, 보물단지 여수산단, 성숙한 시민사회, 미래의 투자 지역교육, 시민참여 자치 행정의 6개 분야로 구성되어 있다.

거의 대부분의 가정에 다 있는 자가용도 없이 매일 운동화를 신고 출퇴근하는 그는, "여수에서 태어나 여수에서 사는 것이 행운이었다."고 생각한다. 한씨는 '아름다운 여수, 살기 좋은 여수, 자랑스런 여수'가 되는 행복한 도시의 꿈을 현실로 이루기 위해 오늘도 운동화 끈을 질끈 동여맨다.

(07. 11. 24)

노회찬 "가진 자들을 위한 정책에서 벗어나야"

노회찬 진보정당 상임대표 초청 연설에서

7월 11일 저녁 7시부터 9시까지 전남 여수청소년수련관 지하강의실에서는 50여 명의 시민들과 당원들이 참석한 가운데 노회찬 진보신당 상임대표의 시국 강연회가 열렸다.

그동안 촛불 집회에 참여하느라 여수에 오지 못했다는 그는 "역대 대통령 중 이명박 대통령만큼 국민들의 입에 많이 오르내린 대통령이 없다."고 지적했다. "서울에서 '각오해라 방학이 가까워온다'는 글귀가 적힌 티셔츠를 입은 한 초등학생을 보면서 많은 생각을 했다."

다음은 노회찬 상임대표의 강연요지다.

17대 대선과 18대 총선 결과 진보정당들의 참패로 귀결됐다. 이로 인해 당분간 현실정치의 정치지형은 수구 보수 세력이 득세하고 진보세력이 후퇴하게 됐다. 선거 결과는 수구 보수세력을 압도적으로 지지한 유권자들의 투표행위로부터 비롯된 것이지만 그렇다고 해서 이를 유권자들의 보수화로 해석하는 것은 논리적 비약이다.

이명박 대통령은 직선제로 뽑힌 5번째 대통령이지만 전직 대통령 4명과 다른 점이 있다. 4명은 당선될 때 50%에 못 미치는 득표율로 당선 됐지만 임기 시작 무렵에 60%에 이르고, 임기 초기에는 70~80%까지 지지율이 오른 후 금방 안떨어진다. 또한 정권 말기에는 30%까지 곤두박질친다.

그런데 이명박 대통령은 다르다. 580만의 큰 표차로 당선됐다. 문제는 당선 다음날부터 떨어져 취임식 초반 40%. 취임직후부터 계속 떨어져 100일째는 7~9%까지 떨어졌다. 이것은 신기록이다. 광우병 쇠고기 때문에 지지율이 폭락했지만 광우병 문제가 터지기 이전에 이미 40%까지 떨어졌다. 그 이유를 분석해보면 앞으로의 정국을 내다볼 수 있다.

민심이반의 원인은 서민이 아닌 가진 자 중심의 정책에서부터

대선 6일 전에 딴지일보와 인터뷰했다. 당시 모두 "이명박후보가 당선될 텐데 어떻게 보느냐?"는 질문에 "역대 어느 정부보다 민심이반이 빨리 이루어질 것이다."고 했는데 점쟁이처럼 맞아떨어졌다. 헌데 이처럼 빨리 떨어질 줄은 예상 못했다.

이 같은 예상은 나름대로 과학적 근거가 있기 때문이다. 이명박 대통령이 당선된 것은 경제 때문이다. 경제가 어려울 때 흠이 좀 있더라도 경제를 살릴 수 있는 사람을 지지했기 때문에 당선됐다.

하지만 실제로 노무현 대통령 때 경제가 그렇게 어렵지 않았다. 성장, 3천억불 수출 등 경제지표는 괜찮았는데 서민경제가 문제였다. 택시타면 기사

여수청소년수련관 지하강의실에서 열린 노회찬 진보신당 상임대표의 시국 강연회 장면

가 "IMF만큼이나 힘들다"고 하고 시장상인들은 "죽겠다"고 불평이었다.

유엔에서 말하는 백만장자는 부동산을 빼고 10억 이상을 가진 자를 백만장자라 한다. 우리나라의 백만장자가 늘어나는 속도는 세계 4위다. 통계를 보면 상위 20%와 하위 20%의 격차가 더 커진다.

사회양극화 격차가 더 벌어진 시기는 IMF이후

타이타닉 사고가 나 사람들이 차가운 얼음물에 빠져 죽어갈 때 구명정이 다가왔다. 구명정에 태우는 순서는 약자부터였다. 그런데 IMF 때 약자부터 구한 게 아니고 재벌기업과 대기업부터 구했다.

이들에게 수조 원씩의 공적자금을 투입해서 살려놨고 중소기업과 힘없는 사람만 고통을 당했다. 또한 IMF때 대기업 위주로 법을 고쳐 놨다. 대표적인 것이 정리해고 제도이다. 임금깎이고 복지가 줄어들었다. 대기업에서는 파견업체와 계약을 맺고 마음에 들지 않으면 언제든지 자를 수 있다. 이 영향이 전국적으로 일파만파로 퍼질 것이다.

내부경쟁이 심해지고 특별히 할 게 없자 퇴직금을 받아 너도나도 장사를 시작했다. 미국의 자영업자 비율은 7%지만 한국은 36%에 이른다. 하지만 신장개업한 사람의 70%가 1년안에 망한다. 미용사가 전국에 60만 명이다. 전국의 여자들이 2~3일에 한 번씩 미용실에 가야 이들이 먹고 살 수 있다. 이들은 반찬값 학원비 밖에 못 번다.

일자리 문제 해결이 관건

헌데 정부는 강자 편에 섰기 때문에 지지율이 떨어진다. 한국은 30년 전에 중소기업이 모여 별별 거 다 수출했다. 지금은 수출이 잘 된다지만 자동차, 조선, IT 등의 대기업 위주 제품이 주종을 이루고 이들은 중소기업만큼 일자리를 만들어내지 못한다.

적게 벌어도 자신이 일할 수 있는 직장을 갖게 해야 한다. 비정규직 철폐를 위해 싸워야 한다. 남원에 모 대형 마트가 생겨 소비자들은 좋다고 했지만, 소규모 자영업자 30%가 무너졌다. 다른 대형마트가 입점하려 하자 시민들이 데모하여 막았다.

선거 전에 한 중소기업 사장이 "나는 노무현 대통령에 반대한다고 하더니 지금은 후회한다고 한다. 대기업의 중소기업에 대한 거래관행만 고쳐도 좋다. 그들은 물품대금으로 어음을 준다. 부당한 하도급 관행들도 없애야 한다."

교육·의료·주택문제

오렌지 아륀지 그게 무슨 상관이냐? 가난한 사람들은 서울대학교에 들어갈 수 없다. 고액과외 논술 사교육비를 펑펑쓰게 만드는 게 문제다. 학벌사회와 대학서열화 체제가 한국교육의 핵심이다.

대학 교육비는 현재 미국, 한국, 일본 순으로 비싸다. 서울대가 연 6백만 원 연세대가 천만 원이다. 하지만 프랑스 소르본느 대학은 1년에 150유로(22만 원)다. 오스트리아, 핀란드는 무료로 대학을 다닌다. 핀란드는 아예 입시가 없다. 서울대학교는 학문 경쟁력이 세계 100등 안에 든 적이 없지만 핀란드는 1등이다. 우리나라는 교육철학이 문제다.

우리나라의 의료제도는 세계에서 중간정도다. 현재 시행되고 있는 건강보험 당연지정제를 폐지하면 잘 나가는 병원은 의료보험 환자 안 받아도 얼마든지 운영이 가능하다. 따라서 가난한 사람들이 의료비용이 늘어난다. 국민들이 이것을 알고 선거에 참여한 사람이 거의 없다.

4년 전에 아파트를 전세로 얻었는데 5년 동안 두 배 올랐다. 그때 돈을 빌려서 샀더라면 내 집이 됐을 텐데 지금도 마누라 볼 면목이 없다. 열심히 일해도 집값 오르는 것을 따라잡을 수 없는 게 문제다.

규제는 약자를 위한 배려

규제가 있는 것은 강자도 약자도 함께 살게 하기 위한 배려이다. 세상에 무한경쟁이 살아있는 곳은 동물의 왕국이다. 외국에서는 대형마트 입점에도 인구비례당 입점규제, 대형마트 운영 시간 규제, 콩나물 등의 품목까지도 규제하고 있다.

노동시장에도 규제가 필요하다. 대기업을 방문하면 비정규직 노동자들이 우리를 외면한다. 정규직은 옹호하면서 비정규직은 보호해주지 않는다는 것이다. 자영업자들은 현재 대기업 노동자들보다 훨씬 어렵다.

캐나다는 우리와 비슷하지만 교육, 의료 등 공공성 확대를 위해 노력하니 훨씬 좋다. 이걸 하기 위해서 진보신당이 존재한다. 삶의 질, 고용과 복지를 높이는 데 노력해야 한다.

– 오랜 동안 꾸준히 노동운동을 하는 이유는 뭡니까?

"1972년에 대통령이 국회해산을 하고 10월 유신과 비상계엄을 선포했다. 국회와 서울대에 탱크가 진주해 큰일날 줄 알았는데 아무 일도 일어나지 않아 교과서가 진실을 말하지는 않는다고 생각하면서 운동권에 뛰어들었고 광주항쟁에 충격 받아 평생을 노동자로 살기 위해서 전기용접 기술을 배웠다. 노동운동을 하면서 전혀 다른 인생, 철학을 얻었다. 어쩌면 구원 받았다. 이때부터 우리사회가 가야할 길에 대해 고민하기 시작했다."

앞으로 진보신당의 미래에 대해 묻는 참석자의 질문에, "특히 부유세 도입, 무상교육, 무상의료 공약과 같은 민생의제로써 사회양극화시대에 서민정당, 정책정당으로서의 면모를 인정받으며 원내진출을 이뤄냈던 진보정당은 자주와 평등에 대해 냉정한 평가를 하고 이념을 재구성해야 한다.

앞으로 다가올 2012년 총선이 진보신당의 운명을 가르는 중요한 시기가 될 것이다. 사회양극화의 그늘에서 진보적 대안을 마련하여 국민에게 다가가야 한다."고 말을 맺었다. (08. 07. 13)

그땐 세상이 다 미쳤었지

[인터뷰] 여수의 향토사학자 이중근

오는 10월 19일은 여순사건 60주기 기념일이다. 여순사건 후 연좌제 때문에 한 평생을 다른 길로 갈 수밖에 없었던 여수의 향토사학자 이중근(77세)선생을 만났다. 부인과 사별하고 자식들과 분가해 조그만 아파트에서 혼자 살고 계시는 이씨는, 두들겨 맞고 고문당한 후유증으로 거동이 불편한 것을 제외하곤 기억력도 훌륭하고 카랑카랑한 목소리다.

1931년 여수시 호명동에서 태어난 이씨는 출생 직후 4살 때 충무동으로 이사해 비교적 부유한 환경에서 어린 시절을 보냈다. 해방 후 2학급 규모로 140명을 모집하는 여수중학교에 입학했다.

입학 후 교시(校舍)건립 문제로 학내에서 동맹휴학이 일어나고, 모스크바 삼상회의 이후 찬탁과 반탁으로 나뉜 갈등이 심각했다. 집안은 삼대독자였기 때문에 본능적으로 좌익과 우익 어느 쪽에도 가담하지 않으려고 조심했다.

하지만 세상은 그를 그냥 놔두지 않았다. 당시 18세이던 1948년 10월 19일 여순사건이 발발하자 여수는 좌우할 것 없이 처참한 살육 만행의 현장으로 변했다. 하루는 공부만 하고 있었던 그를 개인적 감정이 있던 사람이 잡아가 곡괭이 자루로 엄청나게 맞고 사경을 헤맸다.

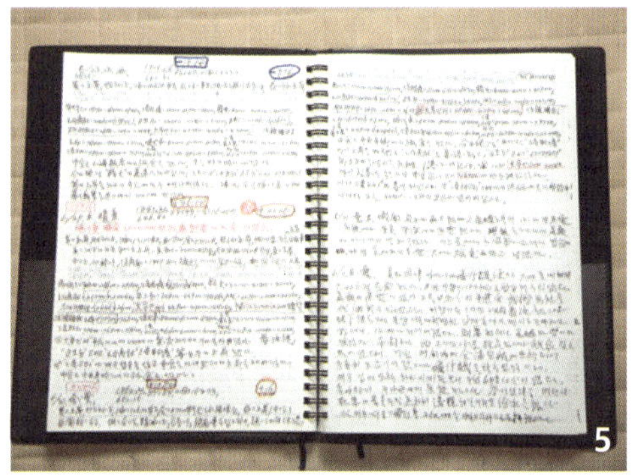

1 여수지역의 거의 모든 고인돌을 직접 찾아 사진을 촬영하고 기록 보관하였다.

2 여수 만성리 굴앞에서 학살된 125명을 죽어서나 형제처럼 지내라는 의미의 '형제묘'

3 여수시 고소동 계산에는 이순신 장군의 덕을 추모하여 '눈물을 흘린다'는 의미의 '타루비'가 세워져 있다

4 여수의 향토사학자 이중근

5 젊었을 적부터 하루도 빠짐없이 일기를 써왔다는 그의 노트에는 깨알 같은 글씨가 가득하다.다

6 1997년부터 3년간 조사와 집필을 한 「여순사건사실조사서」발간

열 대까지는 맞은 것이 기억나는데, 그 후부터는 기억도 없고 아프지도 않았다. 다행히 아는 사람들이 도와줘 구사일생으로 살아났다. 평생 너무 아프고 쑤셔 쭈그려 앉을 수가 없었다. 아픈 자리인 척추를 수술해 보여준 수술자국이 10센티 쯤 됐다.

"왜 그렇게 때렸어요, 좌익이었습니까?"

"아니, 학교 다닐 때 개인적으로 싸운 적이 있었지."

"그게 사람을 죽고 살릴 만큼 큰 죄였습니까?"

"그때는 학생연맹이라는 게 있어 끌고 가서 두들겨 패는 게 실적이 되는 시대였지. 뭐랄까? 한 마디로 그땐 세상이 다 미쳤었지. 여수에서는 좌·우 어느 쪽이든지 연결 안 된 집이 하나도 없을 거여. 지금은 그때 몹쓸 짓 한 사람들도 하나 둘씩 죽어가고 있어요. 나는 용서할 준비가 돼 있는데 나를 때린 사람은 지금도 내 앞에 나타나지 않는다. 찾아와서 용서를 빌면 60년이 지났으니까 용서해 주겠는데 찾아오지 않네. 아니 못 오는 것이겠지."

그의 집안은 창에 소질이 있던 숙부가 여순사건에 가담했다는 혐의를 받고 체포돼 대구 형무소에서 억울한 생을 마감했다. 이 일로 당국으로부터 감시와 의심을 받고 연좌제에 묶여 사회활동에 많은 제약을 받았다.

혼란의 와중에서 벗어나는 길은 여수를 떠나는 것이다. 그는 한국전쟁 중에 서울대학교 사범대학 국문과에 입학하게 됐다. 그러나 연좌제의 끈질긴 악연은 계속돼 친척과 연계된 것으로 예단한 당국에 끌려가 코에다 고춧가루 물고문, 손가락사이에 연필 꼽고 비틀기, 무릎사이에 장작 넣고 밟기 등 온갖 고문을 받았지만 혐의가 없자 풀려났다.

풍비박산이 난 가정형편 때문에 더 이상 대학을 다닐 수 없게 되자 육군 공병으로 입대 후 제대했다. 결혼으로 가장이 된 이씨는 취직자리를 알아봤지만 번번이 떨어졌다. 당시는 중학교 졸업장만 있어도 웬만한 곳은 취직이 보장되던 시기였지만 '오케이' 소리를 듣고 이력서를 다섯 번이나 냈지만 떨어졌고 이유를 들어보면 연좌제 때문이었다.

1960년대부터 전세방과 사글세방을 전전하다가 봉강동에 터전을 잡은 후 1980년대에 제12대 대통령을 선출하기 위한 대통령선거인단에 당선됐고, 1982년부터는 평화통일자문위원 역할을 맡아 17년간 수행했다.

"선생님! 선생님 성격하고는 그 자리가 안 맞을 것 같은데요?"

"허허허, 허긴 그렇지. 하도 연좌제에 한이 맺혀서 한을 풀 방법이 없을까 궁리하고 있었는데 대통령 선거인단 선거가 있다고 해서 출마했는데 돈 한 푼 없는 내가 당선됐어."

실제로 1982년부터 향토사연구를 시작했는데 평화통일자문위원의 직함이 먹혀들고 연구에 탄력이 붙기 시작했다. 그 때부터 여수시문화원 사무국장 일을 맡아 20여 년을 향토사연구에 전념했다. 다음은 이씨가 여수지역 역사연구에 공헌한 자료들이다.

그는 여수지역의 거의 모든 고인돌을 직접 찾아 사진을 촬영하고 기록 보관하였다. 이 과정에서 오림동 진남경기장 조성공사 당시 자칫하면 매장될 뻔한 칼이 암각(岩刻)된 고인돌을 발견하였다. 이 자료는 학계의 비상한 관심을 끌어 지방 기념물 제150호로 등록됐다.

여수시 고소동 계산에는 이순신 장군의 승리를 기념하는 '통제이공수군대첩비'와 장군이 돌아가신 6년 후 부하들이 장군의 덕을 추모하여 '눈물을 흘린다'는 의미의 '타루비'가 세워져 있다.

이씨가 조사할 당시에는 대첩비와 타루비가 보물 제571호로 함께 묶여 지정돼 있었다. 이씨가 중심이 된 위원회에서는 유물의 성격이나 건립연대 등에 차이가 있으므로 분리하여 줄 것을 정부에 건의하여 1998년 타루비는 별도로 보물 제1288호로 지정됐다.

전라좌수영 성벽의 훼손을 막는 등 좌수영 보존에도 힘쓰고 전라좌수영에 관련된 각종 고서를 발굴하여 연구했다. 특히 전라좌수영 관련 고서인 '진도요해' '호좌수영사례'를 남산동의 박 아무개씨가 소장하고 있다는 소식을 듣고 빌려주지 않자 사진기로 촬영한 후 6개월 동안 필사하여 원본과 똑같은 책을 만들어 냈다. 그는 진주시민의 노력으로 복원된 진주성과 같은 전라좌수영성 복원이 꿈이다.

어렸을 때 봉산동 일대에서 놀면 고무신이나 운동화가 길이나 들판에 널린 철 부스러기인 슬러지에 걸려 금방 망가진 점, 봉산동 일대의 논바닥이 붉은 색을 띤 점 등에 의문을 품고 연구를 시작해 봉산동 일대가 전라좌수영의 병기창 역할을 했음을 밝혀내 한국 철강학회에서 발표했다.

그는 자신과 직접 관련되기도 했고 여수 역사상 가장 비극적인 사건인 여순사건의 실상을 밝히기 위해 애썼다. 1997년부터 3년간 「여순사건사실조사서」 발간을 위해 여수와 순천, 삼산면과 거문도 등의 섬을 다니면서 목격자와 피해자들로부터 증언을 채록한 후 인명피해자들이 암매장당한 현장을 밝혀내고 유골 발굴 작업에도 참여했다.

젊었을 적부터 하루도 빠짐없이 일기를 써왔다는 그의 노트에는 깨알 같은 글씨가 가득하다. 1998년 여순사건 50주기에 직접 지었다는 '혼돈반세기'는 증언을 채록하고 그 아픔을 기록한 자작시이다.

돌산의 죽포와 거문도 학살 현장을 얘기하던 그는 팔순이 다 돼가는 나이인데도 눈에 눈물이 그렁그렁하다. 남의 아픔이 내 아픔이었을까? 아래는 돌산의 죽포에서 채록한 내용을 그린 이씨의 시에서 인용한 내용으로 진압군이 젊은 새댁으로 하여금 숨어있는 남편을 찾아내도록 다그치면서 시아버지 뺨을 때리게 하는 장면이다.

둔전죽포 둘러보니 삼강오륜 착취로다
새색시와 사아버님 무릎 꿇어 앉혀놓고

맞뺨치기 웬 말인가 삼강오륜 어이하고
새색시 손 못 대면 짓밟고 차고 나서
시아버지 멱살 잡고 요렇게 치는 거다
아이야! 차라리 니가 나를 때려라
숨어있는 남편이 그래도 안 나오면
집에다 불을 놓아 온 가족이 갈 곳 없네

다음은 여수 만성리 굴앞에서 학살된 125명을 죽어서나 형제처럼 지내라는 의미에서 '형제묘'라 불리는 형제묘를 그린 내용이다.

만성리 굴앞 왼편 높드란 곳 웅덩이
다섯 사람 한 켜 장작 한 켜
다섯 켜 다섯 모대기 125명
지름 찌끄러서 3일간 화염에 쌓여
지나는 길손들 코를 못 둘렀고
훗날 후손들이 표석을 세웠건만
그 흔적 간데없어 혼들마저 갈 곳 없네

열 살 때 인민군이 여수에 주둔하면서 미군기가 폭격하는 장면을 목격했고, 한참 호기심이 왕성한 때라 친구들과 여수경찰서에 구경 가서 즉결처분 당하는 사람의 창자가 나오는 걸 직접 봤다는 분 얘기다.

"한반도에는 거의 30년마다 전쟁이 일어나곤 했는데 지금은 50년 동안 평화로운 시대가 계속되고 있다. 남북한에 전쟁을 겪지 않은 세대가 대부분이라 전쟁이 얼마나 처참한가를 잘 모른다. 남북한 누군가가 오판하여 또다시 광란의 시대가 올까 걱정된다." (08. 10. 06)

격동기를 살았던 신영길 박사

최대 장서가로 기네스북에 올랐던 신씨를 만났다

장서 55,200권을 소장해 1995년 기네스북에 올랐던 신영길 박사를 만났다. 현재 85세인 그는 순천 조례동에서 부인 김정자씨와 함께 글을 쓰며 남은 여생을 보내고 있다. 해방과 더불어 남들이 부러워할 공직 생활을 했지만 그리 순탄하지는 않았다.

광양군 진월면 마룡리에서 태어난 그는 일제 치하 미술시간에 태극 그림을 그린 것 때문에 초등학교 때부터, 불온하고 불량한 조선 사람이라는 뜻의 불령선인(不逞鮮人)으로 낙인 찍혀 상급학교 진학이 좌절됐다. 철도국에 공채로 입사한 신씨는 순천철도국에 배속됐고 해방과 더불어 여수긴국준비위원회(1945. 8) 시기를 맡았다.

전라남도 경찰학교 특별과에서 1등을 한 그는 각 도에서 5명씩 차출되는 인원으로 뽑혀 종로경찰서에 배정된 후 상해임시정부 요인들이 있던 경교장에서 경호 임무를 맡았다. 당시는 경찰 정복이 없었고 팔에 완장만 찼다.

왜 서울로 차출됐는가를 묻자, "1946년 4월부터 전국에 콜레라가 만연돼 서울에서도 시체가 하루에 수백 명씩 나오고 치안이 불안해진 공백을 메우기 위해서였다."고 한다. 당시 72세 쯤의 백범 선생은 2층에서 머물고 젊은 신씨는 백범 선생의 등과 팔 다리를 안마해 드렸다.

그는 그 당시에 대해 "독립운동가로서는 그분을 덮을 사람이 없었지만 대한민국 정부수립을 반대한 점이 아쉽다"며 "당시 모스크바 삼상회의에서 신탁통치가 논의되고 있었고, 36년 동안 일제 치하에 있었는데 또다시 5년 동안이나 신탁통치를 받아야 하는가?"라고 생각했다고 말했다.

여수로 돌아와 신월동 파출소장으로 근무할 당시 겪은 국군 제14연대의 반란사건은 참담한 경험이었고 간신히 목숨을 건졌다. 주경야독으로 공부한 그는 1950년 4월 제1회 고등전형고시 행정과에 합격했다.

경찰을 그만 둔 그는 1952년 7월에 제2대 대선시 이시영, 조병옥 후보 선대위전남동부지구 선전부장을 맡으며 야당인 민주당과 인연을 맺었고 또다시 시련이 시작됐다. 1955년 민주당 창당주비위원회위원 겸 전라남도당 선전부장일 때 목포에 가면 당시 목포 선전부장이던 김대중씨가 사회를 보고 신씨는 유세를 하기도 했다.

제3대 대선시 민주당 대통령후보 신익희, 부통령후보 장면씨가 출마했을 적에 "못살겠다 갈아보자"라는 대선구호는 신씨가 고안했다. 계속된 야당생활은 경찰의 감시와 6회의 옥고와 5회의 중앙정보부 연행으로 인한 고문 때문에 복숭아 뼈가 부러져 오른발을 못 쓰는 장애인이 돼 지팡이를 짚고 외출한다.

1960년 외자청 주사공채시험에 합격한 그는 외자청, 경제기획원, 재무부, 대통령비서실 등에 근무했지만 계속 주사직급을 면하지 못했다. 요시찰대상 낙인이 찍혔기 때문이다. 주사직에 비애를 느낀 그는 1967년에 금융계로 자리를 옮겨 주택은행 지점장으로 공직생활을 마감했다.

신씨의 인생에 전환점을 이룬 것은 성재 이시영 선생과의 만남이었다. 공직에서는 출세를 못할 상이니 전기서적이나 귀중문서 지도 등의 수집과 집필이 연분이라는 가르침에 역사서적, 일제의 침략서적, 각종 지도,

국경관련 도서 등 55,200 권을 수집 소장하게 돼 기네스북에 올랐다.

정치인과 경제부처 공직생활, 금융인 등으로 근무하며 끊임없이 언론 활동을 계속하여 국토회복과 대마도, 간도, 독도에 관한 논문을 비롯한 505편의 시사칼럼과 14권의 책을 저술했다.

“살면서 가장 아쉬운 것은 뭡니까?”하고 묻자 “책을 고향에 기증하지 못하고 광운대에 기증한 것”이란다. “당시 여수대 총장에게 장서를 기증하겠다는 의사를 전하자 흔쾌히 응하고 관계자들이 서울자택까지 방문해 자료를 조사해 갔는데 내부사정으로 취소됐다.”고 전했다.

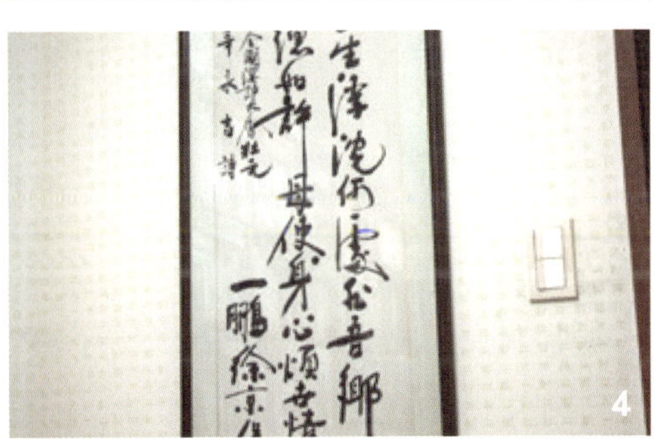

1 장서 55,200권을 소장해 1995년 기네스북에 올랐던 신영길 박사판

2 제3대 대선시 민주당의 “못살겠다 갈아보자”라는 대선구호는 신씨가 고안했다

3 국토회복과 대마도, 간도, 독도에 관한 논문을 비롯한 505편의 시사칼럼과 14권의 책을 저술했다

4 우리 국사를 반드시 읽어라. 마지막으로 귀중한 시간을 허송하지 말라. 시간은 다시 돌아오지 않는다

그 후 교분이 있는 김영삼 전 대통령이 청와대에 초청해 좋은 칼럼만 쓰지 말고 국정에 대한 어드바이스를 요청해 자료를 보냈을 때 당시 문교부 장관이던 박영식씨와 알게 됐다. 장관직을 그만둔 박영식씨가 총장으로 있던 광운대에서 기증을 요청해 와 5톤 트럭 다섯 대 분량의 서적을 실어갔지만 일부만 전시되고 있어 속상하다고.

역사학자로서 하고 싶은 말

"세상을 살아가는 데는 단계가 있는데 한꺼번에 몇 계단을 뛰어 넘으려고 한다. 뉴라이트가 역사 교과서를 극우쪽으로만 가는 것도 안 되고 너무 지나치게 진보적으로 가는 것도 바람직하지 않다. 여당이든 야당이든 국가를 위해서 일해야 하는데 정당의 이익만 쫓아 지나치게 싸운다. 우리가 하는 일이 역사의 한 단면인데 있는 그대로를 보여줘야 후손에게 도움이 된다.

독도문제는 일본사람이 말을 할 수가 없다. 신라 때부터 우리 땅을 을사보호조약 이후 시마네현 조례에서 억지 주장을 펴고 있다. 나는 대마도와 간도 녹둔도가 우리 땅이라고 논문을 발표했다. 대마도는 우리나라가 먼저 우리 땅이라고 주장했어야 하는데 위정자들이 역사의식이 없었다.

이성계의 위화도 회군으로 우리나라가 반신불수가 됐다. 그의 회군으로 고구려 땅을 회복할 기회를 잃었고 하나의 불교 사상으로 뭉쳐있던 나라가 유교를 채택해 노론, 소론, 남인, 북인의 끊임없는 당쟁의 영향으로 국력이 쇠퇴해져 일제에게 당한 것이다.

친일파와 민족반역자 문제도 일제시대 면서기 면장만 했다고 친일파는 아니다. 당시는 대지주에게 농토를 다 빼앗겨 자식들이 보통학교를 졸업해 출세하는 것이 커다란 영광이었던 시절이다. 일제시대 도지사 이상인 사람들이나 총독부에 근무하고 나라를 팔아먹은 송병준 같은 역적은 처단해야 마땅하지만 선의의 피해자는 구분해야 한다."

후배들에게 전하고 싶은 말

"첫째, 책을 좀 읽어라. 둘째, 매스미디어를 너무 믿지 말라. 셋째, 전공 여하를 불문하고 우리 국사를 반드시 읽어라. 마지막으로 귀중한 시간을 허송하지 말라. 시간은 다시 돌아오지 않는다."

그 연세에 어떻게 그렇게 날짜까지 정확히 기억하는가를 묻는 질문에 신씨는 날짜를 정확히 찾아내지 못하면 글을 쓰지 않는 게 자신의 원칙이란다. 현재 398쪽 짜리 여수시사를 집필 중인 그는 "앞으로는 나이도 있어 장편을 안 쓰고 단편이나 칼럼만 쓸 예정"이란다.

신영길 박사의 건강과 우리사회에 대한 기여를 빈다.

(08. 11. 10)

키스나무와 기근(基根)을 아시나요

천리포 수목원 찾은 희망제작소 호프메이커스 클럽

천리포 수목원! 우리나라에서 가장 많은 1만 5천 종류의 수목을 보유한 곳이다. 6~70년대를 살았던 분들에게는 천리포보다는 박경원이 노래한 흥겨운 폴카 풍의 '만리포 사랑'을 연상하면 쉽다.

천리포는 만리포와 맞닿은 아름다운 해변으로 주변에는 해변의 길이에 따라 십리포, 백리포, 천리포, 만리포가 있다. 중국 쪽으로 툭 튀어나온 태안반도에 자리한 이곳은 은빛 모래와 섬으로 이어져 외국의 어느 해변 못지않은 절경이다.

폭염이 내려쬐는 금요일 오후 희망제작소 50여 명의 호프 메이커스 클럽(Hope Makers Club)회원들은 서울, 부산, 광주, 제주도 심지어 홍콩에서도 만사를 제치고 모임에 참석했다. 천리포 수목원 생태교육관에 모인 이들은 직업도 가지가지다. 정치인, 법조계, 학계, 종교계, 기업가, 학사, 농부 등. 이들을 모이게 하는 구심점은 무엇일까? 시골이장 같은 웃음을 짓는 박원순 변호사 때문일까? 아니다. 양극화와 절망에 빠진 우리사회에서 희망을 찾기 위해서다.

우리나라의 빈부격차를 나타내는 지표인 지니계수는 0.325에 달해 1990년 조사를 시작한 이래 최고치를 기록했다. 지니계수는 0과 1 사이의

값을 가지는데 값이 1에 가까울수록 소득분배의 불평등 정도가 높다는 의미이며 통상 0.35 이상이면 소득분배가 매우 불평등하다고 평가한다.

호프메이커스 클럽은 각계각층의 전문가들이 모여 우리사회 갈등의 벽을 허물고 토론하면서 비전콘텐츠를 나누는 모임이다. 프로그램 중에는 호프메이커스 클럽회원 중에서 미래지향적이고 지속가능한 단체를 선정하여 소개하고 정보를 공유하는 '희망소기업에 날개를 달자'라는 코너가 있다.

(주)자미원 에프엔지(대표 양희정)는 '우리 아이들이 안심하고 먹을 수 있는 닭고기는 없을까?' 하고 궁리하다가 무항생제 닭고기를 개발했다. 무

1 천리포 수목원 찾은 희망제작소 호프메이커스 클럽 회원들

2 참석자 대부분은 초면이다. 하지만 이상을 같이하는 사람들이라 그런지 오래된 지기처럼 밤새 얘기꽃을 피운다

3 희망제작소 50여명의 호프 메이커스 클럽(Hope Makers Club)회원들은 서울 부산 광주 제주도 심지어 홍콩에서도 만사를 제치고 모임에 참석했다

항생제 닮은 천연물질 등으로 면역성을 높이고 사육 전 과정에서 항생제, 성장촉진제, 호르몬제를 먹이지 않아서 안심하고 먹을 수 있다.

설립 당시 홍쌍리 여사의 청매실 농원에서 버려지는 매실을 닭에게 먹이면서 매실닭이 탄생했다. 닭들은 적절한 사육밀도와 깨끗한 사육환경에서 위생적으로 생산해 닭고기 고유의 맛도 살아있다. 특히 모든 제품에 생산자 이력제를 실시하고 있다.

참석자 대부분은 초면이다. 하지만 이상을 같이하는 사람들이라 그런지 오래된 지기처럼 밤새 얘기꽃을 피운다. 수목원에 대한 기대와 설렘은 또 다른 기쁨을 던져줬다.

최동석 교수! 몇 년 전 내가 읽은 책 중 가장 감명 깊게 읽었던 저자 중

1 수목원 설립자 민병갈(본명: Carl Ferris Miller)은 57년 동안 이땅에 살며 한국과 나무 사랑에 헌신했다

2 수목원에는 크리스마스트리에 사용하는 호랑가시나무가 350여 종이 있다

3 천리포수목원을 돌아보는 참석자들

4 마당에는 백년 쯤 되어 보이는 배롱나무 한 그루가 온 마당을 포근하게 감싸고 있었다

한 분이다. 만나보고 싶었던 분을 뜻하지 않은 곳에서 만나 흥분된 마음으로 이것저것 듣고 물으며 늦게 잠들었다.

새벽 5시. 요란하게 울어대는 어치와 끼룩끼룩 소리를 내며 우는 갈매기 소리에 잠을 깨 숙소인 아담한 한옥으로 예쁘게 지은 배롱나무산장을 나섰다. 마당에는 백년 쯤 되어 보이는 배롱나무 한 그루가 온 마당을 포근하게 감싸고 있었다.

울퉁불퉁한 그루터기에서 뻗어 내린 가지에 압도될 것 같은데 삼십여 미터쯤 쭉쭉 뻗어 올라간 홍송과 이름 모를 나무들이 배롱나무를 왜소케 한다. 소나무와 산죽 숲 사이로 난 오솔길을 십여 미터쯤 내려가 후문을 열고 바닷가를 내려 봤다.

그제야 꿈속 같은 분위기를 방해하는 밤늦은 폭죽 소리의 원인을 알았다. 해수욕장에 놀러온 관광객들이 늦게까지 놀았던 것이다. 이렇게 아름다운 해변이 기름으로 파묻혔던 처참한 현장이었던가?

다음날 일행은 아침을 먹고 팀을 나눠 수목원을 둘러보기로 했다. 수목원 설립자 민병갈(본명: Carl Ferris Miller)은 미국 펜실바니아주 웨스트 피츠턴에서 태어나 24세 미군장교로 한국에 왔다. 한국은행에 근무하면서 직원들의 신뢰를 받기도 했던 그는 57년 동안 이땅에 살며 한국과 나무 사랑에 헌신했던 영원한 푸른 눈의 한국인이다.

민병갈 대표가 돌아가신 후 2대 이사장으로 재직 중인 문국현씨는 "만오천종을 다 보려면 3일은 걸려야 하는데, 몇 시간만 보고 가면 사람을 이름으로 부르지 않고 사람으로 부르는 것과 마찬가지로 그냥 나무로 부를까 염려 된다."고 했다.

수목원에는 크리스마스트리에 사용하는 호랑가시나무가 350여 종이 있다. 또한 세계 600여 품종의 목련 중 400여 종이 자라고 있어 세계 식물학계가 인정하는 수목원이다. 완도 호랑가시나무는 호랑가시와 단풍나무의 교잡종이다. 보통 호랑가시나무의 끝은 일정하지만 완도 호랑가시나무는 잎마다 끝의 생김새가 다르다.

삼색 참죽나무는 중국이 원산지다. 새순을 먹는나무라 하여 '참죽'이라 부른다. 참죽처럼 생겼지만 봄에 새로운 잎이 날 때 처음에는 밝은 붉은색에서 여름에는 아이보리색 그리고 초록빛으로 잎이 세 번 변한다.

나무의 지혜가 놀랍다. 카스피연안의 이란이 원산지이며 국내 주엽나무와 사촌인 가시(이란)주엽나무는 낙타와 같은 야생동물로부터 자신을 보호하기 위해 낙타가 닿는 부분까지만 날카로운 가시가 있다. 우리나라 목련은 봄에 꽃부터 핀다. 하지만 노란 목련은 잎과 꽃을 동시에 틔운다.

북미 원산으로 가로수로 많이 심는 낙우송은 깃털같은 잎이 떨어지는 나무라는 뜻으로 가을에 노랗게 물든 후 잔 가지째 떨어진다. 나무 주변에 종유석처럼 생긴 기근(공기 뿌리)은 물을 좋아하는 낙우송이 물 주변 땅속에서는 필요한 공기를 확보할 수 없어 숨을 쉬기 위해 내보낸 뿌리이다.

북미 원산의 닛사는 일명 키스나무라 부른다. 나뭇잎은 4월에 달리는데 우산살처럼 밑으로 퍼져 나무 안쪽에 들어가면 밖에서 안 보인다. 이따금 젊은 연인들이 나무 안쪽으로 들어가 사랑의 밀어를 나누기 때문에 이보식 원장이 아예 앉을 수 있는 공간을 만들어 놨다. 스칸디나비아에서는 물을 사랑한 꼬마 요정이라고 부르기도 한다.

건국대학교 김재현 교수는 "우리나라에는 4천여 종의 식물이 자랍니다. 외래종 식물로 인한 생태계 교란을 막기 위해서는 관리를 잘해야 합니다. 수목원에서는 함부로 씨앗을 가져가든지 허락 없이 식물을 파가서는 안 되는 이유가 거기 있습니다."며 관리의 중요성에 대해 말했다.

한 사람의 힘이 우리사회를 이렇게 아름답게 변화시킬 수 있다. 평생 한국을 사랑하며 생을 마친 후 수목원 뒷동산 양지쪽에 고이 잠든 민병갈씨의 무덤 앞에서 일행은 숙연해졌다. (09. 06. 29)

단 수수대 과자를 아시나요

지리산 피아골 반야정사의 별난 회식

산사 들머리를 지나 개울과 다리를 건너 절 근처에 이르니 일주문이 나그네를 반긴다. 당간터를 지나 천왕문과 누각을 바라보니 법당을 중심으로 펼쳐진 탑과 석등 종각에 절로 고개가 수그러들며 세간의 고통들이 스러져 간다. 대부분 큰 절의 모습이다. 하지만 오늘 우리가 방문할 절은 당간도 천왕문도 탑도 석등도 없는 조그만 암자다.

약속 시간인 6시 반을 지나 7시가 된 지리산 피아골의 밤은 웅장한 느낌과 산이 주는 포근함에 휩싸인다. 밤 매미 소리가 요란하다. 죽은 영혼들이 우는 걸까 한국동란이 일어나기 전 빨치산 투쟁으로 가장 많은 사상자가 난 곳이라는 이곳에 오면 당시의 아픔이 생각나 숙연해지곤 하는 곳이다. 옆자리에 앉은 김경수 교수와의 대화가 들리지 않을 정도로 시끄럽게 울어댄다.

기어를 1단으로 하고 GPS에 의지하여 도착한 반야정사에는 이미 희망제작소 멤버들과 박원순 변호사님이 도착해 우리를 기다리고 있었다. 해발 650m 쯤에 자리 잡은 암자는 여느 민가와 똑같다. 머리를 깎은 스님만 없다면 절이라는 느낌이 전혀 들지 않는다.

고래등 같은 기와집에 거대한 석탑과 종각이 없는 게 뭐 대수인가? 법신에게는 아무런 차별이 없다. 중생과 부처의 차별도 없다. 다만 우리 눈에 보이는 탐욕으로 현혹된 것일 뿐이다. 권력과 주체할 수 없는 부, 거짓과 위선으로 가득한 명예욕이 문제일 뿐이다.

법신이라는 것은 그 모든 것의 근본이 되며 질서와 조화를 이룩하는 말할 수도 없고 볼 수도 없고 생도 떠나고 멸도 떠난 진리 당체이다. 하나의 먼지나 삼천대천세계의 우주나 차별이란 추호도 없다. 불생불멸이고 불래불거이다.

집안으로 들어서니 상다리가 휠정도로 차려져 있다. 듣기로는 저녁식사

1 지리산 피아골의 조그만 암자인 반야정사에서 희망제작소 박원순 변호사 일행과의 석식

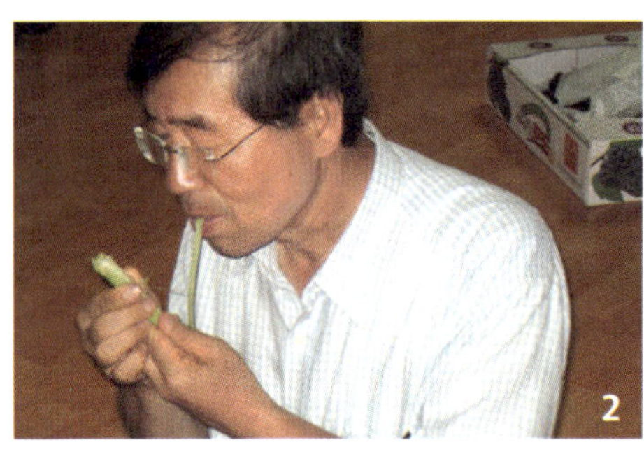

2 단 수수대 껍질을 입으로 물어 벗기는 박원순 변호사. 군것질과 과자가 없던 시절 어린아이들이 즐겨 먹던 40년 전의 추억거리 음식이다

3 지리산 맑은물에 연꽃차를 담가두면 맛있는 연꽃차가 된다

에 초대한 걸로 아는데 절 음식이 이렇게 많아서야! 아무튼 부담스럽다.

그러나 음식을 본 순간 예사 음식이 아니다. 된장국, 가죽, 산추, 묵은 김치, 박나물, 죽순튀김, 곰취, 연잎과 줄기 및 연꽃 쌈, 고사리, 매실장아찌, 총각김치, 무장아찌, 땅콩, 도토리 묵. 가짓수가 무려 23가지다. 조금 있으려니 능인스님이 가지고 들어와 드셔보라고 권하는 것은 오이고추다.

도시에서 자란 미실란 회장인 근숙씨는 먹다 말고 찌푸린 내 얼굴을 보며 재미있다는 표정이다. "밥이나 먹지 왜 나를 쳐다봐요?" "먹는 모습이 우스워서요." 실은 산추 음식은 처음 먹어본 것이고 시큼털털해서 먹기가 거북했다.

돌돌 말아진 가죽잎 음식을 보며 "이것 보거나 먹어본 적 있어요?" "아니요? 맛이 이상하고 처음 본 음식인데 뭐죠?" 박 변호사가 옆에서 거들었다. "이것 먹어본 적 없어요? 우리 어릴 적 시골에서 많이 먹은 것인데. 깨끗하고 웰빙 음식으로 개발하면 어떨까요? 드셔 보세요." 하며 권한다.

젊은 사람들은 아마 구경해 본 적이 없는 음식이 가죽이다. 가죽이라니까 말가죽 소가죽하는 가죽이 아니라 가죽나무 어린 싹을 뜯어 말려 간을 해 보관했다 먹던 음식이니 구경했을 리가 없다. 어린아이들에게 권했다가는 다시는 안 먹겠다고 떼를 쓸 음식이다.

연잎에 밥을 놓고 임자에서 직접 담근 짭짤한 된장에 쌈 싸먹는 맛은 일행을 어릴 적 추억속으로 되돌렸다. 조미료가 전혀 들지 않은 순수한 산 음식으로 포식한 일행 앞에 비닐에 싼 막대기 같은 걸 내미는 스님은 "더 먹고 싶은 건 없어요?" 하고 묻는다.

"이 막대기 같은 건 뭡니까?" 묻는 근숙씨의 질문에 나이든 사람들은 모두 웃는다. 그도 그럴 것이 40년 전 추억의 과자이기 때문이다. 과자나 군것질할 게 없는 시골에서는 대나무처럼 생긴 단수수의 껍질을 한 입 베어 물고 쭉쭉 내리면 하얀 속살이 나온다. 남은 줄기를 질겅질겅 씹으면

단물이 나온다.

"너무 잘 먹었다."는 공치사를 마친 변호사님은 "신앙심이 깊은 분들이 만든 음식은 다른 것 같아요. 김수환 추기경이 살아계실 때 인권변호사를 초대해 음식을 주셨는데 수녀님들이 만든 음식은 일류 뷔페식당의 최고 음식 못지 않았죠."

능인스님은 "지리산 맑은 물에 씻은 클로버, 풀 등을 이용해 백가지 차를 만들었는데 백가지라고 해서 백초차라고 합니다. 자연은 모두가 함께 공유하는 것입니다. 기도하고 휴식할 때 다람쥐, 까치, 까마귀 등도 놀러 옵니다. 얘들에게도 질서가 있어요."

"공부할 때 여기와 단풍을 봤는데 너무 아름다웠어요. 그래서 한 뼘 자리를 탐냈는데 이렇게 집을 마련하고 커져 버렸어요." 능인스님은 뽕잎차와 된장, 차, 발효차를 만들어 팔기도 하며 수도에 정진하고 있다.

발우공양을 못한 죄스러움을 뒤로 하고 섬진강을 따라 돌아오는 길 내내 풍성한 기분이 들었다. 탐냄과 성냄, 어리석음의 3독[탐(貪), 진(瞋), 치(痴)]에서 벗어나 어린애 같은 천진한 모습의 스님에게서 자연을 보았기 때문이다. (09. 08. 21)

봉하마을에서 다시 만난 노무현

"담배 있나?"

이 말은 내가 제일 싫어하는 말 중 하나다. 담배 피는 사람을 싫어하는 것이 아니라 담배를 싫어한다. 천식을 앓고 나서는 10미터쯤 떨어져서도 냄새를 맡는다. 냄새를 맡고 나면 싫기도 하지만 때론 미안하기도 하다. 담배는 일종의 기호이기도 하기 때문이다.

세상에는 담배가 없으면 아무것도 못한다는 담배 마니아도 있다. 자신이 좋아하는 것을 선택할 권리는 누구에게나 있다. 하지만 냄새가 나면 머리가 아프고 고통스러운 걸 어쩌랴.

특히 환경운동을 하는 친구들이 담배를 피우면 나는 웃으며 바가지를 긁는다. "야이, 친구야! 환경운동을 한다면서 그렇게 담배를 피우면 어떻게 해?" 담배의 해독을 누구보다 더 잘 아는 친구들이고 몇 번이나 끊으려고 노력했지만 안됐다고 하소연이다. 요즘은 담배 피우는 사람은 '공적'이다. 화장실에서도 담배를 피울 수 없는 지경이 됐다.

나는 담배에 아예 관심이 없었다. 고등학교 시절 친구들이 화장실에서 선생님의 눈을 피해 피워도 호기심이 나질 않았다. 사회에서 담배를 배운 적이 없어도 군대 가면 배운다는 군대 시절에도 담배 대신 건빵을 먹으며 담배는 아예 손 안 대는 것으로 치부하며 살았다. 부모가 담배 피는 것을

1 노대통령이 죽기 전 들렀다는 정토사 뒤편 사자바위

2 봉하마을에 핀 꽃

3 봉하마을

4 부엉이 바위 위 말풍선 속에 씌어진 말. "담배 있나?

5 무엉이 바위다

6 손녀를 태우고 자전거를 모는 노무현 전대통령

못 봤고 전혀 호기심이 나지 않았기 때문이다.

그런데 대학 시절 영어 연극에 주연으로 발탁돼 담배를 배우게 됐다. 첫 장면에 담배를, 그것도 파이프 담배를 물고 나와야 하니 그 고역은 말할 수 없었다. 추운 날 콜록콜록하며 담배를 배우느라 몸살이 났고 막상 연극을 하는 날은 목이 쉬고 떨려 약을 먹고 공연을 했던 생각이 난다. 그 뒤로 2년 정도 담배를 피웠지만 체질적으로 맞지 않았는지 두드러기가 나 아예 끊어버렸다.

내 초등학교 시절의 일이다. 이웃집에 살던 총각이 철로에서 자살했다. 온 시골 동네가 난리가 났다. 그 총각 아버지는 말을 잃었다. 그런데 2년 후 큰 아들이 똑같이 자살했다. 얼마 되지 않아 착하고 상냥하던 큰 며느리가 친정으로 가버렸다.

그날 이후로 두 자식과 며느리를 잃은 그 어른은 말을 잃고 담배만 피웠다. 담배가 무슨 맛인지 모르지만 수염도 깎지 않은 채 애꿎은 담배만 피던 그 어른의 심정이 어렴풋이 이해가 되었다. 나는 어려서 자살의 이유를 모른다. 하지만 두 자식과 며느리가 떠난 그 집의 어른은 얼굴이 시커멓게 변하고 시름시름 앓다가 돌아가셨다. 동네에서는 화병이라는 말만 돌았다. 노대통령 마음이 그랬을까?

일행과 함께 봉하마을 진시관에 갔다. 거기서 한 네티즌이 그려놓은 그림 하나가 내 마음을 사로잡았다. 부엉이 바위 위에서 말풍선 속에 씌어진 말. “담배 있나?”

가슴이 찡했다. 싫지가 않았다. 네 마디 말 외에 무슨 말이 더 필요하랴. 오만가지 뜻이 숨겨져 있는 네 마디. 청문회 당시 권력자에게는 수십억을 갖다 바치면서도 직원들에게는 월급을 주지 않던 사장을 몰아붙이던 기개. 삼당야합을 비판하며 지금도 감히 어느 누구도 쉽게 도전하지 못하는 지역감정 타파를 위해 몸부림치던 그 분. 부산에서 떨어질 것을 뻔히 알면서도 몇 번이나 민주당 간판을 걸고 선거판에 뛰어든 바보!

이 바보가 국민에게 감동을 줬다. 우리 정치사에 이렇게 순수함을 간직한 바보가 또 있었던가? 퇴임 후 시골에 내려가 뒷자리에 손녀를 태우고 자전거를 탄 채 논두길을 돌아다니던 권력자가 있었던가? 정직과 청렴결백을 내세우며 민주화와 사람 사는 세상을 외치던 그에게 형님의 뇌물은 씻을 수 없는 아픔이었다. 국민을 똑바로 바라볼 수 없는 부끄러움. 노 대통령에게 세상은 어디에도 쉴 곳이 없는 가시밭길이었다. 해답은 무거운 짐을 내려놓는 길밖에.

"너무 많은 사람들에게 신세를 졌다. 나로 말미암아 여러 사람이 받은 고통이 너무 크다. 앞으로 받을 고통도 헤아릴 수가 없다. 여생도 남에게 짐이 될 일밖에 없다. 건강이 좋지 않아서 아무 것도 할 수가 없다. 책을 읽을 수도 글을 쓸 수도 없다. 화장해라. 그리고 집 가까운 곳에 아주 작은 비석 하나만 남겨라. 오래된 생각이다."

그렇다. 자신 때문에 비서관과 후원자들까지도 조사를 받고 부인과 아들까지 굴욕을 당하는 세상은 치욕뿐이었다. 노대통령을 모셨던 모 비서관의 얘기로는 "청와대 근무 시절 좋은 보직을 달라고 그렇게 청탁하던 사람들이 정권이 바뀌니 언제 그랬냐는 듯이 표변하더라. 참 몹쓸 사람들이다."고 말했다.

노대통령이 죽기 전 들렀다는 정토사 뒤편에는 사자바위가 있다. 사자바위에서 봉하마을과 생가를 봤다. 어느 메이저 신문과 한나라당 모 의원이 말이 생각난다. "노 대통령이 퇴임해 아방궁을 짓고 살고 있습니다" 그 후 언론은 검증도 안한 채 '아방궁'이란 말로 연일 포화를 퍼부었다. 메이저 언론이 좋긴 좋은가 보다. 그런데 시골 중에서도 깡촌인 봉하마을의 땅값은 얼마나 될까? 거기에 서재와 경호원이 살 집과 창고를 짓는 게 아방궁?

베이컨의 4대 우상에 '시장의 우상'이 있다. 보는 기사의 관점에 따라서 진실이 다를 수 있음에도 불구하고, 각 신문사들이 쓰는 말이나 문장이 한 신문을 주로 읽는 독자에게는 진실로 여겨질 수 있다는 얘기다.

노암 촘스키는 "민주 사회의 의식통제에 있어, 막강한 권력이 집중된 매스미디어가 모든 공중의제를 설정하고, 역사에 대한 관점을 제시하며, 언론의 목적은 사람들의 관심을 딴 데로 돌려 '본질적인 것'을 보지 못하게 하는 데 있다."고 했다. 언론이 바로 서야 하는 이유가 여기 있다. 방문객이 쓴 글이다.

"사람이 정직하고 착하면 살아남을 수 없는 세상이 되어 버렸습니다. 그래서 그들은 살아남고 당신이 떠났나 봅니다. 지켜드리지 못해서 죄송합니다. 정말 죄송합니다. 부디 편안히 쉬십시오. 우리에겐 언제나 당신이 필요합니다. 부디 좋은 세상에서 다시 뵙기를 간절히 기도합니다."

"너무 슬퍼하지 마라. 삶과 죽음이 모두 자연의 한 조각 아니겠는가? 미안해하지 마라. 누구도 원망하지 마라."

부엉이 바위 아래에는 기념관을 짓기 위해 쌓아둔 돌들이 있다. 거의 모든 돌들 위에는 작은 돌탑이 있다. 매주 토요일 일요일이면 거의 만 명 정도가 찾아온다는 사람들이 쌓은 기원 탑이다.

역대 어느 대통령 묘소을 이렇게 많은 사람들이 찾은 적이 있는가. 보통 돌탑을 쌓는 이유가 가슴속에 지은 소원을 내려놓는 것이라고 한다. 합장하고 부엉이 바위를 쳐다보며 경건히 고개 숙인 사람들 소원이 이루어지길 빈다. (10. 04. 27)

그 분은 이 땅의 사람이 아니었다

손양원 목사 순교지 탐방기

한국교회는 수없는 박해 속에서도 많은 의인의 순교의 피로 개척되었다. 그들의 피가 복음의 뿌리가 되어 놀라운 성장을 이뤘다. 하지만 세계 선교 역사 속에서 그 유례를 찾아 볼 수 없을 정도로 발전한 한국 교회에 우려의 목소리가 들려오고 있다.

교회가 교회다운 교회가 되지 못하고 있다는 것과, 많은 문제점으로 인하여 교회가 세상의 빛과 소금 역할을 감당하지 못한다는 것이다. 사회로부터 비난까지 받고 제2의 종교 개혁이 일어나야 한다는 소리까지 들린다.

그 많은 문제점 가운데 하나는 교회 지도자들의 권위 실추 현상이다. 교회 지도자들의 권위 실추는 한국 교회의 미래를 어둡게 하고 있다. 또 다른 하나는 지나친 양적 비대 현상이다. 교회가 교회 본연의 역할에 충실하지 못하고 대형화에 초점을 맞춤으로 인해 많은 문제를 양산하고 있다.

이런 일부 교회의 바람직하지 못한 모습에 신선한 충격을 주신 분이 손양원 목사이다. 지난 15일 오후, 여수 시민협회원들과 손양원 목사 순교지 탐방을 했다.

손양원 목사는 1902년 6월 3일 경남 함안군 칠원면 구성리 653번지에서 태어났다. 어려서부터 부모님을 따라 새벽 기도회에 열심히 참석했으나 칠원 공립 보통학교에 입학하면서 동방요배(東方遙拜) 문제로 많은 어려움을 겪었다. '동방요배'는 일왕이 살고 있는 동쪽을 향하여 절할 것을 강요하는 신사참배의 일종이다.

손 목사는 1916년 보통학교 3학년 때 매일 아침 동경을 향하여 종교적인 경의를 표하는 궁성요배가 십계명에서 제1계명을 범하는 것이라고 하여 동방요배를 하지 않으므로 퇴학을 당했다. 일 년 후 맹호은 선교사의 도움으로 복학하여 18세 되던 해에 서울 중동학교에 진학했다. 낮에는 학업에 임하고 밤에는 만두 장사를 하면서 고학했으나 아버지가 삼일 독립 운동을 주도하게 돼 학업을 포기하고 낙향했다.

고향으로 돌아와 심신을 달랜 뒤 1921년 일본 동경의 스가모 중학교 야간부에 입학한다. 아침과 낮에는 우유와 신문배달, 밤에는 공부를 하면서 동경의 판교 성결교회 목사의 설교에 큰 은혜를 받고 참된 신앙의 의의를 깨달아 1923년 졸업과 함께 귀국한다.

고향 교회에서 봉사하던 그는 1926년 부산 감만동 나환자 교회 전도사로 부임한다. 당시 감만동 교회는 600여 명 대부분이 나환자들이었다. 손 목사의 첫 사역지가 이렇게 나환자와 연결된 것이 훗날 그에게 사랑의 순교자가 되는 섭리의 시작이었다.

손 목사는 1935년 4월 5일, 33세에 평양 신학교에 입학했다. 그는 학창 시절에도 뜨거운 기도 생활과 함께 성경 연구를 깊이 하였다. 그리고 학우들을 대할 때는 항상 사랑하는 마음과 겸손한 태도로 교제하였다.

그러나 이때는 한국 교회가 일본이 강요하는 신사 참배 문제로 온통 흔들리던 시기였다. 신학교 교장 나부열(Roberts) 목사와 손 목사 등이 끝까지 강경한 태도로 신사참배에 반대해 학교가 문을 닫게 됐다.

1 손양원목사 초상 .

2 여수시민협 회원들이 손목사가 순교한 장소에서 기념촬영

3 1926년 윌슨 엉거 의료선교사에 의해 세워진 여수 애양원 교회. 한센병 1세대 환자들이 고령으로 세상을 떠나고, 한센병과 무관한 성산교회로 개칭했다

4 순교기념관

5 순교지 옆에 자리한 순교기념탑. 미평에 위치하고 있다

6 여수 시민협 김경만 답사단장이 애양원 역사관에 대해 설명하고 있다. 1909년 미국 포사이트 의료선교사가 한센병 환자 치료를 계기로 시작된 것으로 1900년대 초기 우리나라 의료선교사의 소중한 자료가 보관되어 있다.

손 목사와 애양원

손 목사가 여수 애양원 교회와 인연을 맺게 된 것은 평양신학교 2학년 때, 애양원 교회에 사경회 강사로 초청된 것이 인연이 됐다. 당시 애양원 교회는 외부 사람이 예배를 인도할 때나 방문할 때는 하얀 가운을 입고 장갑을 끼고 들어가는 것이 상례였다. 그런데 손 목사는 교회에 들어가면서 흰 가운을 입는 것조차 거절하고 그렇게 했던 사람들에게 호통을 쳤다.

"호랑이를 잡으려고 호랑이 굴에 들어 온 사람이 호랑이를 무서워해서야 어찌 호랑이를 잡겠느냐. 이곳에서 일을 한다는 사람들이 병을 무서워해서야 어떻게 일을 하겠느냐!"

애양원 성도들은 손 목사의 설교에도 감동했지만 그의 이러한 모습에 더 큰 감동을 받게 되었다. 이것이 후에 그를 애양원 교회로 초빙하게 된 동기가 되었다. 신학교를 졸업하고 신사참배 반대 운동을 펼치던 중 1939년 7월 14일에 여수 애양원 교회로 부임하였다.

신사참배를 반대하는 그가 일본경찰에게는 눈엣가시 같은 존재였지만 나환자들이 모여 있다는 특수성 때문에 쉽게 건드릴 수 있는 처지가 못 되었다. 하지만 1940년 9월 25일 여수 경찰서에서 나온 두 명의 형사에게 연행되었다. 처음에는 1년 6개월의 형을 받았으나 구속기간까지 거의 3년의 세월이 흘러갔다. 출옥할 날이 가까워지자 담당 검사가 손 목사를 불러 사상전환을 시도했다. 검사와 손목사간의 설전이다.

"덴꼬(전향 - 轉向)해야 나간다"

"당신은 덴꼬가 문제이지만 나에게는 신꼬(신앙-信仰)가 문제이다."

나환자의 영원한 안식처, 애양원

애양원 교회는 전남 여수시 율촌면 신풍리에 위치한 교회로 나환자들이 모여 사는 곳이다. 애양원 나환자 수용소는 미국 남장로교회 선교회의 전도 사업의 일부분으로 1909년 광주 양림에서 시작했으나 1925년, 이곳으로 이전 확장되었다.

처음 9명으로 시작했으나 시간이 흐름에 따라 1천 명 이상을 수용하는 대규모의 나환자 수용소가 되었다. 손 목사는 36세의 나이로 이곳에 와서 순교할 때까지 환자들과 함께 음식을 먹고 잠자리도 같이할 만큼 사랑을 실천하면서 살았다.

완쾌된 사람도 있었지만 심한 병마와 투병과정에서 눈을 잃어버린 사람, 손이 꼬부라진 사람, 걸음걸이가 부자유한 사람, 얼굴이 알아볼 수 없을 정도로 일그러진 사람들이 많았다. 그들은 부모형제가 없는 고아들도 아니었다. 하지만 이 세상 어디에서도 그들을 따스한 사랑으로 감싸주면서 인간다운 대접을 해주는 곳이 없었기 때문에 이곳 애양원에서 일생을 보내려는 분들이 많았다.

14호실 중환자관에 거주하는 몇 명은 차마 눈뜨고 볼 수 없을 정도로 흉한 모습이었다. 상처를 한 번 치료하려면 온 방안에 진물과 핏자국, 땀들이 엉겨 붙어 도저히 그냥 들어갈 수 없어 방바닥에 신문지를 세장 정도 깔아야 했다. 이러한 방을 손목사는 서슴지 않고 들어가서 맨손으로 방바닥을 치우고 그 곳에 앉아서 그 흉한 환자의 목을 껴안고 이마를 대고 기도해 주었다.

원수를 사랑한 성인

1948년 10월 19이었다. 제주 4·3사건을 진압하기 위해 여수에 집결했던 군인들 중 공산주의 사상에 물든 남로당 계열의 군인 일부가 반란을 일으켰다. 이 세력에 동조했던 반란군들은 불과 4시간 만에 여수 시내의 경찰서와 각 파출소, 군청, 역 등 주요기관을 장악하고 순천까지 점령했다.

손 목사의 두 아들 동인과 동신은 각각 순천 사범학교와 순천 중학교에 다니고 있었다. 신앙과 민족정신에 불타는 두 형제는 학교 안에서 기독교 복음을 전하며 기회가 있을 때마다 공산주의의 잘못을 폭로했다.

학교에 있던 공산 프락치들은 가장 먼저 그들을 색출하여 인민재판에 회부하였다. 두 형제들은 서로 대신하여 죽기를 자청했으나 그들은 두 형제를 한꺼번에 무자비하게 총살하고 말았다.

반란군이 어느 정도 진압된 26일에 애양원 성도들 앞에서 장례식이 진행됐다. 장례식은 간단했으나 장례식 끝부분에 손 목사가 고백했던 마지막 인사가 참석했던 모든 이들을 울렸다.

"여러분, 내 어찌 긴 말의 답사를 드리리요. 내가 아들들의 순교를 접하고 느낀 몇 가지 은혜로운 감사의 조건을 이야기함으로 대신할까 합니다."

그가 말한 9가지 감사한 점이다.

"나 같은 죄인의 혈통에서 순교의 자식들을 나오게 한 점. 허다한 성도들 중에 이런 보배들을 주께서 내게 주신 점. 3남3녀 중에서 가장 아름다운 두 아들을 바치게 된 점. 한 아들의 순교도 귀하다 하거늘 하물며 두 아들이 순교한 점. 예수 믿다가 누워 죽는 것도 큰 복이라 하거늘 하물며 전도하다 총살로 순교 당한 점. 미국 유학 가려고 준비하던 내 아들, 미국보다 더 좋은 천국 간 점. 나의 사랑하는 두 아들을 총살한 원수를 회개시켜 내 아들로 삼고자 하는 마음을 주신 점. 두 아들의 순교로 무수한 천국의 아들들이 생길 것. 마지막으로 이 같은 역경 중에서 이상 여덟 가지 진리와 하나님의 사랑을 찾는 기쁜 마음, 여유 있는 믿음 주신 점을 예수 그리스도께 감사합니다."

반란이 진압된 후 정세는 바뀌었고 동인, 동신 형제를 죽인 자들 중의 하나인 '안재선'이라는 학생도 체포되어 총살을 당하게 되었다. 소식을 들은 손 목사는 계엄 사령관을 찾아가 그 학생의 석방을 간청하였고 전도사로 키워냈다.

6·25동란이 발발했다. 파죽지세로 밀고 내려온 인민군은 여수까지 내려왔고 애양원 교회 교인들은 손 목사를 피난시키려 갖은 노력을 했으나 허락을 하지 않았다. 재직자들 모두 함께 떠나자고 간청하여 배에 올라가 마지막 찬송을 부를 때 갑자기 혼자만 배에서 가방을 들고 뛰어내렸다. 교인들과 손 목사의 대화다.

"목사님, 왜 피난을 가지 않고 다시 배에서 내려가시는 겁니까?"

"나는 원래 피난을 가지 않는다고 했지 않습니까? 주의 이름으로 죽는

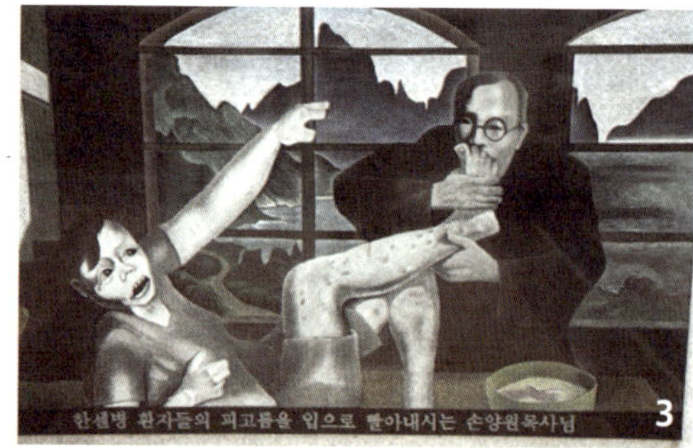

1 두 아들을 죽인 안재선과 기념촬영하는 손목사의 사모님. 손목사는 안재선을 양자로 삼았다

2 손양원목사와 두 아들 동인 동신의 묘지

3 한센병환자의 피고름을 입으로 빨아내는 손양원 목사

4 오른쪽에 약간 보이는 나환자집. 어른 두명이 안아야 할 정도로 큰 고목(왼쪽)이 애양원의 역사를 말한다. 1세대 환자들은 돌아가시고 남아있는 소수의 환자만 복지시설에서 치료와 요양을 하고 있다

다면 얼마나 영광스럽겠습니까? 그리고 만일 내가 피신한다면 일천 명이나 되는 양떼들은 어떻게 합니까? 내가 만일 피신한다면 그들을 자살시키는 것이나 다를 것이 무엇입니까?”

손 목사는 마침내 1950년 9월 13일 체포되어 9월 28일 11시 여수 근교 미평에서 총살당하여 순교의 영광을 간직했다. 당시 그의 나이 48세였다. 손 목사는 성경대로 하나님만을 섬겼고, 나라와 민족과 교회의 아픔을 자신의 아픔으로 알고 살았으며, 가장 소외되고 버림받은 나환자와 두 아들을 죽인 원수까지 사랑한 성자다.

한때 천여 명에 달했던 나환자 대부분은 돌아가셨다. 남아있는 몇 명의 환자는 미국과 독일 교회, 한국정부가 지원한 복지시설에 수용돼 치료와 요양을 하고 있다. 여수시에서는 2015년까지 총사업비 400억 원을 들여 손양원 목사 유적지 기념공원, 순교지 기념관, 홍보관, 진입도로를 만들 계획이다. (10. 05. 19)

사람은 사람 때문에 상처 받고 사람 때문에 치유받는다

뮤지컬 <오! 당신이 잠든 사이>공연

울다가 웃으면 엉덩이에 뿔난다. 객석에서 숨죽여 울다가 웃으며 박수치는 관객들. 무대 위에서 벌어지는 사건과 이야기는 어쩌면 가진 것 없는 우리 이웃들의 진솔한 이야기다. 사회 밑바닥에서 더 의지할 데 없는 사람들. 시간과 공간을 빠르게 뛰어넘는 극의 전개에 관객은 숨죽인다.

지난 13일 오후 7시 반. 여수 시민회관이 모처럼 후끈 달아올랐다. 1,000여 명의 관객들은 모두 숨을 죽이고 있었다. 지금껏 수많은 공연과 외국의 유명 오케스트라가 왔어도 소음이 났던 곳이다. 공연이 절정에 달할 때엔 숨소리도 들리지 않았다. 오랜만에 감동을 받은 관객들이 시민회관 문을 열고나오며 하는 말이다.

"야! 정말 재미있었다. 메말라 가는 우리 가슴을 따뜻하게 데워준 작품이다. 남자 친구와 크리스마스에 또 보고 싶은 뮤지컬이다."

관객들은 극중 인물의 공연장면과 대사에 공감하며 여기저기서 훌쩍거렸다. 앞에 가던 세 여성 관객들은 "어쩜 저렇게 우리 심정을 잘 대변하는지 작가가 마술사 같았다."고 말했다. 이날 공연을 감독한 극단 연우무대 유인수 대표의 뮤지컬 <오! 당신이 잠든 사이>에 대한 설명이다.

"2005년 12월 1일 첫공연을 시작한 이래 2006년 한국뮤지컬대상 최우수작품상과 작사·극본상을 수상하며 뮤지컬계를 놀라게 했고 현재까지 서울과 지방 공연까지 포함해 1,500회 공연했습니다."

<오! 당신이 잠든 사이>는 가진 것 없이 상처만을 간직한 채 살아가는 사람들이 주인공이다. 노인성 치매인 이길례, 알코올 중독인 정숙자, 약혼자와 헤어진 후 마음을 달래기 위해 봉사자로 나선 김정연, 하반신 마비인 최병호와 부도를 맞고 부모에게 버려진 딸. 이들이 벌이는 인생살이의 어려움에 몰입된 사람들. 관객들은 울고 웃는 대사와 자신의 힘든 상황을 대변해 주는 배우들에게서 카타르시스를 느낀다.

극중 대사 사이에 흐르는 음악과 무대의 한쪽 벽에 비치는 TV뉴스는 볼거리를 선사하고 율동은 관객을 압도하기에 이른다. 게다가 중간 중간에 닥터 리가 객석에 내려와 던지는 대화형으로 전개되는 대사는 관객 모두를 하나로 묶었다.

인생은 서로에게 상처를 주기도 받기도 하며 산다. 가슴에 쌓인 분노에 대한 용서는 얼마나 힘든가. 극중 닥터리가 말했다. "사람마다 상처의 깊이는 알지만 크기는 알 수가 없어서 누가 더 큰 상처를 가졌는지 더 작은 상처를 가졌는지 아무도 모른다고…."

객석은 자신의 마음을 대변해 주는 멋진 대사와 율동에 몰입되어 있다가 "이제 정말 끝났어요."라는 대사에 깨어났다. 결국 가장 소중한 사람은 당신 자신이라는 깨달음을 안고.

자유인이고 싶은 극작가 장유정

이 극을 지은이는 장유정씨다. 한국뮤지컬계의 떠오르는 젊은 연출가이자 극작가인 장유정은 여수에서 태어나 고등학교까지 여수에서 학창시절을 보냈다. 하지만 그녀를 잘 아는 사람은 많지 않다. 학창시절부터 끼가 있고 약간 까칠한 성격인 그녀는 구속을 싫어하는 자유인이다.

주류가 아닌 변방에서 살았던 그녀는 낮에는 바텐더를 하다가 여비가 마련되면 슬로바키아나 라오스로 떠나는 꿈을 꾸었다. 스물둘 나이에 뼛속까지 자유롭고 싶은 그녀는 보헤미안으로 지내며 내공을 쌓기 시작했다.

2002년 겨울. 우울했던 20대 말엽. 답답한 마음에 집을 나왔다. 바람은 차고 곁엔 아무도 없었다. 거리마다 캐롤은 센티한 기분을 배가시키고 있었다. 밤은 깊어 가는데 갈 곳은 없고 손대면 톡하고 터질 것은 심정이 된 그녀가 아무 버스나 타고 도착한 곳은 충북 음성 꽃동네였다.

그곳에서 환자였던 숙자와 길례, 그리고 병호를 만났다. 교만하게도 그녀는 그들이 불행한 사람이라고 생각했던 것 같다.

하지만 그들은 의외로 의연했다. 가족이든, 돈이든, 두 다리든 그저 2

1 <오! 당신이 잠든 사이>의 공연 모습

2 <오! 당신이 잠든사이>를 쓴 극작가 겸 연출가 장유정씨

3 <오! 당신이 잠든사이>의 공연 모습

프로가 없는 것뿐이었다. 오히려 자신이 온기도 자신감도 없는 부족한 인간이었다.

그때 겪은 이야기가 1년간의 산고 끝에 <드레싱 해드릴까요?>가 되었다가 2년간의 수정을 마친 후 오늘의 작품이 되었다.

시간이 흐르고 나이가 들어 서른다섯. 그녀는 공연자가 되어 있었다. 사람들은 그녀를 '장 연출' 혹은 '장 작가'라고 부른다. 하지만 그녀는 아직도 그 호칭이 어색하다. 묶인 데 없이 훨훨 날고 싶은데 진정 자유로운가하는 의문이 든다. 공연스케줄이 잡혀 인터뷰하기 위해 몇 번이고 전화를 했으나 묵묵부답이었다. 해외로 나가있던 그녀에게서 답신이 온 건 공연 하루 전인 12일이다. "저 외국 나갔다 이제 왔어요. 죄송해요."

더 높은 곳을 향해 수업 중인 장유정씨는 말한다.

"아무리 떠나도 길은 다시 이어지고, 이젠 끝이라고 생각하는 순간 또 다른 희망이 시작된다. 사람은 사람 때문에 아프지만 결국 사람 때문에 치유 받는다." (10. 10. 15)

이 포스터 그렸다고 검찰조사 "겁 안 나요"

[인터뷰] '귀여운 독재자' 포스터 그린 화가 '이하'씨

"똑같은 주제로 11명을 그린 그림을 미국에서 전시했을 때 아무렇지도 않았는데 왜 유독 한국에서만 문제 삼는지 모르겠어요."

'귀여운 독재자' 시리즈 풍자화를 그려 전시하는 화가 '이하'(본명 이병하)씨가 전한 말이다. 이하씨는 지난 6월 28일 부산의 서면, 자갈치 시장, 부산일보, 부산역, 버스정류장 등에 200여 장의 박근혜 포스터를 붙여 커다란 반향을 일으켰다. 박근혜 의원이 박정희 전 대통령 사진이 들어있는 독사과를 받쳐 들고 있는 그림이다.

이 포스터에 대해 부산진구선거관리위원회는 2일 "대통령선거에 영향을 미칠 목적으로 특정 후보자를 풍자한 것으로 선거 공정성을 해칠 우려가 있다."며 경찰에 고발했다. 이에 앞서 경찰은 이씨가 포스터를 붙인 날 오전에 포스터를 모두 철거했다.

이씨는 이후 경찰과 검찰 조사를 받았고, 전두환 전 대통령 포스터 부착은 '경범죄처벌법 1조 13호' 위반으로, 박근혜 후보 포스터 부착은 '공직선거법위반 9조 1항' 위반으로 약식 기소됐다.

이하씨는 17일 열린 2012 여수국제아트페스티벌에 참가하기 위해 여수에 왔고, 그의 작품 9개가 예울마루 전시관에 전시돼 있다. 그러나 전

두환 전 대통령과 박근혜 후보 그림은 걸리지 못했다.

이하씨는 귀여운 독재자 시리즈의 대상 인물로 11명을 선택했는데 오바마, 김정일, 빈 라덴, 후진타오, 푸틴, 무바라크, 버냉키, 카다피, 전두환, 박근혜, 이명박이 그들이다.

포스터 붙이는 행위, 법이 개입하면서 예민해져

충남 아산이 고향인 이하씨는 미국 영주권자다. 현재 텍사스에서 작품 활동을 하며 고국에 잠깐씩 들른다. 한국에 오면 서울, 아산, 부산으로 떠돌이 생활을 하며 작품 활동을 하다 미국으로 돌아간다. 대학시절 미술대학교에서 회화를 전공하고 대학원에서는 조각을 전공한 그는 졸업 후 미술 대신 만화와 애니메이션을 했다.

"이유요? 더 재미있었어요. 갤러리에 도대체 몇 분이나 갑니까? 미술 자체가 대중문화가 아닙니다. 소수 인원만 가지 거의 찾아주는 사람이 없어요. 그래서 대중들에게 쉽게 접근할 수 있고 소통이 가능한 수단으로 장르 전환을 했지요."

장르 전환 후 훨씬 더 많은 사람과 소통하고 있다는 이씨. 그는 또 다시 변화를 시도했다. 2001년 애니메이션 회사를 차려 운영했지만 결과가 신통치 않아 대학 강사(2004)로 변신한다. 당시 그가 만든 대표 작품은 K2를 비롯한 30편의 단편 애니메이션. 여기서도 만족하지 못한 그는 2007년에 영화감독이 되기 위해 미국 뉴욕의 대학원에 응모했으나 낙방했다.

<오마이뉴스> 시민기자로도 활동했다는 이씨를 17일 그가 머무는 숙소인 여수 히든베이호텔에서 만났다.

- 왜 이런 일을 하는가

"우리가 진실이라고 믿는 이미지가 진실이 아닐 수도 있어요. 그래서 진실이 무엇인가에 대해 한 번 더 생각할 수 있는 계기를 만들고 싶었습니다."

- 일반인들이 생각할 때 오바마는 독재자가 아니라고 생각할 수도 있는데… 포스터를 본 미국인들의 반응은 어땠나요.

"오바마는 신자유주의자로 기업에 모든 권력을 주기 때문에 신자유주의의 중심인 미국을 상징합니다. 미국에서 그림을 걸 때 솔직히 걱정을 했는데 미국사람들은 오바마 사진을 가장 많이 찍어갔어요. 풍자에 대해 예술과 유머로 받아들인 거죠. 그런데 우리나라는 예술보다 법이 우선인 것 같아요."

- 박근혜 후보의 포스터가 주는 의미는 무엇인가요?

박 후보의 본거지라 할 수 있는 부산까지 가서 포스터를 붙인 이유와

1 화가 이하씨가 그린 박근혜의원 포스터 ⓒ 이하

2 이하씨가 그린 전두환 전 대통령 포스터 ⓒ 이하

3 숙소에서 커피를 마시며 인터뷰 중인 이하씨있다

4 여수 예울마루 전시장에 전시된 이하씨의 '귀여운 독재자' 포스터 전시물. 오른쪽에 이명박 대통령 사진이 보인다

그걸 본 시민들의 반응도 궁금합니다.

"사과 그림 속에 박정희의 얼굴이 그려져 있어요. 박정희 전 대통령의 공과를 따져 보자는 의미입니다. 박 후보는 박정희 대통령의 공만 추켜세우고 과는 털지 않았다는 의미입니다.

전두환 전 대통령 포스터는 연희동에 붙였고, 박 후보 포스터는 부산에 붙였어요. 포스터 붙이는 걸 본 시민들은 그림이 예쁘니까 박 후보 사무실에서 붙이는 걸로 착각했어요. 하지만 의미를 알고 시비를 건 사람도 있었어요. 그래서 '마음에 안 들면 찢으시죠.' 하고 사진을 찍으려고 하니 못 찢더라고요. 그것도 퍼포먼스의 일종이니까요."

– 위험한 생각일 수도 있고, 뜨려고 일부러 저러는 것 아닌가 하고 부정적으로 볼 수도 있지 않나요?

"저는 사교적이거나 활달한 성격이 아닙니다. 유명해지는 걸 즐기는 사람이 아닙니다. 이게 그렇게 큰 사회적 이슈가 될 줄은 몰랐어요."

– 경찰과 검찰에서 조사받은 걸로 알고 있는데 겁은 안 나는지요?

"겁 안 나요. 제가 이기는 게임입니다. 말이 안 됩니다. 공직선거법위반이라고요? 제 그림 어디에 그 분을 찍지 말라고 한 적 있습니까? 상식적인 얘기를 한 게 좌파라면 저한테는 너무 영광스런 얘기입니다."

언론보도가 나간 후 "너 절라디언처럼 생겼다. 좌빨이다."는 폭언을 들었다는 그는 이렇게 말한다.

"예술은 세상을 풍부하게 만들어 줍니다. 그리고 그 풍부함이 사회를 발전시킵니다. 그래서 풍부한 세상을 보여주고자 합니다."

그는 "보통 하루 지나 포스터를 철거하는데 자진 철거할 필요가 없어졌다."고 말한다. 그의 포스터를 전부 수거해 간 경찰을 비꼰 것이다. 자신의 포스터를 예술로만 이해해 달라는 그의 부탁을 곰곰이 생각해 본다.

(12. 07. 19)

엄홍길 대장은 큰 산이었다

등정팀의 든든한 버팀목 엄홍길 대장

31명이 출발한 킬리만자로 등정팀의 리더는 엄홍길 대장이다. 모시호텔에서 자기소개를 하는 동안 많은 사람들이 엄대장과 함께 등정하고 싶어서 참가했다는 말을 했다. 참가한 사람 중에는 산악인도 있었지만 거의 대부분은 아마추어 산악인이다. 그중 십여 명은 히말라야의 5,000미터급 산을 올라본 경험이 있었다.

그들은 산의 묘미에 빠지면서 기왕이면 우리나라 최고의 산악인이자 세계에서도 알아주는 엄홍길 대장과 함께 산을 올라봤으면 하는 희망을 가지고 참가했다. 엄홍길! 그는 세계최초로 히말라야의 8,000미터급 16개 봉우리를 모두 오른 신화적인 산악인이다. 사람들은 수차례의 죽을 고비를 넘기고 소중한 사람들을 떠나보내면서도 끝까지 산을 사랑한 숙명의 그를 바라보며 존경심을 표한다.

킬리만자로는 6,000미터에 가까운 아프리카 최고봉이다. 히말라야의 5,000미터급 산을 다녀온 사람들의 얘기로는 킬리만자로, 특히 마차메게이트 루트가 히말라야에 비해 열악하다고 한다. 롯지시설이 없고 등산 중 펼쳐지는 장엄한 모습이나 가이드와 포터들의 지원이 부족하다고 한다.

산에 관한 거의 초보나 마찬가지인 사람들은 힘들어질 때마다 마음속으로 엄 대장을 의지했다. "등산실력이 부족하다고 설마 나를 버려두고 가지는 않겠지. 어려운 일이 닥칠 때마다 엄 대장이 있으니 별일이 없겠지" 하고 마음의 위안을 삼곤 했다.

'버킷리스트(bucket list)'란 '죽기 전에 꼭 하고 싶은 것'들이라는 의미다. 이번 여행에 참가한 대부분의 사람들, 특히 60대부터 70대에 이르는 9명은 킬리만자로를 버킷리스트 삼아 참가했다. 나뿐만 아니라 거의 대부분의 참가자들이 평생 가보고 싶은 목적지로 삼고 출발한 곳도 킬리만자로다.

"산을 네 뜻대로 하려하지 말고 산의 뜻대로 따르라."는 엄홍길 대장

정상을 향해 출발한 지 4일째가 되는 날 아침 바란코 캠프에서 일어나

1 시라캠프에 선 엄홍길 대장
2 고산 등정을 앞둔 산악인들은 항상 자연에 귀의한다. 무사등정을 바라는 산악인들이 돌탑을 쌓았다있다
3 하산하다 나무 사이로 본 킬리만자로 정상의 모습
4 6천 미터의 고산 등정이라 불안을 달래기 위해 엄홍길 대장은 '우리는 하나다! 도전 킬리만자로!'를 외친다

1 등정 도중 자신이 발을 다친 연유를 설명하며 산을 어떻게 받아들여야 하는가를 강의하는 엄홍길 대장

2 킬리만자로를 하산하던 중 만난 야생화

3 킬리만자로 등정을 마치고 포터들과 환송식을 하는 엄홍길 대장

4 킬리만자로 정상에 선 엄홍길 대장

5 킬리만자로를 내려오던 중 만난 꽃

6 킬리만자로를 내려오던 중 만난 10센티미터 크기의 달팽이

출발준비를 하고 있을 때 엄홍길 대장이 텐트를 돌며 "별 탈 없이 잘 잤느냐?"고 안부를 전할 때다. 그는 한쪽 다리를 절며 걸어 다녔다. 깜짝 놀란 일행은 무슨 사고가 난 게 아닌가 걱정하며 안부를 물었다. 걱정이 돼 여러 사람이 묻자 다리를 저는 연유를 설명했다.

1998년 봄 안나푸르나를 네 번째 도전한 어느 날 해발 7,600m의 산에서 셰르파 '다와'가 몸의 균형을 잃고 얼음 비탈 아래로 미끄러 떨어졌다. 엄 대장은 다와를 살려야겠다는 생각에 반사적으로 로프를 잡았다.

그 순간 엄 대장의 몸도 휘청하더니 추락하기 시작했다. 눈을 떠 보니 눈 속에 처박혀 있었다. 다행이 셰르파 다와와 또 다른 동료들은 살아났다. 하지만 자신의 발목이 180도로 돌아가 버렸다. 간신히 한국에 귀국해 치료를 받았지만 주위에서는 "엄홍길도 이젠 끝났다."라는 말을 했다. 그의 부단한 노력으로 다리가 회복됐지만 그 이후부터 다리를 절게 되었다.

엄 대장은 "산 앞에 겸허하라."고 얘기한다. 정상에 올랐을 때 산을 정복한 것이 아니라 자연과 하나 되어야 한다고 한다. 산이 싸워서 이겨야 하는 상대가 아니라는 뜻이다. 그는 "산을 네 뜻대로 하려하지 말고 산의 뜻대로 따르라."고 한다.

불교도인 엄 대장은 밥 먹기 전에 반드시 '고수레'를 하며 고기 한 점을 산에 던진다. 산에 사는 동물에게도 먹을 것을 주어야 한다는 그에게서 자연과 공존하려는 자세를 엿볼 수 있다. 인간만이 아닌 산에 사는 미물도 존중한다는 의미다. 엄 대장에게 물었다.

– 똑같은 거리를 걸어도 도시를 걸었을 때보다 산을 걸었을 때 지치지 않는 이유가 무엇인가요?"

"인간의 본성은 자연이고 우리의 원초적 본능은 자연을 동경합니다. 자연은 어머님 품속 같고 자기 내면의 세계와 통하기 때문이죠. 또한 산에서는 산소가 많아 지치지 않고 자연 속에서 살아갈 때 정신치유가 훨씬 더 빨리 됩니다. 산속을 걸으면 하늘에서 별이 쏟아집니다. 사람들이 산을 찾는 이유는 내가 누구일까를 생각하며 자신의 깊은 내면의 세계를 깨우치게 되는 계기가 되기 때문이죠.”

– 산악인 엄홍길이 한국인에게 던진 메시지는 무엇일까요.

“‘나도 할 수 있다’는 도전정신입니다. 자신감, 용기, 희망, 죽음을 두려워하지 않는 불굴의 정신이라고 할 수 있죠.”

– 산악인으로서 가장 힘들었던 때는

“사랑하는 동료가 죽었을 때가 가장 힘들었죠. 동료가 죽었는데 그 이상의 고통이 어디 있겠어요. 그때가 가장 힘들었습니다.” 엄대장은 그가 사랑하는 산악인을 10여 명 잃었다. 삶과 죽음의 숙명 속에 사는 존재가 산악인이라는 그는, 자신을 위해 몸을 아끼지 않고 세상을 떠난 고귀한 영혼들에게 큰 빚을 졌다고 한다.

조금이라도 빚을 갚기 위해 ‘재단법인 엄홍길휴먼재단’을 설립한 그는 팡보체를 시작으로 네팔 오지에 초등학교 3개를 세우고 현재 4번째 학교를 짓고 있다. 네팔 오지의 학생들에게 씌워진 가난이라는 굴레를 벗어나 꿈과 희망을 주기 위해서다.

식사할 때 등정팀 전부에게 술 한 잔을 따르고 헤어질 때나 새로 만날 때는 꼭 껴안고 스킨십을 통해 따스한 가슴을 전한다. 그와 가까이 있어본 사람들은 그가 흉허물 없이 대하는 따뜻한 스킨십에 매료된다. 정상에서 내려오는 길에 한 동료가 전한 말이다.

“나는 전두환 전 대통령이 옆에 없을 때는 전두환이라고 불러요. 하지만 엄홍길 대장이 옆에 없다고 누군가가 엄홍길이라고 부르면 화가 납니다. 왜냐고요? 그분을 존경하기 때문이죠.”

킬리만자로 등정팀에게 엄홍길 대장은 믿고 의지할 수 있는 큰 산이었다.

(12. 08. 23)

어린 왕을 고아로, 대비를 과부라 부른 기개의 남명 조식

벼슬을 잡기 위해 안달하는 세태에 교훈을 준 선비

지난 일요일(15일). 경남 합천 삼가면에 있는 남명 조식 생가를 방문했다. 퇴계 이황(1501~1570)과 더불어 영남을 대표했던 선비인 남명 조식(1501~1572)은 평생 벼슬살이를 하지 않고 초야에 묻혀 후학을 양성하고 임금에게 곧은 상소를 올린 학자다.

바야흐로 정치의 계절이다. 대선주자들에게는 자천타천 한자리 하려는 사람들로 줄을 섰다고 한다. 요즘 뉴스를 보면 출세하기 위해 온갖 짓을 다 하다 망가지는 모습을 자주 볼 수 있다. 한 치 앞을 내다보지 못하고 큰소리치다가 부정부패 혐의로 감옥에 가는 모습을 보며 권력 무상을 느낀나.

생가를 둘러보며 시대를 막론한 학자의 본분에 대해 곰곰 생각해보았다. 조선시대라면 과거시험을 통과해 벼슬길에 나가고 현대라면 대학교수가 되거나 그 방면에 전문가가 되어 입신양명이 꿈이다.

그러나 남명 조식은 벼슬길에 나가는 것을 포기하고 학문과 후학양성에만 정진했다. 학문과 실천을 강조하며 부패한 권력에 경종을 울리고 무기력한 지식인 사회를 일깨운 '선비정신'을 실천한 인물이다.

두 번에 걸친 사화(士禍)에 환멸을 느끼던 중 학문의 길로 나서다

조식의 부친인 조언형은 생원시와 전시에서 장원급제해 요직을 맡았으나 말년에 모함으로 관직을 박탈당했고, 숙부 조언경도 문과에 급제해 벼슬을 했으나 기묘사화에 연루돼 목숨을 잃었다. 또한 이웃에 살던 성운, 성우 형제와 가까이 지냈으나 을사사화가 일어나 형이 화를 당하자 벼슬에 회의를 갖게 되었다.

과거에 대한 미련을 버리지 못한 채 공부하던 그에게 어느 날 운명을 바꾸게 된 계기가 찾아왔다. 성리대전(性理大典)에 실려 있는 "대장부가 벼슬길에 나가서 아무 하는 일이 없고 초야에 있으면서도 아무런 지조도 지키지 않는다면 뜻을 세우고 학문을 닦아 장차 무엇을 하겠는가?"라는 원나라학자 허형의 글에 감동을 받았다.

경(敬)과 의(義)를 강조한 남명 조식

조식의 학문과 실천 지표는 '경(敬)'과 '의(義)'다. 경과 의는 주역에 나오는 말로 "군자는 경으로써 안을 곧게 하고, 의로써 바깥을 바르게 한다."는 말에서 유래했다. '경'으로 마음을 곧게 하고, '의'로서 실천하라는 그의 가르침은 아는 것에 그치는 것이 아니라 실행에 옮기는 실천철학이었다.

철저한 자기 절제와 불의에 타협하지 않는 불굴의 정신은 그의 제자들에게 전해져 오덕계, 정한강, 곽재우 등의 인재를 낳았다. 그의 정신은 1919년 3·1 독립운동으로 이어져 작은 마을인데도 삼가 장터에 3만 명이 모여 3·1독립만세운동을 벌였다.

1555년 조식은 조정으로부터 단성현의 현감자리를 제안 받았다. 그러나 왕의 제안에 대해 자신이 평소 가졌던 의견을 강력하게 제시하며 사양했다. 다음은 그의 상소문이다.

어린 왕을 고아로, 대비를 과부로 부르며 현감자리를 마다한 '단성사직상소'

"전하의 나랏일은 이미 그릇되었으며, 나라의 근본이 이미 망했으며, 하늘의 뜻도 이미 떠나갔으며, 인심도 이미 떠났습니다. 비유하면 이 나라는 백 년 동안 벌레가 속을 갉아 먹어 진액이 이미 말라버린 큰 나무와 같습니다. (중략)

낮은 벼슬아치는 아랫자리에서 히히덕거리며 주색을 즐기고 있으며, 높은 벼슬아치는 윗자리에서 어물거리며 오직 뇌물로 재산만 불리고 있습니다. 물고기의 배가 썩어가는 데도 아무도 치유하려 하지 않고 있습니다. 게다가 내직에 있는 신하들은 용이 연못을 차지하고 버티듯 후원세력

1 남명 조식의 흉상

2 남명 조식이 후학을 가르친 용암서원으로 가는 길 입구에 서있는 돌비석. 뇌룡정이라는 글자가 새겨져 있다

3 1555년 조정으로부터 단성현 현감자리를 제안받았지만 거절한 이유를 적은 사직상소문

4 남명이 머물며 후학을 가르친 뇌룡정

을 심고 있으며, 외직에 있는 신하들은 들판에서 이리가 날뛰듯 백성을 수탈하고 있습니다.

신은 이 때문에 낮에는 깊이 생각하고 깊이 탄식하면서 자주 하늘을 우러러 보고 밤에는 흐느끼며 침울해 하면서 천정을 우러러본 지 오래됐습니다. 대비께서는 비록 생각이 깊으시다하나 깊은 궁중의 일개 과부에 지나지 않고, 전하께서는 다만 선왕의 어린 사후(死後-고아)이실 뿐입니다."

그의 생가로 들어가는 길 왼편에는 뇌룡정(雷龍亭)이라는 돌비석이 서 있다. 그가 후학을 가르친 뇌룡정 오른쪽과 왼쪽 기둥에는 '시거이용현(尸居而龍見)'과 '연묵이뇌성(淵默而雷聲)'이라는 장자에 나오는 글귀가 적혀 있다. '주검처럼 가만 있다가도 용처럼 나타나고, 연못처럼 묵묵하다가도 우레 소리를 낸다'는 뜻으로 그의 사상을 나타낸다.

시류에 편승하지 않고 변화와 개혁을 실천하며 청렴결백과 강직함을 표방한 남명. 그의 실사구시 정신과 민본사상은 4백년이 지난 지금에도 우리에게 교훈이 되고 있다. (12. 09. 21)

왕년에 한가락하던 이 남자, 날 울리네

한국 아마추어 복싱을 주름잡던 허영모가 준 감동

출근 후 주차를 하고 교실로 가던 중이었다. 수돗가에 허영모 선생이 쭈그려 앉아 이불을 들치고 뭔가를 하고 있었다. "뭐 해" "개가 하수구에 빠져 못 나오길래 건져 놨는데 죽을 것 같아서요." 가까이 다가가보니 이불 속에 검은 개 두 마리가 누워있었다. 어미와 새끼였다. 새끼는 허 교사가 주는 우유와 사료를 먹고 있었지만 어미는 이불 속에 누워 꼼짝 않고 있었다. 어미는 탈진한 셈이다.

허영모! 1980년대를 살았던 남자들은 왕년의 아마추어 복싱스타 허영모를 기억할 것이다. 먹을 것도 입을 것도 변변찮은 시절 우리나라 헝그리 복싱은 인기 절정에 있었다. 당시 아마추어 복싱계에는 두 명의 스타가 있었다.

문성길과 허영모! 남자들은 두 명의 선수가 시합을 한다는 소식을 들으면 결과가 어떻게 나올까 궁금해하며 TV앞에 모여 침을 삼켰다. 문성길이 저돌적으로 파고드는 선수라면 허영모는 날렵한 몸매와 빠른 발을 이용해 치고 빠지는 전술을 구가하며 둘 사이에 불꽃 튀는 공방을 벌였다.

허영모는 국가대표를 은퇴한 후 여수에 있는 여도중학교 교사로 근무한다. 왕년에 한가락했으니 터프할 줄 알았는데 전혀 그런 사람이 아니

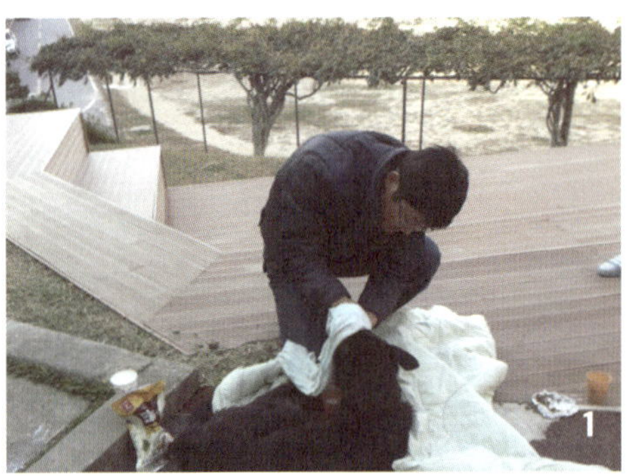

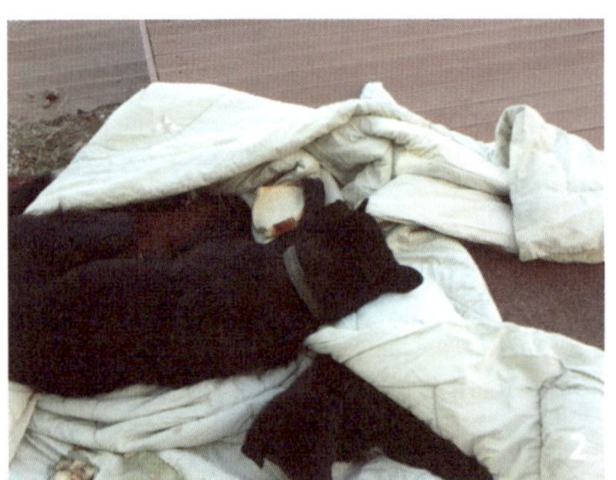

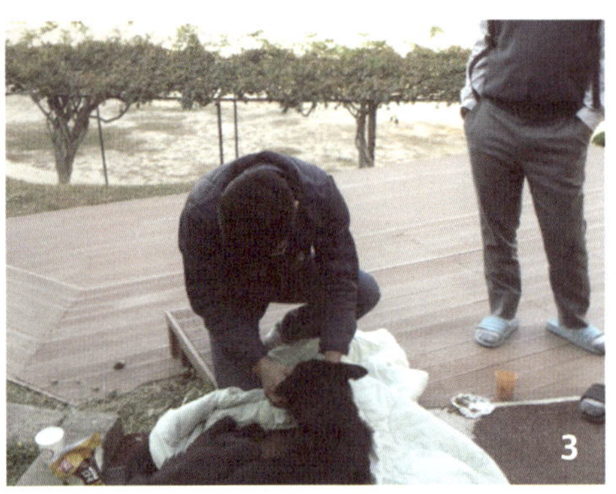

1 하수구에 빠진 어미개와 새끼를 이불로 덮어주고 먹을 것을 주며 극진히 간호하는 허영모 교사.

2 하수구에 빠져 허 교사가 구출해낸 어미와 새끼개. 탈진했지만 이불을 덮어주고 먹을 것을 조금씩 먹으며 기운을 회복하고 있다

3 탈진해 몸을 떨고 있는 개의 눈곱을 수건으로 떼주는 허영모 교사

4 사진 찍기를 극구 사양하는 허영모 교사. 1980년대 한국을 주름잡던 아마추어 복싱 스타다

5 45도 경사진 시멘트 도랑으로 굴러떨어진 개가 맨홀 속으로 빠졌다. 하지만 어미개는 새끼를 물이 없는 곳까지 밀어 올려고 물속에서 허우적대고 있었다

6 개가 갇혀있던 맨홀이다. 학생들의 안전을 위해 철망을 덮어놔 개가 나올 수 없었다

다. 부드러운 인상대로 잘 웃으며 대인관계도 좋다. 선배를 깍듯이 대하고 후배에게도 잘하니 주변 사람들이 좋아할 수밖에.

사랑하던 아내가 암에 걸려 병간호를 하는 동안 독실한 크리스천이 된 그는 요즘 퇴근하면 집에서 기르는 두 마리 개를 데리고 인근 산으로 등산을 하며 인생을 즐긴다. 사랑하던 사람을 먼저 보냈기 때문일까. 산이 그 무엇보다 좋다는 그는 삶을 대하는 자세가 훨씬 깊어졌다.

새끼를 밀어내고 자신은 물속에서 허우적댄 모성애

오늘 아침 그가 개에게 보여준 사랑도 가슴속에서 나오지 않았을까? 허 선생에게 개를 구하게 된 자초지종을 들었다. 여도중학교는 여수시내로 들어가는 초입에 위치해 있다. 학교 뒤에는 300미터가 넘는 호랑산이 자리하고 있어 산책하기에 좋다.

허 교사는 어제 오후 학교가 파한 후 학교를 돌아다니는데 학생에게서 “개가 하수구에 빠져서 못 나오고 낑낑댄다.”는 얘기를 들었다. 그는 하수구에 빠진 개를 구해 더러워진 개를 수돗물에 씻기고 수돗가에 두었다.

하지만 탈진한 어미개가 몸을 떨며 죽을 것 같아 새끼와 함께 이불을 덮어주고 우유와 먹을 것까지 가져다주었다. 어미는 아침에도 몸을 떨고 있었지만 이불과 휴식 덕분에 몸을 움직이며 숨을 쉬고 있었다.

“빠진 하수구에서 벗어나려고 안간힘을 쓰다가 다쳐서 완전히 씻기지는 못했어요. 병원에 데리고 가야할 텐데 수업이 있으니….”

하수구가 어떻게 생겼기에 개가 하수구 하나 못 빠져 나오나 싶어 허 교사와 함께 개가 빠진 하수구로 갔다. 아하! 그랬구나! 산을 절개해 45도쯤 경사진 축대에는 많은 비에도 산이 무너지지 않도록 하기 위해 시멘트로 도랑을 만들어 놨다.

어미와 새끼가 10여 미터 상단의 축대 위를 돌아다니다가 미끄러운 도랑에 굴러 떨어져 하수구 맨홀에 빠져버린 것이다. 위에는 철망이 덮여 있고 탈출구는 45도 각도의 경사진 구멍 하나밖에 없으니 탈출이 불가능할 수밖에.

허영모 교사가 학생들의 말을 듣고 현장에 도착해 보니 어미가 새끼를 밀어 물 없는 곳까지 올려놓고 자신은 하수구 물속에서 목만 내놓고 허우적대고 있었던 것이다. 낑낑대는 소리를 지나가던 학생이 들었던 게 다행이다.

허영모는 측은한 생각이 들어 철망을 들어내 개를 구하고 수돗물에 씻겼다. 씻긴 후 집으로 데리고 가려했으나 어미가 꼼짝을 못해 하는 수 없어 집에서 이불을 가져다 덮어주고 먹을 것까지 가져다 준 것이다.

가슴에 잔잔한 파문을 준 허 교사. 사진을 찍으려 하니 "형님! 하지마." 라며 극구 사양하는 그의 사진과 개를 찍었다. 사는 게 뭐 별건가! 사람이건 동물이건 서로가 서로를 위하며 사는 것 아닌가? 허영모 교사가 준 조그만 감동을 생각하며 파란 가을 하늘을 본다. 아! 맑고 아름다운 하늘이다. (12. 10. 31)

모든 괴로움은 내가 어리석어서 생기는 일

법륜스님의 희망세상 만들기 강연

6일 오후 7시. 여수시민회관에서 법륜스님의 희망세상 만들기 강연이 열렸다. 2층까지 자리를 가득 채운 1,000여명의 대중은 스님의 지혜와 간간이 들려주는 재미있는 얘기에 시간 가는 줄 몰랐다.

즉문즉설! 부처님의 대기설법을 바탕으로 현실에서 겪는 어려움과 정치, 사회, 종교, 교육 문제 등 인생 전반에 대해 그 자리에서 묻고 그 자리에서 답하는 것이 즉문즉설이다. 법륜스님은 이를 '야단법석'이라고 정의했다.

불교용어에서 유래한 '야단(野壇)'이란 '야외에 세운 단'이란 뜻이고, '법석(法席)'은 '불법을 펴는 자리'라는 뜻이다. 즉, '야외에 자리를 마련하여 부처님의 말씀을 듣는 자리'라는 뜻이다. 법당이 좁아 많은 사람들을 다 수용할 수 없으므로 야외에 단을 펴고 설법을 듣고자 하는 것이다. 야단법석은 원래 사람이 많이 모이다 보니 시끌벅적하고 어수선하게 된 상태를 뜻한다. 스님의 강의 서두다.

"20대는 20대 때가 좋은 줄 모르고 30대가 되어야 그때가 좋았다고 말하며 60대는 70대가 되어야 그때가 좋았다고 말합니다. 사람들은 그때가 좋은 줄 알면 행복한데 그때가 늘 행복하지 않다고 생각합니다. 앞으로 다가올 인생을 미리 알면 지금의 어려움을 잘 극복할 수 있습니다. 인생은 착하냐 안 착하냐가 중요한 게 아니라 지혜로우냐 아니냐가 중요합니다."

괴로움의 근원은 다 내 탓

시골할머니들이 신세 한탄하는 소리를 들어보면 "아이고! 하나님도 무심하시지, 아이고! 내가 전생에 무슨 죄를 지어서…, 아이고! 내 팔자야! 라며 괴로움의 원인을 남의 탓으로 돌린다."고 말한 스님은 "우리 인생에서 겪는 모든 괴로움의 원인은 내가 어리석어서, 내가 몰라서 일어난 일이기 때문에 모두가 내 탓"이라고 말했다.

남이 나를 괴롭힐 때 남을 고쳐야 하는데 남 고치기가 쉽지 않다. 따라서 괴로움의 원인이 나에게 있는 줄 알면 행복해진다는 것이 법륜스님의 강의 핵심이다.

새로운 시대에는 창조적인 분야에 눈 돌려야

질문시간이 되자 여수시내 모 고등학교 2학년 학생이 질문에 나섰다.

1 여수시민회관에서 열린 법륜의 희망세상 만들기 강좌 모습

2 법륜스님의 강의 모습

여행가이드와 요리사가 꿈인 그 학생은 자신이 선택한 진로에 대해 부모님께서 반대하고 성적이 안 돼 원하는 학교에 진학할 수 없을 것 같아 걱정했다.

스님은 “여행가이드와 요리사는 대충 공부해도 된다.”며 “우리나라도 이젠 많이 발전했기 때문에 베끼기가 아닌 창조적인 분야에 진출하는 것이 좋다. 가수 싸이가 뜨는 이유는 베끼기가 아닌 한국적인 음악과 춤으로 새로운 창조를 했기 때문이다. 새로운 시대에는 과거의 틀이 아닌 창조적인 틀이 필요하다.

우리나라는 현재 새로운 사회로 가는 변화의 바람이 불고 있다. 싸이의 말춤, 삼성과 LG가 디지털 분야에서 세계적 능력을 보여주는 것과 현실정치에 실망한 국민의 열망에 의해 무소속인 안철수 바람이 불고 있다. 안철수가 훌륭해서가 아니라 새로운 변화에 대한 국민의 열망이 안철수 현상을 낳았다.

한국의 역동성은 중국과 일본에 커다란 영향을 줄 것이다. 국민들은 우리나라에 대해 나쁘게 생각해서는 안 된다. 지난 100년동안 위정자들이 역사에 잘못 대응했기 때문에 우리가 어려웠지만 세계에서 우리나라처럼 산업화와 민주화를 동시에 성공시킨 사례가 없다.”

계속되는 스님의 강의 내용이다. “남북이 통일해서 동아시아 번영의 구심체가 되어야 한다. 그렇지 않으면 미·중의 하위변수가 된다. 다시는 남·북간에 전쟁이 일어나서는 안 된다. 정치도 권력분산과 중앙권력을 지방으로 이양하고 현재의 정당구조도 바꿔야 한다. 우리나라가 옛날보다 부유해졌지만 양극화가 심화됐다. 장차 복지국가, 평화국가가 되어야 한다.”

아이의 자아가 형성될 때까지는 엄마가 돌봐야

젊은 여성 한분이 아이를 어린이집에 맡기고 직장에 나가야 좋을지 아니면 휴직을 하고 집에서 아이를 길러야 좋을지에 대한 질문에 스님이 화답했다.

미국 UCLA대학 의료진이 어린 아이의 뇌 사진을 촬영했는데 엄마의 사랑을 받은 아이는 대뇌가 발달했지만 학대 받고 자란 아이는 대뇌가 쪼그라져 있다는 보고를 했다. "세 살 때까지는 자아가 형성되는 시기이기 때문에 아이에 헌신하라"는 게 스님의 지론이다.

직장과 취미 때문에 아이를 버리면 아이의 정서발달에 지장이 생긴다. 엄마가 심리적으로 안정하면 아이가 정서적으로 안정된다. 정서불안인 아이가 자라면 사회 문제를 일으켜 사회적 비용으로 돌아오기 때문에 정부가 나서서 보육정책을 잘해야 한다.

스님은 아이를 어린이집에 맡기면 정부에서 돈을 지원해주고 집에서 기르면 돈을 안 주는 보육정책은 잘못된 것이라고 지적했다. 그밖에도 미래에 대한 불안감과 강박관념으로 자신을 스스로 옥죄는 질문자에게는 "세끼 밥을 먹고 직장도 있는데 무엇이 문제냐."며 아침마다 108배를 하며 수행할 것을 권했다.

청중들은 생활 속 행복이야기를 통해 명석하고 통쾌한 답변과 희망을 제시해준 스님을 향해 "고맙습니다."를 연발하며 감사를 표시했다.

(12. 11. 07)

죽다 살아난 그, 이젠 아프리카 돕겠답니다

증보판 낸 국제NGO 생명누리 대표 정호진씨

오늘날 지구상 인류의 1/5은 굶주림으로 힘든 삶을 이어가고 있다. 한편, 또 다른 1/5은 과식에 의한 질병으로 고통 받고 있다. 연간 의료비 70조 원을 쓰고도 600만 명의 당뇨병을 비롯한 5대 법정만성질환(암·고혈압·심장병·뇌졸중·관절염)으로 인해 평생 약 먹을 고민에 빠져있는 게 한국의 '오늘'이다.

정부는 '국민들 스스로의 치유 행위는 위험하다'는 판단으로 1962년 이후 지금까지 약 10만 명의 제도권 의료인들에게만 의료행위를 맡겨놓고 있다. 그러나 이러한 의료법은 '국민이 하늘'이라는 전제와 천부적 건강행위를 국법보다 상위개념으로 여겨야 한다는 유엔인권위원회·세계보건기구의 정신에 어긋난다.

조선대 보건대학원 대체의학과 전홍준 교수는 "오늘날 병원이란 병만 고치는 곳이 아니라 외모나 피부를 관리해주고 노화를 예방하는 일도 하는 곳"이라며 "이제는 사람이 태어나서 죽기까지의 생로병사의 많은 일들을 병원이 담당하는 생활의 의료화 시대가 돼 버렸다."고 개탄했다.

"오늘날 환자들의 7~80%는 식생활과 라이프스타일만 바꾸면 더 이상 약을 쓸 필요가 없다"고 주장하는 전홍준 교수의 주장에 힘을 실어주는 책이 있다. 8월 중순 증보판으로 다시 나온 <우리의학 이야기>가 바로 그것. 이 책은 국제NGO 생명누리 정호진 대표가 직접 썼다.

약자와 소외된 자 편에 선 정호진

경남 합천 출신인 정호진 대표는 한신대를 졸업하고 연세대 대학원·한신대 대학원에서 박사과정을 마쳤다. 그는 연세대·서강대·성공회대 등에서 10년간 성서학과 생명농업을 강의했다. 거창과 합천에서 10년간 직접 생명농업을 실천하며 마을공동체 활동 및 생명농업 실천 모임을 결성하고 전국에서 100여 차례 '우리의학 강좌'를 열었다.

이후 국제NGO 생명누리를 창립해 인도에서 10년간 인간 이하의 취급을 받고 있는 불가촉천민들의 빈곤 퇴치와 문맹 퇴치 및 자립을 위한 생명농업 순회 강좌, 지하수 개발사업, 행복한 마을공동체 만들기, 에이즈 퇴치운동 및 에이즈 아동센터 운영 등을 하고 있다. 또한 인도에서의 경험을 바탕으로 네팔·중국·라오스 등 아시아 여러 나라와 아프리카 말라위에서 지구촌 복지를 실천하고 있다.

경북 문경에서 대안학교인 샨티학교(중·고 통합형 6년 과정)를 운영하는

1 국제 NGO생명누리 대표이자 목사인 정호진씨가 자신의 몸을 치유하고 수많은 환자들을 돌봤던 경험을 살려 <우리의학 이야기>책을 출판했다

2 정호진 대표가 쓴 책 <우리의학 이야기>

그는 한국의 탈학교 학생들을 중심으로 지구촌 인디고 여행학교를 기획하고 운영한다. 지구촌 인디고 여행학교는 청소년들이 인도와 네팔·동남아·중국 등 가난한 농촌 마을에서 현지 학생들과 사귀고 세계의 문제들을 몸으로 직접 체험하는 움직이는 학교 프로그램이다.

자신의 치유 경험이 오롯이 담겨있어

1960년대 산업화 과정에서 이농 대열에 합류해 합천을 떠나 서울 변두리로 이주한 정호진 대표는 공사장 노동자·신문배달·야채장사·군밤장사·외판원 생활을 했기에 학교에 다닐 수가 없었다. 어렵게 사는 중에도 그가 희망을 버리지 않은 건 명문대 합격의 꿈이었다. 그러나 중학교부터 대학까지 검정고시로만 공부했던 그에게 명문대 꿈은 이뤄지지 않았다.

명문대 대신 택했던 한신대는 의외로 마음에 들었다. 그런데 대학시절부터 몸에서 이상증세가 나타나기 시작했다. 젊었는데도 만성피로가 따라다녔고 신경통과 관절염 증세도 보였다. 때로는 뒷머리에 피가 전달되지 못해 멍하게 보내는 경우도 생겼다. 워낙 가난해 잠자리가 없자 한겨울에도 신문보급소 사무실 책상위에서 자며 끼니를 굶었으니 온몸이 골병이 들었던 것.

대학 3학년 때 요가 지도자를 만나 요가를 하는 동인 호흡과 명상법 그리고 단식과 식사법 등을 제대로 배웠다. 7일간의 단식으로 만성위염과 만성피로도 사라지고 신경통도 거의 없어졌다. 그러나 군대가 문제였다. 워낙 부실했던 몸이 10km 완전 군장 구보와 힘든 훈련을 하니 견뎌낼 수 없었던 것. 명사수였던 눈이 잘 안 보이기 시작했고 관절염을 심하게 앓기 시작했다.

군대를 전역한 뒤 복학, 이후 단식을 하면서 일본인이 쓴 니시(서식) 건강법에 관심을 갖게 됐다. 간단한 운동과 음식을 끊는 단식과 바르게 먹는 방법과 관련된 니시 건강법은 일종의 일본식 요가법이다.

대학 졸업 후 마산에서 개척교회 목회를 하다 한신대 박사과정에 들어간 그는 공부를 이어가면서 서울에 있는 몇몇 대학원에서 강의를 했다. 그러나 책과 씨름해야할 시간은 많아지는데 몸이 말을 듣지 않았다.

한 주에 3일은 강의로, 4일은 세미나로 버텨야 하는데 입안은 늘 헐어 있어서 말하기가 힘들었다고 한다. 또한 신경은 항상 곤두서 있어서 신경질을 잘 내고, 인내력은 바닥으로 떨어졌다. 관절염은 더 심해져 류머티스성으로 발전했고, 오른쪽 무릎부터 왼 무릎·양 발목·팔꿈치·손목·손가락 마디마디가 아파왔다. 세브란스 병원 진료실과 물리치료실도 찾아봤지만 뾰족한 수를 찾지 못했다고.

그러는 동안 아는 침술사를 찾아가 침도 맞고 부항도 받고 뜸 치료를 받게 됐다. 그중 가장 효과를 본 것이 우리의학의 하나인 부항과 뜸이었다. 1980년대 말 우루과이라운드 협상이 진행되면서 농민들의 생활터전이 붕괴되자 농촌으로 삶의 근거지를 옮기기로 작정한 그는 연세대학교 민주동문회사무실에서 당시 유행하던 수지침과 침뜸·부항을 배웠다.

서울을 떠나 거창읍으로 거처를 옮긴 그는 병원에 가기 힘든 어려운 이들을 위해 손침과 침뜸·부항치료를 시작했고 명의라는 소문이 나기 시작했다. 거창지역 농촌목회자들을 중심으로 가르쳐달라는 요청을 “잘 알지 못한다”며 수차례 손사래를 쳤지만 소용없었다. 이때부터 전국으로 다니며 100여 차례 강의를 한 자료를 모으고 연구한 책이 그의 <우리의학 이야기>다.

정호진 대표는 동양의학만 공부한 게 아니다. 의사 친구로부터 서양의학 책을 빌려 인체해부학·생리학·병리학·약물학·공중위생·예방의학 등을 공부했다. 그는 서양의학을 공부하며 우리 의학과의 차이는 무엇이며 서로 도울 길은 무엇인가를 알게됐다.

소의(작은 의술을 베푸는 자)는 몸을 고치고, 중의(중간 정도의 의술을 베푸는 자)는 마음까지 고치고, 대의(큰 의술을 베푸는 자)는 병든 사회를 고친다고 했다. 지구촌 가난한 나라를 찾아 병든 몸과 마음을 치유하고 행복한 마을 개발 운동을 실천해오던 정호진 대표가 서양의학과 동양의학을 아우르는 대안의학을 표방하고 우리의학 대학원과정(비인가)을 개설했다.

그의 책 <우리의학 이야기> 출판기념회는 9월 5일 오후 6시 한국기독교회관 조에홀에서 열릴 예정이다. 정호진 대표의 출판기념회를 통해 기부되는 후원 수익금은 아프리카 말라위의 가난한 마을 아이들을 위한 데이케어센터에 지원할 예정이다. (13. 08. 14)

'아저씨'라 불리고 허름한 집에서 산 국가주석

훌륭한 지도자가 국가 운명을 좌우한다

아내와 함께 베트남여행에 나섰다. 베트남은 우리나라보다 더한 외세의 압제와 무력침공을 물리치고 독립과 통일을 이뤘기 때문에 어디서 이런 힘이 나왔는가 궁금해서다.

베트남의 역사는 외세의 침략에 맞서 끝까지 굴하지 않고 일어선 결기의 역사다. 중국으로부터 천년 동안 지배를 받고 일어났지만 또 다시 프랑스 지배를 받았다. 제2차 세계대전이 일어나자 일본의 지배를 받다가 일본이 패망하자 흑심을 보인 프랑스와 8년간의 인도차이나 전쟁에서 이겼다. 어디 그것뿐인가? 세계 최강인 미국을 이기고 중국과의 전쟁에서도 매운 맛을 보여준 저력 있는 나라다.

베트남 공항관리들의 얼굴은 엄격하고 딱딱했지만 신속하게 입국심사를 해줬다. 그러나 베트남 방문을 마치고 곧바로 캄보디아 시엠립 공항으로 날아가 입국심사를 당해본 대부분의 한국인 승객들은 모멸감을 느꼈다. 공정함과 부당함. 인접국인데 어디서 이런 차이가 생겼을까? 결론은 훌륭한 지도자와 그를 중심으로 단결한 국민성 때문이라는 답을 얻었다.

호치민은 베트남의 정치가이며 국부로 추앙받는다. 본명은 응우옌신꿍, 자(字)는 띳티인, 호치민은 가명이며 '깨우치는 자'라는 의미다. 그의 부친은 프랑스 식민치하에서 명맥을 유지하던 응우옌 왕조의 관리가 되었으나 자신의 일이 식민지 경영의 주구에 지나지 않는다는 것에 번민했다.

결국 불복종을 이유로 해직된다. 아버지의 영향을 받은 호치민과 형, 누나도 주변에 민족주의 사상을 전파하며 반식민지 독립운동에 참여해 수감됐다. 본인도 프랑스-베트남학교 재학시절 징세 반대운동에 참여했다는 이유로 쫓겨나고 만다.

베트남의 국부이자 '호 아저씨'로 불리는 호치민

호치민은 잠시 민족주의자 학교에서 교편을 잡기도 했지만 독립을 위해서는 서양, 나아가 세계를 더 자세히 알아야 한다는 생각으로 프랑스 해운회사에 견습요리사로 취직했고 정원사, 청소부, 사진수정가, 화부 등을 전전했다.

그밖에도 영국, 미국 등을 전전하며 신문물과 사상을 배웠다. 이때의 경험으로 영어, 중국어, 프랑스어를 유창하게 구사했으며 타이어, 스페인어, 독일어, 러시아어에도 능했다. 우리를 안내한 가이드 최해성씨가 호치민에 대한 베트남 사람들의 평가를 들려줬다.

"세상에 털어서 먼지 안 나는 사람 없다고 하는데 호치민은 먼지 안 나는 사람입니다. 그는 '모든 사람이 평등한데 내가 무슨 각하냐?'며 '호 아저씨라 불러라'고 해서 사람들이 '호 아저씨'라고 불러요. 또 '자신의 친척 10촌까지는 공직을 주지 말라'고 해서 친인척 비리를 막았죠."

하노이엔 호치민이 기거했던 옛 주석궁이 있는데, 이곳은 본래 프랑스 식민지 시절 프랑스 총독부였다고 한다. 당연히 호화로운 곳이지만, 호치민은 정작 이 옛 총독부 관저를 쓰지 않고, 주석궁 안의 연못 옆에 작고 허름한 집을 짓고 살았다고 한다.

아이들이 와서 수염을 당기면서 '파파 호호'라는 애칭으로 불러주면 미소 지으면서 손수 베트남 고유악기를 치고 아이들을 위한 노래를 불러주며 같이 놀아주곤 했다. 하루는 아랫사람이 아이들이 마구 뛰어놀면서 시끄럽다고 화내자, "아이들이 뛰어노는 것처럼 활기찬 곳은 없다면서 놔두라"고 했단다.

낡은 옷 기워 입고 폐타이어 잘라 신발 만들어...

호치민은 낡은 옷을 기워 입기 일쑤였고, 폐타이어를 잘라 신발을 만들어 신었다고 전해진다. 그 뿐만 아니라 하노이에 있는 그의 집무실에는

1 베트남인들에게 국부로 추앙받는 호치민의 모습. 거의 모든 상가와 관공서에도 걸려 있었다

2 하노이 시내의 오토바이 모습에 활력을 느꼈다

3 호치민의 시신이 방부처리돼 안치되어 있는 호치민 묘

4 호치민 묘가 바라보이는 바딘 광장 모습. 베트남 역사에서 중요한 의미를 지닌 장소로 1954년 9월 2일 베트남의 독립을 선포한 곳이다

고가 귀중품은 커녕 고물 라디오 한 대와 책 몇 권이 있는 게 전부였다고 하니 그가 얼마나 검소한지를 보여준다.

또한 3찬만을 하며 살았다고 한다. 왜 3찬만을 드시냐고 물으니 “내가 반찬 하나를 더 먹을 때마다 우리 국민 하나가 더 죽는다”라고 했다고 한다. 자신이 가는 곳을 경호원들에게 알리지 않았는데 이는 갈 곳을 알리면 그곳에 있는 주민들이 귀찮기 때문에 가르쳐 주지 않았다고 한다.

“내가 죽은 후에 웅장한 장례식으로 인민의 돈과 시간을 낭비하지 말라. 내 시신은 화장시키고, 재는 세 부분으로 나누어 도자기 상자에 담아 하나는 북부에, 하나는 중부에, 하나는 남부에 뿌려다오. 무덤에는 비석도 동상도 세우지 말라. 다만 단순하고 넓으며 튼튼한 통풍이 잘 되는 집을 세워 방문객들을 쉬어가게 하는 것이 좋겠다. 방문객마다 추모의 뜻으로 한두 그루씩 나무를 심게 하라. 세월이 지나면 나무들은 숲을 이룰 것이다.”

그는 젊은 시절부터 일본을 무척 견제했다. 2차 대전 당시 프랑스를 몰아내고 일본이 잠깐 베트남을 차지할 당시 많은 베트남인이 같은 아시아인이라며 기뻐하자 “어리석다!”고 비난하면서 “조선이 일본의 지배를 받아 행복하다고 하던가?” 하며 같이 독립운동을 하던 수하들과 측근들을 꾸짖었다. 박원순 시장이 희망제작소 상임이사로 있던 시절에 <호치민 이야기>의 추천사로 썼던 글이다.

“훌륭한 지도자가 있다는 것은 국민들에게 더 없는 행운이자 행복입니다. 위대한 지도자는 역사를 이어가며 후손들에게 삶의 등대가 되고 민족의 운명을 개척하는 용기와 열정의 불꽃이 됩니다. 아마 세기를 넘나들며 호치민만큼 온 국민들에게 사랑과 존경을 받은 지도자는 드물 것입니다.”

베트남에서 시집와 여수에 살고 있는 부티항에게 호치민에 대한 평가를 직접 들려달라고 부탁했다.

"호 아저씨요? 그 아저씨는 세상에서 제일 똑똑하고 국민을 많이 사랑하며 어떻게 하면 국민들이 편하게 잘 살 수 있을까를 생각하는 위대한 지도자입니다."

자신의 시신은 화장하고 무덤도 동상도 세우지 말라고 한 호치민의 유언은 지켜지지 않고 방부처리 돼 호치민 묘에 안장되어 있다. 그를 너무나 사랑한 국민들이 반대했기 때문이다. 무덤에는 방부처리 해 유리관에 모셔진 호치민 시신이 살아 있을 때처럼 검소한 복장을 입고 잠들어 있다. 6·4지방선거가 얼마 남지 않았다. 우리나라에 이런 훌륭한 지도자는 없을까. (14. 03. 23)

80세까지 바다 누비기로 했습니다

한국 유일의 범선 코리아나호 선장 정채호

"17년 전에 코리아나호를 끌고 나가사키를 처음 방문했을 때 교포들이 배에 올라와 감격해하며 울었어요. 당시 한국배가 왔다고 하면 무시하고 김치 냄새가 난다고 업신여기던 때였습니다. 하지만 언제부턴가 일본에 김치붐이 일어났어요. 코리아나호에서 선상파티를 할 때 가장 인기 있는 음식이 바로 김치입니다."

나가사키 범선축제에 17년째 여수에서 코리아나호를 끌고 참가하는 정채호 선장의 말이다. 정씨의 나이 67세. 이 나이 또래의 사람들은 대부분 은퇴했지만, 그는 다르다.

옛날 같으면 '뒷방 늙은이' 대접을 받을 나이에 범선을 끌고 비다를 돌아다니는 정 선장. 남들은 바다를 장애물로 여기는 게 상례다. 오죽했으면 유행가 가사에 "바다가 육지라면…, 저 바다가 없었다면…"이라는 구절이 들어갔을까. 하지만 바다를 대하는 정 선장의 태도는 남다르다. 코리아나호에는 오키나와에서 인천까지의 국제 범선레이스에 참가해 2등을 한 상장이 걸려있다.

"나이도 들었으니 좀 쉬시지, 바다가 그렇게도 좋습니까?"라고 묻자 그는 이렇게 대답했다.

1 나가사키 범선축제에 참가한 대한민국 유일의 범선 코리아나호가 항구에서 돛을 올린채 정박하고 있다

2 코리아나호를 견학 온 일본 유치원생들과 교사 모습

3 코리아나호 선장 정채호씨와 부인 오정순씨. 오정순씨는 8박 9일간 20명의 승선원들을 위해 음식솜씨를 발휘했다. 환영만찬을 해준 일본인들을 위해 답례로 코리아나호 선상파티에서 김치가 금방 동이났다

4 나가사키 범선축제에 참가한 코리아나호를 취재하기 위해 나온 아나운서와 인터뷰하는 정채호선장다

5 환영만찬에서 만난 러시아 영사와 정채호선장. 여러나라에 친구가 많아 민간사절이라고 부를 수 있다

6 나가사키항에서 여수를 향해 현해탄을 항해 중 망망대해에서 바다새가 내 앞에 앉았다. 가쁜숨을 쉬던 새는 '좀 쉬고 가게 봐달라'는 듯 나를 쳐다본 후 날아갔다

"바다와 육지에 사는 동·식물을 비교해보면 바다가 8:2로 많아요. 면적도 훨씬 넓고. 무엇보다도 바다는 육지보다 훨씬 자유로움이 많아요. 행복이라는 건 자유로움이 얼마나 더 크냐에 달려있어요. 육지에는 건물과 장애물이 많은데 바다에는 없죠. 바다에서는 비가 오면 오는 대로 좋고, 바람이 불면 바람 부는 대로, 날씨가 좋으면 좋은 대로 좋아요."

낙천적 성격인 정채호 선장의 이력은 남다르다. "전생이 있다고 믿는다"라고 말한 그는 젊었을 적에 요트나 범선 앞에서 사진을 찍었다. 그가 요트에 재미를 느낀 건 미국 유학시절이다.

그는 현재 한국범선협회 회장과 전라남도 요트협회 회장을 맡고 있다. 정선장이 요트와 범선에 인연을 맺은 것도 전생과 관련된 인것일까. 미국 유학을 마치고 귀국해 전남대 여수캠퍼스에서 4년간 무역실무와 회계사 강의 중이었다. 요트를 탈줄 알고 일본말을 할 줄 안다는 이유로 요트선수를 인솔하고 일본 사가현 가라쯔시에 가게 됐다. 당시 여수시와 가라쯔시는 자매결연을 맺었다.

바람이 불면 바람이 부는 대로

이후 요트협회를 창단(1983년)하고 협회장으로 취임했다. 당시 옵티미스트급 5명 중 3명이 그가 길러낸 선수들이다. 그해 브라질 상파울루에서 열린 세계 옵티미스트급 요트선수권 대회 인솔단장으로 참가했던 정선장. 그는 전라남도 요트선수를 이끌고 전국체전에서 16년간 우승을 하기도 했고 아시안게임 금메달리스트를 여러 명 배출시켰다. 그에게 국내 유일범선인 코리아나호를 인수하게 된 동기를 물었다.

"1994년도에 부산 해양대학교 요트부 동아리 담당교수로부터 코리아나호를 인수해달라는 제안을 받았어요. 네덜란드에서 건조한 코리아나호는 당시 세계 일주를 마치고 부산으로 들어와 리빌드(재구축) 중이었어요.

수리비용 때문에 압류가 돼 나를 만난 겁니다."

구매 상담이 오가던 중 민선 초대 여천시장에 당선됐고 당선 이틀 후에 코리아나호를 인수했다. 정채호 선장은 바다 사나이다. 코리아나호를 타고 악명 높은 현해탄을 건널올 때 배가 심하게 흔들려 처음 범선에 승선한 나와 일행은 높은 파도에 심하게 흔들리는 배 때문에 불안에 떨었지만 밤새워 키를 잡고 레이다와 나침반만 보며 항해를 하면서 우리를 안심시켰다.

1 코리아나호가 나가사키항구를 떠나갈 때 일본인들이 환송하며 손을 흔들고 있다

2 코리아나호에 달린 돛을 모두 합하면 3백 평이나 된다. 돛을 올렸다 내리면 폭풍우에 견딜 수 있도록 정성스럽게 정리해야 한다. 돛을 오르내릴 때는 몇 시간이 걸리기 때문에 모든 승선원이 참가해야 한다. 사진은 정리 작업을 지휘하는 정채호 선장

3 배모형 제작이 취미인 마사끼 야마구찌(67세)씨가 17년간이나 꾸준히 범선축제에 참가하는 코리아나호를 기념하기 위해 6개월간 제작했다는 코리아나호 모형을 정채호 선장에게 선물하고 있다

4 여수로 돌아오는 길에 만난 세찬 비바람 속에서도 승선원들을 안심시키며 침착하게 코리아나호를 운전하는 정채호 선장. 듬직한 모습에 감동받았다

"불안해하지 말아요. 코리아나호 밑바닥에는 선저에 킬(keel)이라는 280톤짜리 납덩이가 있어서 배가 크게 기울어도 견딜 수 있을 만큼 복원력이 좋아요."

전장 41m에 총 톤수 135톤, 돛을 다는 마스트 높이가 30m인 코리아나호에는 폭이 100m^2에 달하는 돛이 11개나 된다. 맨 앞에 다는 제노아 돛을 포함해 모든 돛을 합치면 931m^2에 달해 3백 평짜리 논 한마지기의 넓이가 된다. 때문에 돛을 올리고 내리는 데 배에 승선한 모든 사람들이 함께 힘을 모아야 한다.

"총 톤수가 135톤인데 납이 280톤이면 배가 가라앉지 않느냐?"는 물음에 "선저에 있는 납무게는 제외한다"라는 게 정 선장의 설명이다. 낙천적인 성격을 지닌 그는 항상 웃는다.

80세까지 코리아나 운영할 겁니다

"사람이 살면서 실제로 일어나지도 않을 미래에 대한 걱정을 하지 말아야 합니다. 요즘 젊은이들한테 요트를 배우라고 권하면 '물에 빠지잖아요' 하면서 지레 겁만 먹어요. 도전하는 자세를 가져야 합니다. 초등학생 요트 동아리를 운영하는 회원의 말에 의하면 오후 5시가 넘었는데도 아이들이 집에 돌아오지 않으면 부모들이 득달같이 전화를 한대요. 혹시나 물에 빠지지나 않았을까 걱정해서요."

"여수시가 해양관광중심 도시라면서 요트마리나 계획도 없고 예산 배정도 하지 않는다."라면서 불만을 표시한 그는 "정부가 규제만 하려고 하지 말고 멀리 내다보는 정책을 펼쳤으면 좋겠다."라고 말했다. "나이가 있는데 언제까지 코리아나호를 운영할 계획인가?" 묻자 그는 이렇게 답했다.

"미국 노인 헨리(88)씨가 혼자 요트를 타고 세계를 두 번이나 돌았고 지금도 항해 중입니다. 2만 6,500마일 이상을 돌아야 세계를 일주합니다.

현재도 바다에는 1만 5,000척 정도가 세계일주를 하고 있는 중이에요. 원래는 77세에 그만두려고 했는데 헨리를 만나고 나서 80세까지 코리아나를 운영하기로 마음먹었습니다."

나가사키항에 코리아나호가 정박해있는 동안 마사끼 야마구찌(67)라는 일본인이 코리아나호 모형을 만들어 정채호 선장한테 선물했다. 배모형 제작이 취미인 그는 코리아나호가 17년째 나가사키범선 축제에 참가한 것을 기념하기 위해 6개월에 걸쳐 제작했다고 한다.

나가사키시에서는 범선축제에 참가한 각국 대표단을 위해 환영만찬을 열어줬을 뿐만 아니라 50여 명의 민간인들도 10만 원씩을 부담해가며 코리아나호 승선자들을 위한 환영만찬을 열어줬다. 답례로 열린 코리아나호 선상파티에는 막걸리와 함께 구수한 불고기와 김치 및 과일을 제공했지만 가장 인기 있는 음식은 김치였다.

"어려운 길을 옆에서 묵묵히 도와준 아내한테 제일 미안하죠, 인생을 살면서 요트와 범선분야에서는 한국 최초라는 한 우물을 파 성공했다는 자부심이 있습니다"라고 말하는 정채호 선장의 삶이 아름다워 보였다.

특히 감동적인 대목은 나가사키에서 한국으로 돌아올 때 억수같이 쏟아지는 비와 바람을 맞으며 파도와 싸우는 모습이었다. 범선은 앞에 달려있는 돛을 보며 운항을 하기 때문에 뒤에 키가 있고 비바람을 맞으며 레이다와 나침반만 보고 운전을 한다.

새벽 3시쯤 너무 졸려 다른 선원이 키를 잡고 운항 중일 때에도 그는 선실에 들어가지 못하고 흔들리는 뱃전에서 자고 있었다. 감동적인 모습이었다. (15. 05. 10)

전 세계 돌아다녔지만 내 고향이 최고

코리아나호 부선장 최영석의 삶

"괜찮아! 큰 개울 하나 건너는 건데 뭘"

한국 유일의 범선 코리아나호를 타고 나가사키 범선 축제를 마친 후 여수로 돌아오던 중 부선장 최영석(82세)씨가 한 말이다. 범선을 처음 타본 일행이 심한 비바람으로 배가 흔들려 불안해하자 일행을 안심시키기 위해서 던진 말이다.

코리아나호가 나가사키 범선축제(4. 25 - 4. 29)를 마치고 여수로 돌아오기 위해 2시간쯤 항해 후 미 해군 7함대가 주둔해 있는 사세보를 지나자 육지가 거의 보이지 않고 무인도 등대만 보였다. 이제 조금만 더 가면 망망대해다. 어수를 향해 동시에 출발했던 리시아 나제즈다호는 가물가물 멀어지는 데 갑자기 하늘이 어두워지고 시커먼 먹구름이 몰려오기 시작했다.

여수를 출발해 나가사키로 갈 때 심한 풍랑을 경험한 일행은 떨고 있었다. 갑판과 선실에 있는 모든 물건들을 밧줄로 꽁꽁 묶고 비설거지를 마친 후 배가 시커먼 먹구름 속으로 들어가자 고막을 찢는 듯한 천둥번개가 치고 배가 심하게 흔들린다. 나가사키에 도착해 정채호 선장한테서 "범선은 복원력이 뛰어나 심한 풍랑에도 괜찮다."는 얘기는 들었지만 이번에는 아니다.

정채호 선장과 승선원들은 비바람을 뚫고 여수로 계속 항해할 것인가, 아니면 배가 피항할 수 있는 마지막 항구 히라도로 되돌아갈 것인가에 대해 회의를 하다 히라도로 회항하기로 결정했다. 육지 쪽으로 뱃머리를 돌리자 천둥번개와 비바람이 약간 주춤해졌다. 그때였다. 히라도 항구쪽으로 항해를 해봤던 일행 중 한 명이 의견을 제시했다.

"히라도는 진도 울돌목처럼 물살이 빠르고 수심이 얕아 암초에 걸릴 위험이 있으며 코리아나호의 마스트가 육지를 가로지르는 대교에 걸릴 염려가 있어 안 됩니다. 이대로 비바람을 뚫고 여수로 갈 수밖에 없습니다."

히라도를 향하던 배가 3시간을 허비하고 다시 여수를 향하기 시작했

1 뱃머리에서 멋진 자세의 최영석(82세) 부선장

2 여수로 돌아오던 중 시커먼 먹구름이 다가오고 이어 천둥번개와 세찬 비바람이 몰아쳤다. 현해탄은 "큰 개울에 불과하다."고 최영석 부선장이 안심시켰다

3 배에서 밧줄 작업을 하는 최영석 부선장. 한국판 '노인과 바다' 같은 느낌을 받았다

4 나가사키 범선축제에 참가한 기모노 입은 아가씨와 함께 한 최영석 부선장(왼쪽)과 이효웅씨

다. 일행은 구명조끼를 입고 입을 꼭 다물고 있었다. 근심 어린 얼굴을 한 여성이 입을 열었다.

"부선장님! 배가 이렇게 심하게 흔들리고 비바람이 몰아치는데 괜찮을까요?" "걱정하지 마! 이 까짓것 뭘! 나가사키에서 여수 가는 건 큰 개울 하나 건너는 것밖에 안 돼."

최영석 부선장의 말을 들은 일행의 얼굴에 안도감이 돌았다. 60년을 바다에서 보낸 진정한 바다사나이 최씨의 경험담을 믿기 때문이다. 하얀 모자에 노란 잠바를 걸쳐 입고 짙은 선글라스를 낀 최영석씨는 얼굴과 손에 주름이 많다. 그러나 그 주름은 바다를 사랑하고 바다가 준 훈장이었다. 느릿느릿한 동작과 말투지만 친근한 말투와 다정한 미소가 사람을 끈다. 그가 살아온 이야기를 들어봤다.

60년간의 바다생활… 세상 많이 돌아보고 좋은 친구 만난 게 행복

경기도 일산이 고향인 최씨는 2002년 세일코리아(범선을 타고 인천, 목포, 여수, 부산, 오키나와를 항해) 행사 때부터 코리아나호 선장 정채호씨와 인연이 돼 지금껏 코리아나호가 출항하면 동행한다. 둘 사이에 대해 정채호 선장에게 묻자 "나이스 콤비"라며 "둘이 함께 백화점에라도 들르면 외국 사람인 줄 알고 일본어로 물어요."라며 웃었다.

러시아 범선 팔라다호에 승선하기도 했던 최씨는 러시아 선원들의 자문 역할을 할 뿐 아니라 문제가 생겼을 때는 해결사 역할도 한다. 나가사키에서 정채호 선장이 나제즈다호에 승선해 러시아 선장과 여수 행사 계획을 논의할 때도 항상 대동하고 다녔다. 그만큼 영어도 잘하고 해외에 친구들이 많다.

최씨는 1960년대 300대 1의 경쟁률을 뚫고 부산해양대학교에 합격해 해양대학교 실습선을 탔다. 졸업 후 해양대학교 실습선 선원이 된 그는 일본어로 된 배 부위의 모든 명칭을 영어로 바꾸기 시작했다.

"미국에서 배를 인수할 때 당시 베어링 사이즈를 몰라요. 당시 선원들 수준이 그것밖에 안됐으니까. 사이즈가 안 맞으면 버리기도 했어요. 그 후 미 해군 교본을 번역하는 곳에 근무했어요. 영어요? 당시 미국 상류사회 친구들이 많아서 영어를 배웠어요."

영어를 잘하는 그를 지켜본 해군참모총장이 테스트한 후 병무국장실에 근무하도록 했다. 해군에서 3년 근무를 마치고 제대한 후 해양대학 실습선 갑판장으로 근무했다. 한국선원들의 배 문화가 정립되어 있지 않아 불만을 느낀 최씨는 노르웨이 선박회사에 지원해 3년간 근무했다. 그가 노르웨이 선박회사에 합격한 이유는 영어를 잘할 뿐만 아니라 배에 관한

1 러시아 범선 나제즈다호 선장일행과 협의 중인 코리아나호 정채호선장과 최영석 부선장

2 코리아나호에 승선한 일행과 함께한 최영석 부선장

3 코리아나호에서 망중한을 즐기는 최영석 부선장

4 일행이 나가사키 범선축제 구경과 공연을 나간 사이에 배에 남아 뒷정리를 하는 최영석 부선장

모든 자격증을 땄기 때문이다.

노르웨이 선박회사에서 7년을 근무한 그는 독일 스테이트 마리나(State Marina)회사에서 4년을 보냈다. 출중한 실력을 갖춘 최씨를 본 미국과 노르웨이 선박회사에서는 회사에 꼭 필요한 사람이라고 하며 한국으로 보내주지도 않았다. 최씨의 어머니는 아들이 바다로, 해외로만 돌아다니다 죽을까 봐 걱정돼 맨날 절에 가서 빌었다. 나도 걱정되는 게 있어 질문을 했다."그렇게 해외로만 돌아다녀 사모님이 싫어하지는 않았습니까?"

"나이 40에 결혼하면서, 패물이고 재산이고 필요 없으니 신체검사만 해가지고 오라고 그랬어요."

세계를 돌아다니면서 느낀 생각은 "세상이 좁고 모든 학문이 철학으로 귀결되듯이 내 고향이 최고이고 내 할아버지 할머니들이 다 존경스럽다."고 말했다. 큰 배에서 물에 빠져 죽을 뻔하기도 했던 최씨가 "살면서 가장 행복했던 순간과 후회되는 것은 무엇이냐?"는 질문에 답했다.

"살면서 가장 행복했던 순간은 세상을 많이 보고 느끼고 배우며 좋은 친구를 만난 겁니다. 후회되는 거요? 없죠! 하고 싶은 것 다하고 살았으니까. 죽을 때까지 아무 걱정 없을 정도의 준비를 했습니다."

"강대국 사이에서 수많은 침략을 받으면서도 꿋꿋이 살아남은 우리 민족이 대단하다."며 운을 뗀 최씨는 가장 존경하는 인물로 이순신 장군과 김구 선생을 들었다. "젊은이들이 도전적이고 케이 팝(K-Pop)이나 한류를 해외에 많이 알려 자랑스럽다."고 말을 맺은 그는 "신사란 지식과 지혜를 올바르게 수행하는 사람."이라고 정의했다.

다른 사람들은 구경나가고 공연할 동안 배에 남아 묵묵히 배를 손보고 정리하는 노익장. 관록과 지혜, 너그러움이 묻어나는 최영석 부선장은 큰 산이었다.

(15. 05. 12)

내 손으로 직접 만든 배... 3년 걸렸습니다

직접 만든 소형 보트로 우리 바다 8,000km 항해한 이효웅씨

나가사키 범선축제(4.25~4.29)에 참가하기 위해 대한민국 유일 범선 코리아나호를 타고 가는데, 이야기를 하면 할수록 끌리는 친구를 만났다. 매사에 솔선수범하고 바다에 대한 상식이 뛰어난 이효웅씨.

알고 보니 1953년생 동갑내기에다 올해 초 명예퇴직 한 교사 출신으로, 직업이 같아 오랫동안 사귄 죽마고우 같이 여겨져 살아온 내력을 들어보았다. 40년간의 초등학교 교사 생활을 올해 초 마감한 그는, 자신이 제작한 소형보트로 우리나라 연안과 섬 8,000km를 탐사했다.

자신이 손수 설계하고 제작한 소형해양탐사선 코스모스호. 길이 5.2m에 50마력 엔진을 탑재한 그의 배는 무게 0.5톤에 불과하다. 그는 일엽편주 같은 조그만 배로 서해 백령도부터 동해안 휴전선 인근까지 혼자 항해했다.

백령도 인근으로 항해할 때는 해경으로부터 "북한 경비정이 내려오고 있으니 빨리 피하라!"는 무전을 듣기도 했다. 동해안을 항해할 때는 GPS가 고장나 북방한계선 인근까지 항해하다 수상한 선박으로 오인한 군경이 출동하기도 했다.

"아니! 135톤이나 되는 코리아나호도 이렇게 흔들리는데 그렇게 조그

만 배로 항해하는 게 겁나지 않았어요?"

"어릴 적 꿈이 동해바다 정복이었고, 고등학교 때는 마도로스가 꿈이었으니까요."

배를 건조한 경험이 없는 그는 조선소 옆에서 어깨 너머로 배우고 기술자들에게 술도 사주며 코스모스 해양탐사선을 1년 만에 완성했다. 배에 관해 문외한인 나에게 구체적인 과정을 설명해줬다. 설계-목형제작-몰드제작-FRP선 완성. 1년 만에 미완성 상태로 운항하면서 부족한 부분을

1 자신이 손수 제작한 해양탐사선 코스모스호에 앉은 이효웅씨 © 이효웅

2 항해할 때 해류병을 던져 해류 흐름을 연구한다. 한국과 일본의 전관수역을 지날 때는 20개의 해류병을 던져 쿠로시오 난류의 흐름을 탐지할 계획이다. 이씨가 던진 저 해류병이 언젠가는 돌아올 날을 기다려본다

3 독도에 선 이효웅씨 © 이효웅다

4 자신이 제작한 코스모스호를 타고 항해 중인 이효웅씨. 서해안에서 동해안까지의 1,800킬로미터를 28일간 일주하기도 했다. © 이효웅

보완해 3년 만에 최종적으로 완성했다.

집념이 대단했다. 배우지도 않았는데 배를 직접 제작하다니. 남이 하는 일을 그대로 따라서 하는 걸 싫어한다는 그. "내 신념은 모방이 아닌 창조였어요."라는 그에게 "창조가 어렵지 않나요?"고 묻자, 그는 "원리를 연구해 다른 각도로 생각하면 새로운 아이디어가 떠올라요. 그게 바로 창조죠."라고 말했다. 이씨에게 인생관에 대해 물었다.

"교사가 열심히 노력해 승진도 해야지, 보트만 타고 다녔어요?"

"저는 승진에는 관심이 없었어요. 내가 좋아하는 일을 하고 싶었어요. 오해도 받고 욕먹은 적도 있어요. 하지만 내 꿈을 이뤘다는 자신감에 보람을 느낍니다. 남들은 퇴직하면 제2의 인생을 산다는데, 나는 제3의 인생을 삽니다."

요즘은 카약을 타고 남해안, 동해안을 돌고 서귀포와 마라도 투어를 한다. "맨날 바다에 미쳐 사는 남편을 보고 사모님이 엄청 반대했을 텐데요." 하고 묻자 "처음에는 싫어했지만 지금은 그냥 잘 갔다 오라며 열심히 기도해 줍니다."라며 웃는다.

"동호인들과 학생들에게 경험을 나누고 싶습니다." 라는 그는 '꿈을 위하여!'라는 타이틀로 강의를 준비 중이다. 현재 동해시교육청 발명 강사로 활동 중인 그는 코리아나호에서도 탐구활동에 여념이 없었다.

여수에서 나가사키로 오던 중 한국과 일본의 경계인 전관수역에서 20개의 해류병을 투하했다. 목적은 쿠로시오 난류가 어디로 이동하는지 확인하기 위해서란다. 작년에도 동해연안에 해류병 100개를 투하했는데 9개를 회수했고, 울릉도와 공해상에 40개를 투하했는데 일본 돗토리현 사카이 미나토에서 회신 메일이 도착했다.

그는 추운 겨울방학에는 배를 제작하고, 여름방학에는 보트를 타고 우리나라 섬을 돌았다. 조그만 보트를 타고 가거도나 홍도를 다녀오면 해경에서 깜짝 놀라며 싫어했다. 위험하기 때문이다.

현재 이사부기념사업회 이사로 활동 중인 그는 독도가 우리 땅임을 확인하는 작업에 주력하고 있다. 그는 "이사부 장군은 512년에 목사자를 만들어 우산국을 신라에 복속시켰고 우산국의 부속도서인 독도를 우리 영토에 편입시켰습니다."라고 설명했다.

정부에서 민간인의 독도 입항허가가 났을 때 혼자서 운전하는 소형보트로는 가장 먼저 독도에 입항했다는 이씨. 제주도, 흑산도 등 우리나라 섬을 돈 거리를 합하면 8,000㎞에 달한다는 이효웅씨는 진정으로 바다를 사랑한 사나이다. (15. 05. 17)

제주 우도의 전설을 만들어가는 사람

문화관광해설사 김철수씨

"아내가 진도 출신이라 해녀 일도 못하고 미니수퍼를 해서 생계를 꾸려 갔습니다. 제가 직업도 없고 돈도 못 벌어 미안하죠. 한 마디로 지역발전을 위해 미쳤던 거죠."

2007년부터 우도 문화관광해설을 하고 있는 김철수(64)씨의 말이다. 지난 주(18~19일) 금오열도발전연구회원 일행과 함께 우도를 방문했을 때 "우도에 대해 자세한 설명을 듣고 싶다"고 하자 주민자치위원장을 비롯한 관계자들 모두가 이구동성으로 추천한 사람이 김씨다.

김씨는 전임 도지사 특별보좌관을 지내기도 했고, 이어 주민자치위원장직을 마친 후 현재 서광리 이장 직책을 맡고 있다. 30분쯤 기다리자 김철수씨가 차를 몰고 왔다.

전국 어디를 가든 문화관광해설사는 의례적으로라도 환하게 웃음을 짓는다. 헌데 김씨는 미소만 약간 띤 채 "반갑수다."며 손을 내밀었다. 약간 서운한 생각이 들었다. 원래 그런 분일까, 아니면 내공이 뛰어난 분 둘 중 하나니 끝까지 지켜보기로 했다. 김씨의 차를 타고 동천진동에서 우도 쇠머리오름으로 가는 바닷가에 차를 멈춘 김씨의 설명이다.

"갈대 잎과 줄기 및 꽃도 발견된 것으로 보아 이곳은 오래전에 갈대밭이었습니다. 현재 우도에는 갈대군락이 없으나 성산포 내만지역은 갈대군락을 형성하고 있어 화산폭발이 일어났을 때 성산포와 우도가 연결되었을 것으로 추정됩니다. 관광객들이 가져갈 것을 우려해 알려줄 수 없지만 원하시면 저녁에 보여 드리겠습니다."

문화관광해설사가 지질학까지 공부했다는 게 얼른 믿어지지가 않았지만 해설사가 그렇다고 하니 수긍하는 수밖에 없었다. 우도봉 정상에서 우도에 관해 상세한 내막을 설명하고 내려오던 김씨가 말목장에 대해 설명을 시작했다.

"1702년(숙종 2년) 제주목사겸 병마수군 절제사 이형상이 화공 김남길로 하여금 41쪽의 채색 그림으로 그리게 하고 오씨 노인에게 설명을 한

1 김철수씨가 자신이 만든 <바람이 들려주는 우도이야기>라는 섬안내 책자를 들어 보이고 있다

2 금오도발전연구회원들이 홍조단괴와 갈대화석에 대해 설명을 듣고 있다. 그의 서재에는 2천여 권의 책이쌓여있어 얼마나 열심히 연구하는가를 보여줬다

3 우도 말목장 모습

4 묘 둘레에 돌담을 쳤다. 우마가 파헤치는 걸 막기 위해서다. 아랫부분은 튼튼하게 쌓지만 북쪽은 망자와 신들의 통로라서 낮게 쌓았다고 한다. 요즘 돌이 아닌 시멘트로 쌓은 담이 대부분이지만 돌담도 보인다

1 서천진동 해안도로 옆에 쌓은 환해장성으로 왜적의 침입을 막기 위해 주민들이 쌓았다

2 김철수씨가 직접 보여준 갈대화석(왼쪽)과 수심 30m에서 살아있던 홍조류를 채취한 홍조단괴 모습

3 산호사 해수욕장으로 알려졌지만 홍조단괴라는 해양 생물이 죽어서 하얗게 변한 홍조단괴해빈 해수욕장이라고 한다. 모래를 접사로 촬영했다. 살았을 때는 빨갛지만 해변으로 밀려와 하얗게 변했다고 한다

4 우리나라 유일의 홍조단괴해빈 해수욕장

5 섬을 구경하다 김철수씨의 '그섬'이라는 시가 쓰인 비를 발견했다

6 김철수씨가 주민자치위원장 시절 만든 해안가 야광판과 갈매기 가로등이 빛나고 있었다. 새벽산책을 나가다 본 우도 모습이다

'탐라순력도'를 보면 말이 262필이며 목자 23인이 관리하고 있다고 적혀 있습니다. 당시에는 사람이 살지 않았기 때문에 민가 표시가 되어 있지 않았다고 합니다."

검멀레 해안을 구경한 일행은 서천진동 해안도로를 달리다 차를 세웠다. 환해장성. 해변가에 높이 2m로 길게 담을 쌓아 외침을 막기 위해 설치한 돌담이다. 우도 환해장성은 탐라기년 현종 11년 1845년 겨울에 수축하였으며 왜적의 침입을 막기 위해 설치했다.

"저 돌담을 자세히 보세요. 오랫동안 쌓여있는 이끼가 다른 돌담과 다르죠? 일반 돌담과 형태가 달라 역사기록을 살펴보다 이 돌담이 왜적을 막기 위해 쌓은 성이라는 걸 알았습니다."

점입가경이다. 문화관광해설사가 고문헌을 공부했다니! 주민들이 공동으로 만들어 멸치를 잡던 원담에 얽힌 사연을 설명한 김씨가 들른 곳은 하우목동항 인근 '홍조단괴해빈해수욕장'이다. "길가 안내판에서 '산호사 해수욕장'이라고 적힌 안내판을 보았는데요?"라고 반문하자 김씨는 "그 안내판이 틀렸기 때문에 수정해야 한다."고 한다. 김씨에게 '산호사는 뭐고 홍조단괴'는 무엇인지를 물었다.

"모 대학교수가 이 해수욕장의 모래를 자세히 연구하기 전까지는 산호가 죽어 생긴 산호모래 해수욕장으로 알았습니다. 그런데 모래 성분을 분석하던 교수가 산호모래가 아닌 홍조단괴라는 해양생물이 죽어서 해변에 밀려와 하얗게 변색된 것을 알고 결과를 발표했습니다. 원하신다면 제가 잠수부를 시켜 해저 30m에서 채취한 홍조단괴라는 해양생물을 보여드리겠습니다."

아니 이분이 문화관광해설사가 맞나 아니면 학자? 저녁을 먹은 후 김씨 집에 들렀다. 한 쪽 벽에는 여러 장의 표창장이 걸려있고 서재에는 역사책과 관련서적이 가득하다. 헤아려보니 2천여 권은 될 것 같다.

차를 마신 후 약속했던 갈대 화석과 바다 속에서 채집한 홍조단괴를 보여줬다. 돌 속에 박힌 갈대잎과 줄기, 물속에 살아있을 때는 빨간색을 띠어 홍조단괴라고 불렸다는 해양생물이 선명하게 보인다. 그제야 자신이 지역사회발전을 위해 미쳤었다는 얘기가 수긍이 갔다. 옆에 있던 주민자치위원장 고혜동씨가 김씨의 전력을 소개해줬다.

"김 선생님이요? 군수를 모시고 육지에서 우도를 방문한 한 지자체직원들 연수 프로그램 시절에 우도를 안내했고 감동받은 군수가 그 지자체에 초대해 전 직원을 대상으로 강의하기도 했습니다."

김철수씨는 우도문화관광해설을 하면서 관광지 특성에 따라 36개의 스토리텔링을 고안했다. 그가 주민자치위원장을 하면서 관광객과 주민들의 안전을 위해 만든 해안가 야광판은 밤이면 빛난다. 갈매기 형상의 가로등은 유별나다. 아랫부분에는 태극기가 걸려있고 갈매기 날개부분에서 빛을 발한다.

"갈매기 가로등은 우도의 상징이자 지역에 맞는 콘셉트입니다. 과거 우도는 농수산이 80%, 관광이 20%였지만, 지금은 관광이 60%, 농수산이 40%로 변했습니다. 제 조그만 노력이 주민소득창출에 기여했다면 그게 보람이죠."

"36개 스토리텔링도 아무렇게나 한 게 아니라 <신증동국여지승람> <조선왕조실록> <탐라지> 등의 문헌자료 기록을 고증해 만들었다"고 말한 그는 "우도를 무공해 섬으로 만들기 위해 모든 면민이 주주가 되어 전기버스, 모노레일카 등을 도입할 예정이다. "

김씨의 설명과 연구하는 모습을 보고 김씨의 향토 사랑에 감탄했다. "우도라는 상품을 가지고 노약자를 포함한 모든 주민이 골고루 나눠먹을 수 있도록 하겠다."는 김씨의 야무진 포부가 이뤄지기를 빈다.

(15. 09. 28)

이 사람 없었다면 윤동주도 없었다

광양 망덕의 정병욱 생가를 찾아서

영화 <귀향>과 <동주>가 한국인들의 심금을 울리고 있다. 나라 잃은 힘 없는 백성들이 온갖 고초를 겪다 스러져가는 모습이 우리를 분노케 하고 안타깝게 한다. 때마침 북한 김정은의 핵도발에 이은 주변 4강들의 틈바구니에 끼인 대한민국의 처량한 신세가 당시를 회상케 한다. 진정 대한민국은 우리의 운명을 우리가 결정할 수 있는 주권국가인 걸까.

여수 가까이에서 동주의 흔적을 찾아보기 위해 1시간 거리 떨어진 정병욱 생가를 지난 7일 방문했다. 정병욱 생가가 있는 광양시 진월면 망덕리는 섬진강과 바다가 만나는 포구다.

강과 바다가 만나는 지점이라 영양분이 풍부해서인지 수산물이 많이 잡힌다. 거리 이정표에는 전어, 강굴, 재첩거리라는 글귀가 선명하게 적혀 있다. 정병욱 생가를 물어보기 위해 횟집을 기웃거리다 어항에 놓인 어른 손바닥만큼 커다란 굴을 구경하고 있었다. 인기척을 느낀 주인아주머니가 "들어와서 차 한잔하세요."라며 망덕포구와 강굴의 유래를 설명해줬다.

"바다에서 나는 굴은 원래 주먹보다 작지요. 그런데 이곳 망덕은 섬진강과 바다가 만나는 지역이라 영양분이 풍부해 굴이 엄청 커요. 원래는 벚꽃 필 때 먹는다고 해서 벚굴이라고 했는데 섬진강에서 나온다고 해서 강굴로 이름을 바꿨어요. 다이버들이 물속에 들어가서 잡아요. 9월에 열리는 전어축제도 이곳에서 열리니 놀러오세요."

아주머니가 일러주는 곳으로 가니 과연 정병욱 생가라는 표지판이 있고 윤동주와 정병욱이 나란히 서서 찍은 사진이 붙어있다. 1925년에 전형적인 근대 상가 주택으로 지은 정병욱 생가는 1946년 광양군 진월면장을 역임했던 부친 정남섭이 매입했다. 하지만 정병욱이 서울대학교 교수가 돼 서울로 이사하자 박춘식(정병욱 외조카)씨의 아버지가 매입했고 현재는 박춘식씨 소유다.

1 등록문화재 제 341호인 정병욱 생가 모습으로 "2013년 광양시에서 수리했지만 제대로 하지 않아 양철지붕이 녹슬고 기둥이 썩어가고 있다"는 소유주 박춘식씨의 얘기다

2 윤동주와 정병욱 모습

3 망덕포구 이정표 모습으로 전어, 강굴, 재첩 등의 먹거리가 풍부한 고장임을 알리고 있다

4 광양 망덕 포구 횟집 어항에 담긴 강굴(왼쪽)의 모습으로 어른 손바닥보다 크다. 바구니에 담긴 작은 굴은 바다에서 잡히는 굴이다

민족과 문학의 앞날을 논하는 정신적 동지... 윤동주와 정병욱

북간도에서 태어난 윤동주와 한반도 끝자락인 남해에서 태어난 정병욱, 두 사람의 운명적 만남이 이뤄진 곳은 연희전문이다. 1940년 정병욱이 연희전문 1학년에 입학해 기숙사에 기거할 때 나이로는 5년 연상이고 학년은 2년 위인 윤동주가 정병욱이 기거하는 기숙사로 찾아왔다. 정병욱이 쓴 <동주형의 편모>에 적힌 내용이다.

“1940년 4월 어느 날 이른 아침 연전 기숙사 3층, 내가 묵고 있는 다락방에 동주 형이 나를 찾아주었다. 아직도 기름 냄새가 가시지 않은 <조선일보> 한 장을 손에 쥐고 ‘글 재미있게 읽었습니다. 나와 같이 산보라도 나가실까요?’ 신입생인 나를 3학년인 동주형이 그날 아침 <조선일보> 학생란에 실린 나의 하치도 않은 글을 먼저 보고 이렇게 찾아준 것이었다”

정병욱은 <잊지 못할 윤동주 형>에서 윤동주의 첫인상을 이렇게 적었다.

“오똑하게 솟은 콧날, 부리부리한 눈망울, 한 일(一)자로 굳게 다문 입, 그는 한 마디로 미남이었다. 투명한 살결, 날씬한 몸매, 단정한 옷매무새, 이렇듯 그는 멋쟁이였다. 그렇지만 그는 꾸며서 이루어지는 멋쟁이가 아니었다. 그는 천성에서 우러나는 멋을 지니고 있었다.

모자를 비스듬히 쓰는 일도 없었고, 교복단추를 기울어지게 다는 일도 없었다. 양복바지의 무릎이 앞으로 비스듬히 튀어나오는 일도 없었고 신발은 언제나 깨끗했다. 이처럼 그는 깔끔하고 단정했다. 거기에다, 그는 바람이 불어도, 눈비가 휘갈겨도 요동하지 않는 태산처럼 믿음직하고 씩씩한 기상을 지니고 있었다.”

시를 함께 읽고 평했던 글벗

창씨개명과 조선어말살 정책으로 엄혹한 세상이 되자 둘은 기숙사를 나와 종로구 누상동의 소설가 김송의 집에서 하숙했다. 그러나 일경이 요시찰 인물로 지목한 김송씨 집이 불편해 북아현동으로 하숙집을 옮겼다.

둘이 김송씨 집에서 하숙하는 1년 동안 윤동주는 <또 다른 고향> <별 헤는 밤> <서시> 등 주옥같은 시를 썼고, 정병욱은 언제나 윤동주 시인의 시를 읽는 최초의 독자였다.

윤동주와 정병욱이 나이 차이가 났지만 정신적 동료였다는 사실을 보여주는 기록은 정병욱의 <잊지 못할 윤동주 형>을 보면 알 수 있다. 윤동주의 명시 <별 헤는 밤>의 끝부분 "딴은 밤을 새워 우는 벌레는 / 부끄러운 이름을 슬퍼하는 까닭입니다."라는 끝부분을 정병욱의 의견을 듣고 수정했다.

"첫 원고를 끝내고 나에게 보여주었다. 나는 그에게 넌지시 '어쩐지 끝이 좀 허한 느낌이 드네요.' 하고 느낀 바를 말했었다. 그 후, 현재의 시집 제1부에 해당하는 부분의 원고를 정리하여 <서시>까지 붙여 나에게 한 부를 주면서 '지난번 정 형이 <별 헤는 밤>의 끝부분이 허하다고 하셨지요. 이렇게 끝에다가 덧붙여 보았습니다' 하면서 마지막 넉 줄을 적어 넣어주는 것이었다.

그러나 겨울이 지나고 나의 별에도 봄이 오면
무덤 우에 파란 잔디가 피어나듯이
내 이름자 묻힌 언덕 우에도
자랑처럼 풀이 무성할 게외다"

윤동주가 정병욱에게 원고를 넘긴 때는 1941년 11월 20일 이후부터 1942년 2월의 일본유학 가려던 사이로 추정된다. 일본으로 떠나기 전 윤동주는 시집 세 권을 만들었다. 한 부는 당시 자선시집을 만들어 졸업기념으로 출판하려던 계획을 "지금은 위험하다."며 말린 스승 이양하 교수

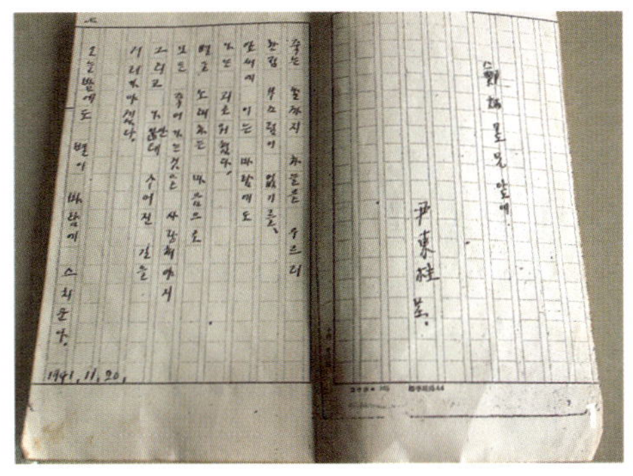

1 윤동주가 정병욱에게 준 시집이다. 첫머리에 <서시>가 나오고 맨 오른쪽에는 '정병욱 형'이라 적혀있다.

2 망덕포구의 윤동주를 기리는 시를 전시한 전망대. 이곳은 광양일대에서 활동하던 황병학 의병이 어업권을 침탈하던 일본인들을 처단한 곳이기도 하다

3 집주인 박춘식(61)씨가 정병욱 교수의 모친이 윤동주 시인의 유고를 숨겼던 마루를 들어보이고 있다. 박춘식씨 아버지가 이 집을 옛모습 그대로 보존했다.

4 윤동주 유고시집을 보관했던 정병옥 가옥(1962년 촬영)으로 바로 앞에 바다물이 보인다. 지금은 매립해 자동차도로가 생겼다.

5 섬진강과 바다가 만나 해산물이 풍부하게 잡히는 망덕포구 모습

6 윤동주 외조카인 박춘식씨가 소장한 윤동주 관련 책들을 보여줬다

에게, 한 부는 자신이 가지고 일본으로 가지고 갔고, 나머지 한 부는 정병욱에게 맡긴다.

윤동주가 정병욱을 어떻게 생각하고 있었는지를 알 수 있는 대목이 있다. <하늘과 바람과 별과 시> 원고지 표지를 보면 왼쪽에 "정병욱 형(鄭炳昱 兄)"이라 적혀 있다. 5년이나 아래인 후배에게 '형'이라고 존대를 했던 것이다.

또한 같은 왼쪽 면에 "윤동주 정(尹東柱 呈)"이라고 씌어있다. '정(呈)은 감사나 공로 등에 대한 성의나 인사 표시로 어떤 대상에게 드리다'라는 뜻으로 윤동주의 인품을 알 수 있고 정병욱을 어떻게 생각하고 있는가를 알 수 있다.

1943년 여름 일본에서 윤동주는 독립운동 혐의로 검거돼 후쿠오카 형무소에 투옥되고 같은 해 정병욱도 학도병으로 끌려가게 됐다. 정병욱은 이 원고를 모친께 맡기며 '저나 윤동주 시인이 살아서 돌아올 때까지 소중하게 간직해 주십시오.'라고 부탁드렸다.

'그리고 둘 다 살아 돌아오지 못하더라도 조국이 독립되면 이 원고를 연희전문학교로 보내어 세상에 알리도록 해 달라.'는 말을 유언처럼 남기고 떠났다.

1945년 8월 해방이 되자 살아 돌아온 정병욱은 자신의 집 마루 아래 숨겨뒀던 윤동주의 시를 모아 <하늘과 바람과 별과 시>라는 시집을 발간(1948년, 정음사)해 윤동주를 세상에 알렸다.

하버드대학과 파리7대학에서 객원교수로 강의를 했고, <시조문학사전>과 <한국의 판소리>를 출간해 한국문학사에 커다란 족적을 남겼던 정병욱 교수가 평생 자랑했던 일은 윤동주를 세상에 알린 일이다.

"내가 평생 해낸 일 가운데 가장 보람 있고 자랑스러운 일이 무엇이냐고 묻는 이가 있다면 나는 서슴지 않고 동주의 시를 간직했다가 세상에 알려줄 수 있게 한 일이라고 할 것이다. 오늘의 나에게 문학을 이해하고 민족을 사랑하고 인생의 참된 뜻을 아는 어떤 면이 있다고 한다면 그것은 오로지 동주가 심어 준 씨앗임을 나는 굳게 믿고 있다."

윤동주의 시 <자화상>이다.

산모퉁이를 돌아 논가 외딴 우물을 홀로 찾아가선
가만히 들여다 봅니다

우물 속에는 달이 밝고 구름이 흐르고 하늘이
펼치고 파아란 바람이 불고 가을이 있습니다

그리고 한 사나이가 있습니다
어쩐지 그 사나이가 미워져 돌아갑니다

돌아가다 생각하니 그 사나이가 가엾어집니다
도로 가 들여다 보니 사나이는 그대로 있습니다

다시 그 사나이가 미워져 돌아갑니다
돌아가다 생각하니 그 사나이가 그리워집니다

우물 속에는 달이 밝고 구름이 흐르고 하늘이
펼치고 파아란 바람이 불고 가을이 있고
추억처럼 사나이가 있습니다

윤동주 시인이 보여주는 것은 끊임없는 자아성찰과 혐오, 연민, 후회 등이다. 이런 감정들이 교차한다. '하늘을 우러러 한 점 부끄럼 없기'를 기도했던 그의 몸가짐을 생각하며 부끄럼으로 점철된 나를 돌아본다.

"정병욱 생가, 문화재답게 제대로 보존해야"

정병욱 교수가 서울로 이사간 뒤 정 교수의 생가에서 태어나 여태껏 살다 인근에서 횟집을 경영하는 정병욱 생가 소유주인 박춘식(61)씨는 집이 온전하게 보존된 연유를 말해줬다.

"정병욱 교수님이 살아계실 때 여름이면 20여 명의 제자들과 함께 오셔서 이 집을 없애지 말고 보존해달라고 말씀하셨어요. 정병욱 교수 동생도 자신이 죽을 때까지 꼭 보존해달라고 신신당부하셨어요. 어머니는 부엌과 화장실이 불편해 현대식으로 고치자고 했지만 아버지 고집 때문에 그대로 살아남았습니다."

"정병욱 생가가 등록문화재(제341호)로 지정되자 2013년 광양시에서 집수리를 했지만, 제대로 하지 않아 양철지붕에 녹이 슬고 기둥이 썩어가고 있어요. 건축업자 얘기로는 한 번 손을 대면 다 무너질까 걱정돼 손을 댈 수가 없다는 거예요."

광양시에서는 정병욱 생가를 매입해 윤동주문학관을 지을 예정이다. 하지만 박춘식씨는 분개한다.

"2013년에 문화재청에서 전수조사 나왔을 당시 D급 판정을 받았어요. 수리하려면 제대로 해서 보존해야죠." (16. 03. 13)

40평 '집'을 1,200만 원에, 놀라운 건축 노하우

완도 보길도 정자교회 임영기 목사

"물질은 내 것이 아니라 하나님께서 맡겨주신 것이니 하나님 뜻대로 쓰겠습니다. 계획했던 프로그램이 언제 완성될지 모르겠지만 제가 살아있는 당대에 완성되지 않으면 뜻을 가진 다른 분이 오셔서 완성해주겠지요."

보길도 정자교회 임영기(58) 목사가 한 말이다. 동행했던 목포대학교 도서문화연구원 이재언 연구원의 원래 직업은 목사다. 지금은 목회 일을 내려놓고 전국의 섬을 돌며 섬에 관한 글을 쓰고 있다.

이재언 연구원은 함께 섬을 여행할 때마다 "보길도에 가면 혼자서 교회를 짓고 관광농원을 계획한 후 일을 하는 사람이 있는데, 혼자서 모든 일을 해요"라며 임 목사를 자랑했었다.

이재언 연구원의 고향인 노화도를 거쳐 임영기 목사가 재직하고 있는 보길도 정자교회를 방문했다. 해남이 고향인 임 목사는 1985년에 보길도에 들어와 목회를 하다 12년 전에 초등학교였던 폐교를 구입(8,000평)해 교회를 짓고 마을공동체를 만들고 있다.

허름한 작업복을 입고 운동장가에서 톱을 들고 작업 중이던 임 목사가 반갑게 손을 내민다. 시골마을 이장 같은 포근한 인상이다. 운동장가에 서있는 100년 이상 된 팽나무 가지 위에 나무로 어린이들이 '꿈꾸는 집'

1 어린이들을 위해 직접 만든 수영장 구석에 물레방아와 디딜방아까지 곁들여 만든 임영기 목사

2 인근 바다에서 폐선박을 실고와 찻집을 만들었다

3 임영기 목사은 다른 일도 곁들이면서 지름 320센티미터의 물레방아 만드는데 한 달 걸렸다고 한다. 물레방아는 계곡물을 이용한다

4 폐교를 구입해 1년만에 완성한 보길정자교회 모습. 주민소득증대를 위해 보길도 관광농원을 계획한 후 착착 진행 중이다

5 100년 이상된 팽나무 위에 나무집을 짓고 있는 임영기 목사(왼쪽)와 목포대학교 도서문화연구원 이재언 씨

6 임영기 목사 부부가 기거하는 40평 황토흙집 내부.

을 짓고 있었다.

임 목사는 굴착기와 톱을 이용해 태풍에 쓰러진 나무를 잘라 이층집을 만들고 있었다. 이층집과 연결된 커다란 팽나무 가지 사이의 대형 물통에는 구멍이 뚫려 있어 아이들이 들어가 놀 수 있는 꿈의 놀이터가 될 예정이다.

이런 형태의 집을 본 적은 있다. 며칠 전 <디스커버리> 채널에 나왔는데, 미국의 한 자선사업가가 어린이들을 위해 지은 나무 위 통나무집이었다. 예쁘게 지은 3층 교회사무실로 들어가 차를 마신 후 임 목사가 직접 지었다는 물레방아와 디딜방아가 연결된 수영장으로 갔다.

길이 15m, 폭 8m인 수영장 구석에는 계곡물로 움직이는 물레방아가 돌고 있었고 물레방아의 힘으로 돌리는 디딜방아 2개가 방아를 찧고 있었다. 지름 320㎝인 물레방아와 디딜방아 수영장을 모두 혼자 힘으로 만들었다는 얘기에 말문이 막혔다.

교인과 함께 3층 교회를 1년 만에 짓고 부인과 함께 내부 인테리어까지 해냈다. 부부는 교회와 인접한 집에 살고 있었다. 천장의 정교한 목조 인테리어 작업도 직접 한다는 얘기를 듣고 "이 황토 흙집 만드는 데 얼마 들었습니까?" 하고 묻자 임 목사의 대답이 돌아왔다.

"제가 사는 집이 40평이에요. 황토 흙집 한 평에 400만 원 드니까 1억 2천만 원 들어야 하는데 1,200만 원 들었어요. 건축자재 대부분은 흙, 돌, 나무인데 흙과 돌은 주변에 많이 있고 나무는 태풍에 쓰러진 나무를 주워와 사용합니다. 보일러도 제가 직접 제작했으니 돈이 안 들죠."

임 목사는 건축에 관한 일이라면 모든 걸 다 할 수 있다. 철근, 용접, 배관, 벽돌, 전기, 목수, 인테리어까지. 혼자 힘으로는 부족하기 때문에 부인 김명란씨도 힘을 거든다. 아니! 거든다기보다는 동업자라고 하는 게 낫지 않을까

부인인 김명란씨는 남편이 무거운 나무를 옮기고 세워야할 때 굴착기를 운전하고 경운기를 운전한다. 또 타카와 기계톱까지 사용할 줄 알아 조수 역할을 한다. 부부에게 "왜 목사 부부가 직접 나서서 일을 합니까?" 하고 묻자, "섬에는 일당 받고 일하러 오는 사람이 없어서 직접 할 수밖에 없어요."라는 대답이 돌아왔다.

임 목사는 주민들과 힘을 합쳐 마을공동체를 살리기 위해 애쓰고 있다. 어느 시골을 가도 마찬가지지만 섬에도 노인들만 남았다. 임 목사는 노인들과 힘을 합쳐 양봉, 유자, 토종꿀, 닭, 염소, 약초재배를 시작해 수

1 동네 주민들이 겨울에도 실내에서 배드민턴을 하도록 비닐하우스 배드민턴장을 만드는 모습. 태풍에 쓰러진 고목을 기둥으로 세운 모습이 인상적이다판

2 집을 짓기 위해 부인인 김명란씨가 굴착기를 운전하고 임영기 목사가 통나무를 세우고 있는 모습

3 완도 보길도 정자교회 임영기 목사(오른쪽)와 부인인 김명란씨 모습

4 효소까페를 만들기 위해 제작중인 작업실 한 구석에는 건축일에 쓰일 공구가 100여 가지가 넘었다

익창출을 위해 애썼지만 소득은 별로였다.

조금 잘 된다 싶으면 너도나도 뛰어들어 경쟁이 심했기 때문이다. 폐교를 구입한 임 목사는 우선 주민복리를 위한 시설을 만들기 시작했다.

탁구장, 게이트볼장, 배드민턴장, 찜질방, 수영장, 목욕시설, 영화관, 효소카페를 만들고 글을 못읽는 분들을 위해 성인문해교실과 학생들을 위한 영어마을을 계획하고 있다. 다행히 폐교교실을 개조해 집을 지은 집에는 미국에서 40년간 살다가 온 분과 15년간 살다 온 분이 정착해 살고 있었다.

효소카페를 만들고 있는 작업실에 가니 건축과 관계되는 작업공구가 100여 가지나 된다. 굴착기 운전경력 15년째인 임 목사는 돈이 부족해 중고 굴착기를 2대나 폐품 처리했고 이번이 세 번째다. “그 많은 일을 혼자 도맡아 하는 데 힘들지 않습니까? 애로사항은 무엇입니까?” 하고 묻자 답변이 돌아왔다.

“애로사항을 말하라면 한도 끝도 없지만 그냥 그러려니 해요. 삶을 낙관합니다. 서울에서 이곳으로 이사 온 분들한테는 일하고 싶으면 오전만 도와주시고 오후에는 주민들과 함께 게이트볼 하시면서 쉬시라고 합니다. 일하다 큰 일 날 뻔한 적도 있었죠. 기계톱으로 발뒤꿈치 12㎝가 잘려나가 힘줄이 보이기도 했었습니다.”

임영기 목사는 주민 소득사업을 위해 ‘보길도관광농원’을 계획하고 있다. 임 목사가 계획한 주요계획내용이다.

▲체험시설

농수산물 수확체험 - 유자, 매실, 황칠, 발효체험, 해초채취, 전복

전통음식체험 - 물레방아간, 통방아, 디딜방아, 절구, 맷돌, 해산물비빔밥

생태공원체험 - 가재, 다슬기, 민물게, 도룡뇽, 반딧불, 새공원

만들기체험 - 조개공예, 황칠목공예, 천연염색, 도자기공예

힐링체험 - 관광, 산책, 삼림욕, 황토찜질, 텃밭

축제체험 - 조개잡이 축제, 개매기 축제, 전복축제, 별자리 관찰축제

관광체험 - 고산 윤선도, 우암 송시열, 예송리 흑명석, 보길도 둘레길

영어마을체험 - 한글로 영어마을 조성

인생2막을 위한 재충전 프로그램 - 흙집, 효소, 목공

▲관광농원조성시설

체험관, 생태공원, 동물농원, 유자밭, 황칠밭, 매실밭, 수수밭, 조밭, 목화밭, 메밀밭, 유치밭, 야생화길, 편백숲길, 묵상의길

▲특산물 판매시설

유자차, 매실차, 황칠, 동백잎차, 톳, 다시마, 각종 산야초, 보길도 멸치, 김, 미역, 청각, 액젓

1 용접 작업 중인 임영기 목사

2 운동장 구석에 만든 게이트볼장에서 게이트볼을 하는 주민들

3 신태남(왼쪽)씨가 황토흙집 생활에 대해 이야기하고 있다

▲숙박 및 휴식시설

황토 집, 황토찜질방, 캠핑카, 방갈로, 나무위의 집, 효소까페, 삼림욕, 풍욕

▲운동시설

축구, 족구, 배구, 배드민턴, 탁구, 게이트볼, 골프

▲지역복지시설

평생교육(성인문해교실, 다문화센터, 공동식사, 일자리사업)

마을공동체에는 코리아헤럴드 기자로 지내다 미국으로 이민 가서 15년쯤 살다 귀국해 서울과 부산에 살다 이곳으로 이사온 신태남(70)씨가 있었다. 교회에서 100m쯤 떨어진 곳에 황토 집을 짓고 살고 있는 신씨와 대화를 나눴다.

"미국에서 대체의학을 공부했습니다. 집사람을 위암으로 잃고 어디로 갈까 고민하던 중 아는 분이 좋은 곳이 있다며 추천해주셨어요. 이곳에 온 동기는 목사님이 나보다 12살 아래인데 32년 동안 이곳에 살면서 이만큼 이뤘다는데 감동했습니다. 지금까지는 불나방처럼 살았는데 나도 여기 정착해서 죽기 전에 뭔가 이뤄보겠다는 생각에 암 전문효소를 만들고 있습니다."

세상에는 이중적인 삶을 살아가는 사람도 많다. 삶과 목회 일을 일치하는 삶을 살아가는 인영기 목사를 보며 진정한 구도자라는 생각이 들었다. (16. 10. 26)

아기가 뱃속에서 죽었는데도 모르는 산모들이 있었어요

여수지구촌사랑나눔회 강병석 원장을 찾아서

"인생이란 이벤트와 이벤트의 연속이라고 생각합니다. 이벤트는 감성적이에요. 감성적인 것은 우리 몸에 오래 남아있지만 이성적인 것은 금방 사라져버리고 우리 뇌에 오래 저장돼 있지 않아요. 의료봉사는 감성적 경험을 공유하고 좋은 관계를 맺고 행복을 나누는 과정입니다."

'여수지구촌사랑나눔회'가 2007년 아프리카 탄자니아에서 의료봉사활동을 시작한 이래 10년째 회장을 맡고 있는 강병석 회장에게 "10년째 의료봉사를 하게 된 동기가 무엇인가?"를 물었을 때 돌아온 대답이다.

회원들이 의료봉사를 하기 위해 라오스로 떠나기 하루 전 "의사들은 비자를 받아야 한다."는 통보를 받고 서현기 사무국장은 애가 탔다. 공항에 도착해 자원봉사자들은 출국장을 빠져나갔지만 의사들은 비자를 받느라 시간이 걸렸다.

예상과 빗나간 일은 의료봉사현장에서도 발생했다. "추수철이라 대부분이 일하러 나가고 오래전에 의료봉사가 있을 것이라고 통보했는데도 봉사팀이 온 것을 눈으로 보아야 봉사현장에 찾아올 것"이라고 한 자원봉사자의 예견이 맞아 떨어졌다.

2008년 필리핀 세부시에서 의료봉사활동을 할 때는 3,460명의 환자를 진료했다. 당시 공무원들이 나서서 줄을 세우고 주변정리를 해야 할 정도였는데 라오스에서는 500여 명의 환자를 진료했다. 라오스 현지에서 일행을 안내하고 통역을 맡은 임호식씨의 얘기다.

"7년 동안 라오스에 살면서 길거리에서 싸우는 걸 한 번 보았어요. 메콩강 유역이라 2모작 3모작이 가능하지만 먹고 살기에 지장이 없기 때문인지 1모작만 해요. 무슨 일이 생겨도 "보펜양"을 말하며 느긋합니다. 보펜양은 '노 프러블럼'이라는 뜻입니다."

낙천적이고 매사에 긍정적인 강병석회장은 "이렇게 환자가 적은 것은

1 의료봉사활동 중 잠시 시간을 내 마을구경을 하던 강병석 원장이 구멍가게 앞에서 아이들과 함께 한 컷.

2 폰싸 마을에서 본 풍경으로 오빠가 찰진 쌀을 이용해 절구통에서 주걱으로 몇번 돌리자 떡모습이 됐다. 오빠가 줄 떡을 기다리는 동생의 모습이 귀엽다

3 마을에서 키우는 돼지들. 다 자라도 우리나라 새끼 돼지 정도 밖에 자라지 않지만 자유롭게 돌아다녀 비계가 적고 맛있다고 한다

4 교실에 앉은 학생들. 내 어릴 적 모습을 본 것 같았다

1 '여수지구촌사랑나눔회' 회원들이 라오스 고산족인 폰싸 초등학교에서 의료봉사활동을 벌였다.

2 의료봉사활동이 벌어지는 교실을 구경하는 폰싸 마을 어린이들 모습

3 강병석 회장(중앙)이 마을이장(왼쪽)과 몽족 폰싸 초등학교 교장(오른쪽), 아이들과 기념 촬영했다

4 의료봉사팀이 진료하는 동안 '빼땅'이라는 게임을 하고 있었다. 빼땅은 당구나 구슬치기와 비슷했다

5 산부인과 진료 후 통역을 통해 초음파 사진 내용을 설명해 주는 강병석 원장

6 '여수지구촌사랑나눔회원'들이 라오스 보리캄싸이주 캄끝군 폰싸 마을에서 의료봉사활동 기념 촬영

10년 만에 처음"이라고 말하며 달관한 사람처럼 "괜찮다!"며 한가한 시간에 동네를 돌아보기도 하고 통역을 통해 아이들과 대화를 하기도 했다.

"내가 어떤 목적을 가지고 일하면 과정이 순수해지지 않고 힘들어 재미가 없어요. 이번에 내가 1,000명의 환자를 보겠다는 목적에 집착했다면 얼마나 힘들었겠어요. 10명이 오면 10명을, 100명이 오면 100명의 환자를 보면 되지요."

"세상에는 결과가 중요한 일이 있고 과정이 중요한 일이 있다."고 말한 그는 "목표를 이루려면 이성적 사고를 해야 하고 좋은 관계를 맺으려면 감성적 사고를 해야 한다."며 "의료봉사는 목적이 중요하지 않다."고 정의했다.

"봉사단이 잠깐 동안 치료해줘 고쳐주지도, 낫게 해 주지도 못하기 때문"이라며, "의료봉사활동은 한번 만나 감성적 경험을 공유하고 좋은 관계를 맺어 행복을 나누는 과정"이라고 정의했다.

새로운 문화, 새로운 생활환경... 다른 관점을 배울 수 있어 보람있다

강병석 원장이 '여수지구촌사랑나눔회'를 이끌고 의료봉사에 나서게 된 것은 전임 여수시장의 강권 때문이다. 2012여수엑스포를 앞둔 여수시장은 참가국들의 지지를 얻기 위해서 의료환경이 열악한 아프리카와 후진국들에게 의료봉사팀을 보내기로 결정하고 강병석 원장에게 도움을 요청했다.

"2주 동안 병원을 비운다는 건 상상할 수 없는 일이었습니다. 국장님이 찾아오고 시장님이 해양엑스포를 하는데 의사들도 도와달라고 간곡하게 요청해 저로서는 어려운 결정을 하게 된 겁니다. 하지만 아프리카 현장에 가서 보니까 우리를 필요로 하는 것들이 많았어요. 조그만 행위를 했는데 좋아하며 감동받는 걸 보고 봉사활동을 지속하게 됐죠.

가장 기억에 남는 일은 산부인과에서 초음파를 준비해갔는데 주민들은 초음파를 본 적이 없었어요. 임신 7~8개월된 산모를 초음파 검사해보니 뱃속 아기가 사망한 사실을 모르고 지내는 산모가 여러 명 있었습니다. 하혈해서 오는 산모가 혹이 있는데 암인지 무엇인지 몰라 걱정하는 경우도 있어 결과를 알려주면서 현지 의사들에게 대처법을 알려주면 정

1 의료봉사활동 둘째날에는 비가 와서 마을길이 진창길이 됐다. 봉사활동을 마치고 조심조심 숙소로 돌아가던 버스가 미끌어지자 모두 내려 버스를 안전한 곳까지 밀었다. 의료봉사활동은 예상치 못한 경우가 생기기도 한다

2 자원봉사 온 대학생 아들인 강현규군과 함께 현지인 키와 몸무게를 측정하는 이윤옥씨

3 환자가 밀려든 오전시간을 마치고 학교 현관 바닥에 장판을 깔고 점심을 먹는 봉사단원들

말 고마워했습니다."

"대부분의 사람들은 관심받고, 감동받으며, 사랑받기를 원한다"고 말한 그는 "우리가 해주는 조그만 봉사에 대해 많은 사람들이 진심으로 고마워해 줄 때 감동받았어요."라고 말했다. "새로운 문화권, 새로운 생활환경에 사는 사람들을 접할 때마다 전혀 다른 관점에서 세상을 접하게 된다."고 말한 그는 "그들에게 도움 주는 것보다 오히려 도움받는 경우가 많았다."고 말했다.

요트에 취미가 있어 전남요트협회장으로도 선임된 그는 여수에서 가장 큰 종합병원 중 하나인 여수제일병원(413베드, 산후조리원 23베드)원장이다. 그가 라오스 몽족 폰싸 마을에서 의료봉사를 마친 결과를 종합했다.

"치위생과 질환이 많았지만 혈압 당뇨도 나쁘지 않고 성인병도 거의 없네요. 러시아연구팀의 발표에 의하면 '야간에 불의 밝기와 암 발병률이 정확하게 비례한다고 발표했어요. 정신과 육체의 건강은 교감신경과 부교감신경이 적절하게 조화를 이룰 때라야 한다는 의미입니다."

밤에 훤하게 불을 밝히고 바쁘게 살아가지만 행복하지 않은 한국인과, 가난하지만 나름대로 행복해하는 몽족을 비교한 강병석 원장의 해석이다. 지역에 있는 성당 3곳을 신축할 때도 기금을 쾌척한 그는 봉사활동 나갈 때마다 상당량의 금전을 기부한다.

"의료봉사활동이 10년이나 됐지만 흔들리지 않고 지금까지 오게 된 원동력은 여수시민들이 잘했다고 박수쳐주고 관심 기울여줬기 때문"이라며 "전 세계에 여수시를 알리고 한국인을 알렸다는 자긍심이 생기고 의무감도 생겼다." 말했다. (16. 11. 15)

수장시킨 드론만 4대... 한국 최고의 섬 전문가

목포대 도서문화연구원 이재언 연구원, 섬에 대한 역사를 쓰다

국립 목포대학교(총장 최일) 도서문화연구원(원장 강봉룡)은 이재언 연구원이 '한국의 섬' 시리즈 13권을 완간했다고 밝혔다. 전국의 섬을 대상으로 역사, 문화, 인문, 사회, 지리, 민속, 주업, 여행지 등의 자료를 모아 기행문 형식으로 엮었다. '섬 택리지'라 할 만하다.

'한국의 섬' 시리즈는 3차에 걸쳐 완간되었다. 먼저 2015년 6월 10일 신안군의 74개 섬을 1·2권으로, 진도군 48개 섬을 3권으로, 영광군과 무안군, 목포시와 해남군의 29개 섬을 묶어 4권으로, 고흥군과 장흥군, 강진군과 보성군의 28개 섬을 5권으로 묶어 1차로 출간하였다. 2016년 7월 27일에는 경남과 경북의 38개 섬을 6권으로, 통영시의 42개 섬을 7권으로, 그리고 충남의 32개 섬을 8권으로 묶어 2차로 출간하였다. 그리고 마지막으로 2017년 5월 29일에 전북의 31개 섬을 9권으로, 인천 경기의 43개 섬을 10권으로, 여수시의 48개 섬을 12권으로, 완도군의 57개 섬을 13권으로, 제주도의 13개 섬을 13권으로 묶어 출판하며 '한국의 섬' 시리즈는 대단원의 막을 내리게 되었다.

이재언 연구원의 인생역정은 파란만장하다. 그는 초등학교를 마치고 고향 노화도에서 서울로 가출해 고학하면서 중국집 배달원, 구두닦이, 신문팔이, 신문배달, 넝마주이를 전전했다. '하늘은 스스로 돕는 자를 돕는다'고 했다.

성실하게 구두를 닦는 그를 예쁘게 봐준 경찰의 주선으로 야간중학교를 거쳐 신학 공부를 9년씩이나 했지만 정식 졸업장이 없어서 50살이 넘어서야 중·고 검정고시를 봤다. 그는 광부, 세일즈맨, 트럭운전기사 등 밑바닥 인생을 걸으면서 대학을 졸업했다. 지방대학에서 복지학을 전공한 그는 현재 경희사이버대학 관광학과 4학년에 재학 중이다.

목사에서 섬 전문가로 전환한 건 그의 숙명

목사가 된 그는 1990년 자신의 고향이기도 한 완도 노화도에서 선교활동을 시작했다. 1993년부터는 여수 백야도로 옮겨 섬 주민들을 대상으로 선교활동을 이어갔다. 섬 선교활동 중 섬 주민들의 어려운 현실을 목격하고 선교와 복지 활동을 병행하다가 섬의 매력에 빠져 섬 전문가가 됐다.

그의 역작 '한국의 섬' 시리즈를 출간하게 된 건 섬 출신인 그에겐 숙명이었을까? 지인의 추천으로 목포대 도서문화연구원 강봉룡 원장을 만난 그는 '한국의 섬' 시리즈 출간 계획을 본격화했다. 강 원장은 이 목사를 도서문화연구원 연구원으로 위촉하고 탐사활동 지원을 약속했다. 이에 용기를 얻은 그는 2010년에 목사직에서 조기 은퇴하고 섬 탐사에만 전념했다.

그는 1991년부터 작년까지 25년 동안 전국에 소재한 유인도 447개를 3번이나 돌았다. 아무도 가보지 않았고, 경험해 보지 못한 일, 남들이 상상도 하지 못하는 일을 그것도 한 번도 아니고 세 번씩이나 전국 유인도를 답사한 것은 불가능에 도전한 인간 승리이다. 다음은 그가 25년 동안 섬을 탐사하면서 겪은 일화다.

바다 한 가운데서 타고 다니던 탐사선 등대호가 고장이 나서 해경 경비정에 아홉 번이나 견인되기도 했다. 배가 세 번 파선되어 물에 잠기고 죽을 고비도 여러 번 넘겼다. 이 일로 순천 교도소까지 간 웃지 못할 에피소드도 겪었다.

그는 뱃사람이 아니다. 후원자도 없고 사진술과 글재주도 없는 그가 이런 대작업을 끝낸 것은 한편의 드라마 같은 이야기이다. 불굴의 도전 정신을 발휘하지 않고서는 도저히 할 수 없는 일이다.

배를 타고 전국을 순회하면서 해양 진출의 영웅 장보고와 해양 수호의

1 25년간 전국 유인도 447개를 세번이나 돌고나서 섬에 관한 13권의 책을 펴낸 이재언 연구원이 자신의 저서와 드론을 들고 기념 촬영했다

2 이재언씨는 배로 섬을 탐사하다 비싼 드론을 4개나 수장시켰다. 뒤에 보이는 섬이 장도를 촬영하던 중 손에 들고 있던 드론이 돌아오지 않아 난감했다

3 드론으로 촬영한 둔병도 모습으로 여수와 고흥을 잇는 연륙교 작업이 한창이다

4 배를 빌려 필자와 함께 완도 일대를 탐사하던 이재언 연구원이 배를 운전하고 있다

영웅 이순신 장군의 뱃길을 탐사하면서 두 영웅의 후예를 꿈꿨다. 그가 25년 동안 섬을 돌면서 느낀 보람은 섬에 사는 수많은 분들과 인연을 맺어 인적 인프라를 확장시킨 것. 섬 전문가로 알려진 덕분에 문재인 캠프의 부름을 받아서 '전국 섬발전 특별위원장'을 맡아 활동하기도 하였다.

그가 섬 주민들을 위해 바라는 게 있다. 문재인 대통령 대선 공약인 '연안여객선 공영제'가 그것. 연안여객선 공영제는 섬 주민들은 물론 모든 국민들이 안전하고 쾌적하며 저렴하게 섬 여행을 즐길 수 있는 일이다. 이것이 섬과 연안바다를 살리는 길임을 그는 믿고 있다.

또 다른 꿈을 꾸는 영원한 드림맨

누군가 "꿈꾸는 자는 멈추지 않는다"라고 했다. 그도 그렇다. 어느덧 60대 중반에 접어들었음에도 생생한 섬 사진을 얻기 위해 직접 드론(무인항공기)을 조종하여 섬 항공 촬영에 나서는 등 여전히 열정을 불태우고 있다. 2년 전 드론을 배워서 우리나라 유인도 447개의 절반 정도를 촬영했다. 드론 사진 촬영하는 동안 그는 혹독한 대가를 치렀다. 비싼 드론을 4개나 수장시켰기 때문이다.

이제 마지막 소원이 몇 가지 있다. '우리나라 섬 구석구석' 이란 앱을 만들어 IT에 첨단 기술을 접목한 섬 문화 콘텐츠를 국민들에게 제공하고 싶다. 가진 것이 없는 그가 소망하는 건 전국민들을 상대로 한 모금을 통해 배를 장만해 섬 마니아들과 다시 한 번 전국 섬을 순회하는 것이다. '육지에 김정호, 바다에 이재언'이랄 수 있는 그의 마지막 꿈이 이뤄지길 빈다.

(17. 05. 30)

독도에서 가장 고통스러운 건 산사태와 깔따구

안동립씨, 독도 최고봉 '대한봉' 이름 지었다고 국가로부터 소송도

4강에 둘러싸인 한반도의 운명이 요동치는 요즈음 한 치의 땅이라도 지키기 위해 애쓴 선열들의 발자취를 따라가며 그 분들의 고귀한 희생정신과 나라사랑 정신을 본받으려는 모임이 있다. 해양영토는 육지의 5배나 된다. 삼면이 바다인 한반도 바다를 지키기 위해 애쓴 선열로는 남해의 이순신 장군과 동해의 이사부 장군을 들 수 있다. 기자는 국내유일범선인 코리아나호를 타고 '이사부기념사업회' 회원들과 함께 울릉도와 독도를 방문한 내용을 기록하였다.

"물, 사람, 나무의 세 가지 조건을 다 갖춘 섬을 암초로 여기고 '외로운 섬 하나'로 여겨 관심 기울이지 않는데 화가 납니다. 독도의 넓이는 여의도 1/6크기인 18만 7453㎡이고 큰섬 2개와 89개의 바위가 있는 섬입니다. 제 희망은 독도가 사람이 사는 섬이라는 걸 인식시키는 겁니다. 독도는 현재 주민 2명과 경비대원 포함 40여 명이 살고 있는 섬입니다."

이사부항로탐사대원 52명과 함께 독도를 답사하고 돌아오는 코리아나호에서 만난 동아지도 대표 안동립(60세)씨가 한 말이다. 그와 얘기를 나누다, 독도지도와 독도식생지도 80여 만부를 자비로 제작해 무료로 배부한 그가 영토보전을 위해 제작한 지도 종류를 보고 깜짝 놀랐다.

영토보전을 위해 사비 들여 지도 제작해

▲독도지형 지도 ▲독도식생 지도 ▲고조선의 광역과 요하문명 지도 ▲고조선 역사 지도 ▲백두산지도 ▲우리역사지도 ▲하멜표류기 지도 ▲대마도는 우리땅 거꾸로 전국지도 ▲중학교 사회과부도

그가 제작한 9가지 지도 중 돈을 벌기 위해 제작한 지도는 중학교 사회과부도 하나뿐이다. "영토보전을 위해 나머지 8가지 지도를 사비를 들여 제작하며 집 두 채를 날렸다"며 웃는 안동립. 돈도 안 되는 일에 미친 그가 궁금해서 이유를 묻자 다음과 같은 대답이 돌아왔다.

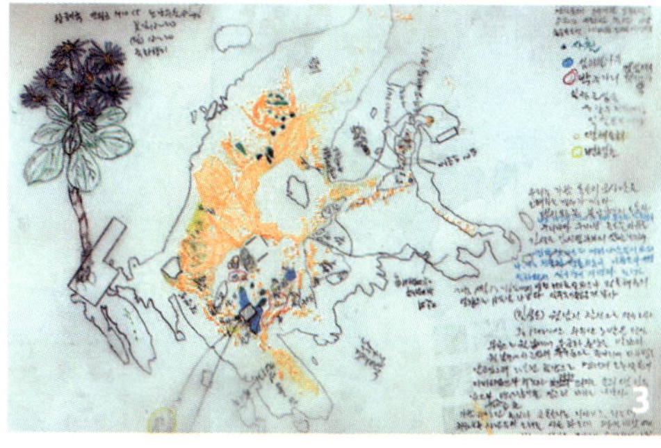

1 영토보전을 위해 지도제작하다 독도를 17번이나 방문하며 사비를 들여 지도와 독도식생지도까지 제작한 안동립씨 모습 © 안동립 제공

2 안동립씨가 직접 제작한 독도식생지도. 가을에는 천만송이의 해국이 핀다고 한다

3 안동립대표가 독도식생지도 제작을 위해 동도를 돌아다니며 해국분포도를 그린 지도초안 모습

4 해뜨기 직전의 독도 모습

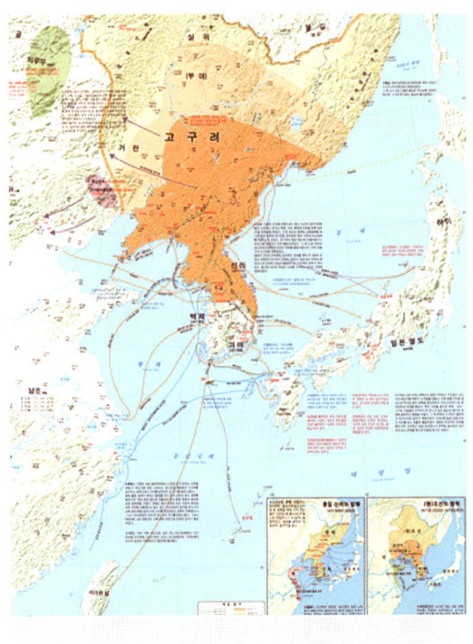

안동립대표가 제작한 '우리역사지도'

"지도학회이사로 재직 중이던 2005년에 일본에서 다케시마의 날을 제정해 국민들이 공분할 때 학회장님이 '말로만 흥분할 게 아니라 독도가 우리 땅임을 증명할 수 있는 팩트가 있느냐?'며 '우리가 나서자'고 촉구했어요. 사실 그 전까지는 독도에 관심도 없었고 점 2개만 있는 줄 알았어요. 자세히 조사해 보니 만화처럼 그려져 있어 큰 일 났다 싶어 직원들에게 자료 수집을 요청해 독도지도를 완성한 후 울릉도로 가져갔는데 입도를 허락하지 않았어요. 독도관리소장이 개인장사한테 국가가 도와줄 수 없다는 거예요. 그래서 '내 목적은 독도를 자세하게 그려 일본에 대항하겠다는 취지'라고 말했더니 입도를 허락해줬습니다."

입도를 허락받은 그는 독도를 17번 방문하며 50여 일간 체류했다. 독도에 체류하는 동안 독도의 식생, 식물의 종류, 지명, 위치를 자세히 표시한 초판지도를 2005년 발행했다. 추운 날씨와 바람 때문에 겨울철은 피한 그는 매년 현지 답사하여 수정본을 출판했다.

호사다마라고 좋은 일에는 나쁜 일도 따른다. 2007년 5월 11일 서도의 제일 높은 봉우리에 이름이 없어 '대한봉'이라 명명했던 그는 국가로부터 소송을 당했다. 국가 허락 없이 마음대로 지명을 지었다는 게 이유였다. 고통을 당하며 변호사비만 엄청나게 들었지만 보람도 생겼다. 승소해 지도승인 법이 바뀌고 이후 대한봉이 공식 지명이 됐기 때문이다.

"제가 독도를 가면 꼭 대한봉을 넘어 물골을 답사해요. 사람들이 '산사태로 위험한데 왜 거길 가냐?'고 물으면 '내가 안 가면 누가 물골의 변화를 기록하느냐?'고 답변합니다."

"독도에는 천만송이 해국이 있다."고 말한 그에게 "돈도 안 되는 일에 미쳐 사는데 부인이 동의하느냐?"고 묻자 "집사람은 제가 하는 일을 늘 응원한다."는 답변이 돌아왔다.

60대에 의미 있는 일에 나선 안동립

1 독도를 대한민국 땅이라고 정부가 공식적으로 인정한 비석으로 접안시설 인근 바위 옆에 서있다

2 안동립씨가 사진을 보내며 독도 '갈매기의 꿈'이라고 명명했다 © 안동립 제공

3 가을이면 천만송이 해국이 피어나는 독도 모습 © 안동립 제공

4 카약을 타고 독도 삼형제 굴을 탐사하는 안동립 대표와 김동현 교수. 뒤 따르던 이효웅씨가 촬영했다.

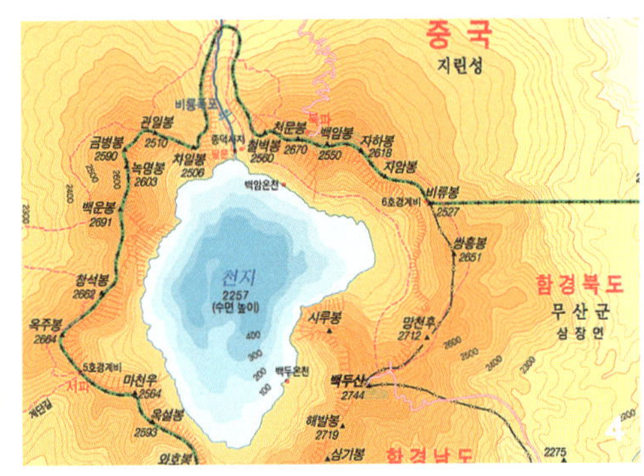

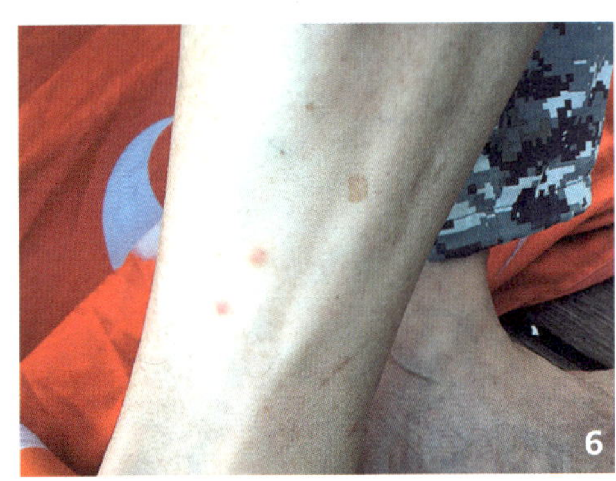

1 코리아나호에서 이사부항로탐사대원들에게 독도지도를 설명하는 안동립 대표(왼쪽에서 두번째)

2 안동립씨가 제작한 '고조선강역과 요하문명' 지도 모습 © 안동립 제공

3 안동립씨가 독도에서 발견한 죽은 쥐 모습. 독도에도 포유류가 산다는 증거다

4 안동립 대표가 제작한 백두산 정상지도

5 코리아나호가 독도에 접안해 있는 모습. 관광선은 날씨가 나쁘면 접안도 못해보고 되돌아간다. 안동립씨는 파도를 피할 방파제 건설을 주장했다

6 흉터 남은 안동립씨 다리 모습. 독도에서는 산사태와 깔따구가 가장 무섭다고 한다

"40대에는 그래도 괜찮았어요. 1년에 천만 부씩 지도를 발간하기도 했으니까요. 아내한테 60세가 되면 돈 버는 일보다 나라사랑하는 일(영토보전) 하겠다고 했더니 그동안 고생했다며 그렇게 하라고 동의해줬어요."

삼척과 가까운 후포에서 태어난 그는 부인을 잘 만난 셈이다. 자비로 지도 제작하며 집 두 채를 날렸는데도 "술 먹고 바람피우는 사람이 아니니까 그렇게 하라."며 적극 밀어주는 아내를 만났으니 말이다.

독도를 제대로 연구하지도 방문하지도 않은 사람이 책을 쓰기도 하는 모습을 보고 허탈해 하는 안동립씨가 영토보전을 위한 지도제작에 나선 계기를 마련해준 이들이 있었다.

40대까지 돈을 벌었던 그는 50~60대에는 공부를 해야겠다는 생각에 '고조선유적답사회'를 쫓아다니며 중국과 만주, 몽골 등지를 20여회 여행했다. 또한 '고조선유적답사회' 모임에 들어가 GPS를 가지고 다니면서 백두산을 조사하고 지명을 연구했다.

"옛날에는 백두산을 태백산, 개마대산, 밝달산이라 부르기도 했고 일제강점기 시절에는 일본식으로 대정봉 또는 병사봉이라고 불렀는데 '병사봉'은 졸병이라는 의미입니다. 북한 김일성 시절에 김일성을 의미하는 '장군봉', 삼지연에는 김정일을 의미하는 '정일봉'이 있어요. 이런 사실을 알고나서 명칭을 바로잡아야겠다는 생각이 들었어요. 고문헌상으로는 '백두봉'이라고 부릅니다."

20~30만 명의 관광객이 찾는 독도에 방파제 건설해야

'백두봉!'. 그의 설명을 듣는 순간 전율이 흘렀다. 그렇다! 한반도 내에 있는 모든 산의 우두머리 산, '백두봉!' 그가 계속 말을 이어갔다.

"출판물은 기록입니다. 역사와 지리를 아는 전문가가 해야 할 일이고 당장은 어렵겠지만 천년 후에라도 후손들이 영토문제로 분쟁이 일어났을 때 자료가 남아 있어야 한다는 차원에서 시작했습니다. 김정호가 지도제작할 때 이런 날이 올 거라고 예상했겠습니까?"

독도주민인 김성도씨 집에서 숙식하며 자료조사를 한 그는 독도에 포유류가 산다는 것에 관심이 많았다. "독도에 포유류가 살 수 있을까요?"라고 질문을 던진 그는 "쥐가 돌아다니는 걸 보았고 쥐똥도 보았어요. 요즈음은 죽은 쥐들도 보았습니다."라고 말했다.

"독도에서 가장 고통스러운 건 산사태와 깔따구입니다. 깔따구는 악마보다 더 무서워요."라고 말하며 다리에 난 흉터를 보여줬다.

"한번 물리면 간지러워서 안 긁을 수가 없어요. 긁으면 진물이 나고 1년 정도 흉터가 남아요. 건강이 허락하는 한 영토보전을 위해 살겠다"는 그가 장래 계획을 말했다.

"우리나라에 제주도와 울릉도 빼고 1년에 20~30만 명의 관광객이 오는 섬이 과연 몇이나 됩니까? 파도가 올 때 관광객이 피항할 수 있는 방파제를 건설해야 합니다." (17. 08. 21)

내 삶을 뒤돌아보게 한 이환희 여사

약자와 소외된 자들의 어머니.. 이환희 여사

이환희 여사 아들인 박상천 교수가 보내준 세 권의 책을 읽고 열흘 동안 가슴앓이를 했다. 잠자리 머리맡에 놓고 잠들기 전에 펼쳐보고 새벽에 일어나 또 다시 읽었다. 족욕을 하며 몇 번이나 읽고 또 읽었다. 그러다 내 가슴을 짓누르는 생각. "나라면 저런 생각을 하며 저런 삶을 살 수 있을까?"

나를 고민에 빠뜨리게 했던 사건(?)은 20여일 전에 일어난 일 때문이다. 아내가 몸이 불편해 서울 모 병원에서 검진받기 위해 새벽 5시 KTX를 탔다. 배웅하고 돌아와 잠자리에 누웠지만 마음이 편치 않아 이리저리 몸을 뒤척이다 머리맡에 있는 책꽂이를 살펴봤다. 그곳엔 못 보던 책 한 권이 있다. 자주 보던 책이면 키 높이에 있는네 책장 맨 밑 칸에 있었으니 보일 리가 없었다.

<한 줄의 편지> 저자 이환희. 이환희 여사 오래전에 두어번 뵌 기억이 났다. 온화한 미소를 띤 이환희 여사. 그땐 그냥 훌륭한 분이라는 얘기만 들었다. 심심하니 읽어보기로 했다. 책머리 일부분이다.

"내가 일본 미야자끼의 계간지 <혼돈>과 인연을 맺게 된 것은 1994년이었다. 그곳 일행들이 백제 유적 답사단을 구성하여 현지 심포지엄을 개최하기 위해 부여를 방문했을 때 '혼돈회'의 대표 야마시타 미치야씨를

만난 인연으로 <혼돈>지에 투고를 하게 되었다. 처음에는 인사치레로 써 보냈던 것인데 <비>라는 작품이 혼돈상 가작으로 선정되었고 독자들이 독후감을 써주었기 때문에 계속 원고를 보내게 되어 <혼돈>과의 연이 깊어졌던 것이다"

그녀는 '혼돈회' 대표들과 교류하며 미야자끼 계간지 '혼돈'에 <1995년의 어떤 상념>, <창씨개명> 등 15편의 글을 실었다. 명문인 그녀의 글이 일본어로 실리자 미야자끼 일대에서는 일대 센세이션으로 받아들여졌다.

1 여수지역사회연구소 창립 3주년 기념식장 연단에 선 이환희 여사. 돌아가시기 4년전 촬영한 사진이다. © 여수지역사회연구소

2 돌산대교 앞에서 남편인 박영철씨와 기념촬영한 이환희 여사. 두분 모두 작고하셨다 © 박상천

3 이환희 여사의 수필집 <한 줄의 편지>로 한글본과 일어본이 동시에 수록되어 있다. 이환희 여사의 글이 출판되자 커다란 화제를 낳았다고 한다

4 돌산대교 준공탑 앞에서 가족과 함께 기념 촬영한 이환희 여사(앞줄 왼쪽에서 두번째). 돌산대교 준공기념탑에 있는 시는 박상천 교수의 작품이다.

<1995년의 어떤 상념>은 학교에서 조선어사용을 전면금지 당하면서 겪었던 아픔과 경성여자사범학교 시절 겪었던 일화, 신사참배를 반대했다는 이유로 폐교 당한 일부 사립학교문제, 황국신민이라며 징용 당한 조선인과 위안부 문제 등을 자세히 기록한 글이다.

<창씨개명>은 그녀가 학창시절 개명을 강제 당했던 이야기로 그 중에는 끝까지 개명을 반대한 한 할아버지의 일화도 적혀있다. 60이 훨씬 넘어서 쓴 글이지만 유려하고 세심한 필치에 일본인들도 감동해 독후감을 보내왔다.

그녀가 다녔던 경성여자사범학교는 학년당 100명(2학급)이 정원으로 학급당 50명이 정원이었다. 50명 중 30명은 일본인이고 조선인은 20명이다. 전국의 수재들이 모였다. 그녀는 일제강점기 시절 우리말 말살 정책 속에서 일본어 사용을 강요당하면서 비장한 마음으로 일본어를 배웠다.

한국근현대사의 산 증인, 쓰라린 상처 치유 위해 대중 앞에 서다

일제강점기인 1925년에 여수에서 태어나 2001년 6월 29일 영면한 이환희 여사는 한국근현대사에서 일어난 변란을 몸으로 체험했다. 그녀가 겪은 격동기 한국 근현대사는 다음과 같다.

▲일제강압통치 ▲8·15해방 ▲여순사건 ▲6·25전쟁 ▲ 4·19의거
▲5·16쿠데타 ▲5·18민주화운동 ▲6월 민주항쟁

격동기 시절 남보다 많이 배운 신여성인 그녀 친구들은 교수나 교육계에서 두각을 나타낸 사람들이 많았다. 하지만 그녀는 고향인 여수에 내려와 유치원과 초·중등학교에서 인재를 양성하고 여성들의 지위향상을 위한 여성 단체 활동에 많은 힘을 기울였다.

김응관씨 모습. 북한땅 성진이 고향으로 결핵에 걸려 여수 신월리에 있던 결핵환자촌에서 요양하다가 39세로 요절했다. 이환희 여사는 그의 생전에 시집인 <나는 벙어리>를 출판해주기로 약속했다고 한다. 하지만 그가 사망한지 30년이 지나고서야 출판됐다. 여수에서는 구할 수가 없어 이환희 여사의 아들인 박상천 교수(한양대학교)가 보내주셨다. © 박상천

함경북도 성진이 고향인 김응관씨의 유고시집 <나는 벙어리>. 김응관씨는 여수 신월리 결핵환자촌에서 39세에 요절한 시인이다. 이환희 여사가 속한 '소화회' 회원들은 그를 치료하기 위해 매달 1천원을 모금해 송금했고, 건강이 회복되어 가던 중 요절했다. 김응관씨가 죽기전 시집을 내주겠다고 한 약속은 30년 만에 지켜졌다. 여수에서 책을 구하지 못해 이환희 여사의 아들인 박상천 교수(한양대학교)가 택배로 보내줬다. © 박상천

이환희여사를 추모하기 위해 여수지역사회연구소에서 출판한 <눈물이 아름다운 사람>. 여수시민회관 광장에서 열린 이환희 여사의 장례식은 여수시민사회장으로 치러졌다. 돌아가셨다는 소식을 들은 일본의 양심 있는 지식인들도 참석해 가시는 길을 애통해 했다. © 박상천

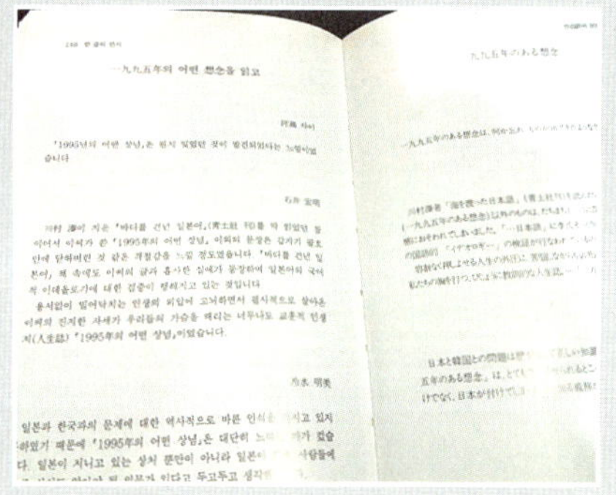

이환희 여사가 일본 미야자끼 계간지 <혼돈>에 일어로 쓴 <1995년의 어떤 상념>글을 읽고 일본독자들이 보내준 독후감(왼쪽)과 한글 번역본(왼쪽). 그녀의 글은 미야자끼 일대에 센세이션을 일으켰다

필자는 그녀의 수필집 <한 줄의 편지>를 단숨에 읽었다. 정갈한 필치와 소외된 이들을 진정으로 사랑한 인류애가 꿈틀거리는 글들. 책장이 끝날 때까지 손을 놓지 못한 이유는 따로 있었다. 그동안 여러분들이 보내준 수필집속에는 미사여구와 자기미화가 많았었지만 그녀의 진솔한 글이 가슴을 후볐기 때문이다.

<한 줄의 편지>는 9남매의 외아들인 남편이 임지로 떠날 때 한 번쯤 따라가고 싶었지만 시부모님들 때문에 말 한번 못하고 냉가슴을 앓으며 매주 남편을 그리워하며 보낸 편지에 대한 글이다. 평생 단 한번 답장을 보낸 남편 편지에는 "달 밝은 밤이면 나 역시 그러하오."라고 쓰여있었다. 요즘 같으면 당장 이혼감이다.

또 하나 필자를 사로잡은 <하얀 고무신에 어린 눈물>이 내 가슴을 후볐다. 여수 신월리(현 신월동)에는 폐결핵 환자 300여 명이 사는 결핵환자촌이 있었다. 1964년 9월, 그녀는 뜻을 같이 하는 여성 15명과 함께 '작은 꽃'을 의미하는 '소화회'라는 조직을 결성했다.

소화회는 주변의 불우한 사람들을 위해 봉사하고자 하는 모임이다. 그해 12월 자활촌을 방문하고 다음해 6월 딸기를 사 설탕에 재운 뒤 자활촌 중환자실에 들어가 힘없이 누워있는 환자들을 일으켜 세우고 먹여주었다.

잠시 후 구석에 있는 한 사람이 그만 울음을 터트리는 것이었다. 그녀가 그 사람 옆에 다가가 등을 쓰다듬으며 울음이 그치도록 쓰다듬어 주었다. 그러자 울음을 터트렸던 사람이 천천히 말을 시작했다.

"저 고무신을 꼭 다시 한 번 신어 보겠다고 투병하고 있지만 오늘 같은 온정을 접하고 보니 인자 죽어도 여한이 없습니다."

이환희 여사는 너무나도 가슴이 아파 어떻게 해서든지 그 소원을 이루게 해줬으면 좋겠다며 방법을 고민했다. 몇 회원들과 매달 1천 원씩 모금을 해 그 청년에게 송금해 호전이 되어가고 있었다.

하얀 고무신의 주인공 김응관. 그는 북한땅 성진이 고향이고 선산 김씨 영춘씨의 장남이다. 가끔 시나 수필을 써서 월간지 등에 발표하기도 한 인텔리였다. 소화회원들의 온정으로 삶에 대한 강한 의지를 나타내며 열심히 요양하던 1971년 8월 각혈을 하던 김응관씨가 39세 나이에 세상을 떠났다.

그녀는 김응관씨에게 시집을 출판해주겠다고 한 약속을 30년 만에 지켰다. 김씨가 남긴 유고집 <나는 벙어리> 속에는 "할말이 너무 많아 나는 벙어리입니다."라는 구절이 있다. 6·25전쟁을 겪으면서 젊은 병사들이 죽어간 얘기며 고향에 계신 부모님을 그리는 내용이 절절히 들어있다. 유고시집 일부분이다.

"포성이 하늘을 찌르고 젊은 병사가 피를 토하고 죽어간 산과 들과 마을의, 그리고 고향의 이야길랑 더 더욱 말하지 못합니다."

그녀는 하루빨리 남북통일이 되어 그의 부모나 형제들에게 그의 육필 유고를 보내 줄 수 있기를 기원하며 통일을 원했다. 이환희 여사는 돌아가시던 날까지 여수지역사회연구소 이사장직을 맡고 있었다. 당시 76세다. 그녀의 글을 읽고 오랫동안 교류했던 일본인 미오카즈코씨가 그녀를 회상하는 글을 보내왔다.

"내가 여순사건에 대해 전혀 무지였다는 것을 말하자, 이 선생은 사건의 처음부터 참극에 이르는 경위를 자신이 그때 겪은 상황을 말하며 이야기해주었다. 조선민족의 비원인 남북통일운동에 대해 시민이 무차별하게 총살되었던 폭행이 행해졌다는 것에 전율하였다. 그리고 그때 당시의 역사를 좀 더 자세히 알고 싶다고 생각했다.

또 이 선생은 고령의 자신이 연구소 이사장직을 수락한 것은 사건으로 가족이 학살당한 사람들이 연좌제가 무서워 조개처럼 입을 다물고 있지 않으면 안 되었기에 그 희생자 가족의 가슴 아픈 추억을 이해하는 작업에 산증인으로서 미력이나마 도움이 되리라는 생각 때문이었다고 한다. 그리고 나서 '사상이 다름을 초월하여 희생자는 동등한 명예회복이 되지 않으면 안 된다'고 반복해 말씀하셨다. 나는 이 선생의 역사에 대한 맑은 눈과 인간애의 한없는 애정을 느껴 가슴이 뜨거워졌다."

"여순사건 희생자의 명예회복은 다음 시대를 짊어진 어린아이들에게 우리들이 건네주지 않으면 안 되는 것입니다."라고 강조하셨다는 그녀가 나를 부끄럽게 만들었다. 이환희 여사의 사람됨과 글이 얼마나 명문장이었는가를 가늠할 수 있는 것은 양심적인 일본인 가이치즈꼬씨의 글을 보면 알 수 있다.

"어머니, 천국의 생활은 어떠신지요? 아무리 기다려도 돌아오시지 않는 것을 보면 분명 편안하고 즐거운 시간을 보내시고 계시는 것이겠지요. 어머니를 떠나보내고 지금까지의 생각이 자꾸만 떠올라 어떻게 하면 좋을지 몰라 힘들어 하고 있어요. 그만큼 어머니의 위대함과 자상함이 제 마음에 가득하기 때문이겠지요."

한 달여 전 일이다. 10여 년간 시민운동을 하며 대표를 맡았던 나에게 후배들 몇 명에게서 전화가 왔다. "내년에는 아무 직책도 없이 쉬지요? 우리 단체의 대표를 맡아주시지요."라는 간곡한 전화였다. 능력도 부족하거니와 건강회복과 머리도 식힐 겸해서 사양했다. "흘러간 물로 수레바퀴를 돌리지 말라."며 몇 번이나 사양했지만 후배들에게 미안했다.

한국전쟁이 끝난 후 태어난 필자의 어린 시절, 이웃집에는 폐결핵 환자가 살고 있었다. 먹을 것과 약이 없어 거의 죽어가는 그분의 뒷모습은 옷만 걸친 유령 같았다. 소외받은 이들과 아픈이들을 위해 돌아가시는 날까지 최선을 다한 이환희 여사의 생을 보며 내 한 몸 편하자고 주위의 간곡한 요청을 거절한 내가 부끄러워졌다. (18. 01. 03)

“똥구멍이 찢어지게 가난하다”는 말에 이런 배경이

월파 최내우 선생이 26년간 기록한 일기장

<청파일기>의 전신인 유고집 <월파유고>

“아버지 호가 ‘월파’이고요. 아버지께서는 1969년 1월 1일(46세)부터 돌아가시기 하루 전인 1994년 6월 17일(71세)까지 하루도 빠짐없이 일기를 쓰셨어요. 매년 한 권씩 쓰셨으니 26권이죠. 일기를 쓰다 보니 어릴 때와 젊었을 적 일기가 없음을 아쉬워하면서 60대 후반부터 옛 기억을 되살려 수필을 쓰셨어요. 아버지 돌아가시고 나서 그 수필을 모아 자식인 제가 발행한 책이 <월파유고> 입니다. 수필 속에는 아버지의 한 맺힌 이야기들이 절절히 기록되어 있습니다.”

지난주 임실문화원을 방문했을 때 최성미 문화원장이 한 말이다. 집으로 돌아와 최성미 원장한테 “수필집과 일기를 보고 싶다.”고 요청했더니 <월파유고>와 <임실항일운동사>뿐만 아니라 전북대학교를 비롯한 학계에서 집대성한 <창평일기> 4권을 보내왔다.

큰 기대를 하지 않고 <월파유고>를 펼쳐본 필자는 숨을 쉴 수가 없었다. “남아있는 책이 없으니 책을 다 읽고 나면 되돌려 달라.”는 편지가 든 <월파유고>를 단숨에 읽어내려 갔다. 전체를 조망하기 위해 다음날에도 읽고 전북대학교 고고문화인류학과에서 일기내용을 분석한 자료도 읽었다.

완전하게 갖춘 일기는 사회학적 자산

일기는 한 개인이 일상의 경험과 느낌을 적어 놓은 기록이다. 개인의 생활은 자신이 속한 물리적·사회적 환경과의 상호작용 속에서 이뤄지는 것이므로 그 시대 상황과 지역 사회의 특성이 담겨 있다. 특히 일기는 그 날그날의 기록이기 때문에 어떤 자료보다도 사실적이다.

어떤 글이든 주관이 들어가지 않는 글은 없다. 특히 영웅들의 이야기를 기록한 전기나 후세에 쓴 수필과 산문은 대상을 미화하거나 숨기고 싶은 이야기는 쓰지 않는 경향이 있다. 하지만 최내우의 수필과 일기는 다르다.

월파 최내우의 학력은 11살에 입학해 17살에 졸업한 관촌초등학교가 전부다. 그의 글에는 한글과 한문이 섞여 있다. 한글이 서툴러 오타와 처음 들어본 사투리도 있어 읽기가 쉽지 않지만 오히려 각색되지 않은 그의 글에서 진솔함을 느낄 수 있다. 그는 수필가도 아니요, 시골에서 정미업으로 자수성가한 독농가 출신이다. 그는 자신이 체험한 생활 주변의 문제에 대해 비판의식을 가지고 사실적으로 기록했다.

<월파유고>가 필자의 관심을 끈 이유가 있다. 필자의 고향인 곡성과 임실은 직선거리로 46㎞ 떨어져 있고 자동차로 43분이면 도착할 수 있는 가까운 거리다. 하지만 지리산준령이 가로막혀 있기 때문에 최내우가 생존했을 당시에는 상호간 교류가 거의 단절된 곳이다.

문화는 시공간을 뛰어넘는 특성이 있다. 두 지역이 상호 교통하는데 장애물이었던 지리산이 연대감을 준 것은 소위 '똥구멍이 찢어지게 가난했다.'던 가난과 해방전후를 기해 좌우익으로 갈라선 이념전쟁의 아픔을 공유하고 있었기 때문이다.

지리산과 가까운 곡성은 빨치산의 출몰이 잦았고 필자의 어린 시절에는 어른들로부터 전설 같은 이야기를 듣고 자랐다. 그런데 구전으로만 들었던 이야기들을 리얼하게 기록한 <월파유고>를 보았으니 단숨에 그리고 세 번이나 정독할 수밖에.

필자는 어릴 적에 “똥구멍이 찢어지게 가난하다”는 소리를 수없이 들었다. 하지만 그 말이 무슨 뜻인지를 이해할 수 있는 계기는 임실문화원에서 보내온 <임실항일독립운동사>를 읽고 나서다.

필자는 어린 시절에 친구들과 함께 산에 올라 소나무 줄기 끝부분에 있는 나무껍질을 벗긴 후 뼈대와 껍질 사이에 하얗게 들어있는 달짝지근한 속살을 벗겨먹곤 했다. “생키”라고 불렀던 소나무 줄기속에 있는 하얀 속살이 옛적에는 굶어죽지 않기 위한 대체식량인 줄은 몰랐다. 다만 어

1 임실문화원장인 최성미가 아버지인 최내우 사후 아버지 호인 ‘월파’를 인용해 <월파유고>를 발행했다.

2 최내우가 살았던 생가 모습. 현재 최내우의 넷째 아들이 농사를 지며 살고 있다

3 최내우 생전 모습 © 최성미

4 임실문화원 최성미 원장은 아버지가 1969년부터 1994년까지 26년 동안 하루도 거르지 않고 쓴 일기를 모아 <청파일기> 4권을 출간 했다.

른들이 배고플 때 먹었다는 얘기만 들었다.

<임실항일운동사>를 보면 일제강점기 말엽 전세가 불리해진 일제는 한국인들을 철저히 수탈했고 먹을 것이 없던 사람들은 '생키'와 나무뿌리에 수수나 조를 섞어 먹었다. 제대로 소화가 되지 않은 이것들을 배설할 때 항문이 찢어져 '똥구멍이 찢어지게 가난했다.'는 말이 나왔다고 기록돼 있었다.

처절한 가난과 멸시를 이겨내고 이장에 당선되다

유고의 구성은 다음과 같은 세 시기로 분류할 수 있다.

부친이 사망한 1927년부터 해방까지의 가족사 ▲해방이후 마을에서 일어난 좌우익간 이념대립과 6·25전쟁 ▲6·25전쟁 이후부터 1970년대 기록으로 아픈 가족사와 마을문제

어머니는 삭녕 최씨 가문에 후처로 들어와 자신과 동생을 낳았는데 부친이 일찍 사망하면서 자신의 가족이 집안과 형제로부터 홀대받으면서 살았다. 첫 장에는 '형우'라고 불렀던 이름을 개명해 '내우'라고 개명했던 일이며 일제의 소집영장을 받았지만 다행이 해방이 되어 해제됐다는 기록이 있다. 두 번째는 철없던 '어린시절'에 관한 기록이다.

"1927년 12월 20일 부친께서 별세하셨다. 그때 5세로 아버지 모습이 기억된다. 많은 문상객들이 모였으며 상복을 입고 만장과 만사를 들고 출상하는데 나는 아무 짬도 모르고 뛰고 기뻐하였다. 그러나 어머니께서는 더욱 서럽게 우셨다. 겨울철에는 메밀을 확독에 갈아서 죽을 쑤어 먹었는데 돌이 찌걱거려도 배가 고파서 맛있게 먹었으며 그것도 부족했다."

극심한 이념갈등 시기에 최내우의 중립적 대처로 마을에 죽은 사람이 없었다

최내우의 형님은 구장(현 이장)이었고 최내우는 구장을 보좌하는 반장이

었다. 해방이 되었지만 치안과 법질서가 회복되지 못한 1946년 2월 26일 새벽에 폭도들이 폭동을 일으켰다. 이 사건으로 관촌지서를 습격한 폭도 10여 명이 총에 맞아 쓰러졌다. 곧바로 경찰서에서 파견한 기동대가 좌익분자 색출에 나서자 사람을 은밀히 보내 혐의가 있는 이웃을 피신하도록 했다.

좌익혐의를 받은 지인을 살린 행위는 훗날 그에게 전화위복이 되어 돌아왔다. 형님이 이웃마을로 이사한 후 공석이었던 이장에 당선됐다. 당시 사회상을 보면 마을 이장이 얼마나 막강한 권력을 가졌는지 짐작할 수 있다.

"이장은 과거 일정 때 구장이라 했고 중도에는 이사장이라고 호칭했다. 일정 때는 일본제국주의 하에서 독재독권으로 권리가 대단했고 식량도 많고 공출은 없었고 군·면직원이 책임완수라는 팔목에 완장을 두르고 오면 쌀밥에 닭 잡고 술을 진탕 먹이니 형(당시 이장)의 권리는 말할 것도 없고 일본 북해도, 화태, 복강현, 솔로몬 군도, 즉 남양군도, 북선, 만주에서 일반민 모집요청이 오면 면에서 강제로 끌어가고 그렇지 못하면 구장에게 일임하여 적임자가 선택되면 밤낮할 것 없이 데려갔다."

이장에 당선되어 어느 정도 치안이 회복될 무렵 그에게 또 다른 시련이 닥쳐왔다. 7월 10일경 면 회의에 참석해 들은 내용이다.

"한국군은 준비 없이 갑자기 당하고 이북은 사전에 완전준비를 갖춰 내려왔다. 그리고 그 날이 일요일이어서 불리한 듯싶으나 서울만 들어오면 인민군은 독안에 든 쥐새끼나 다름없다."

그 이야기를 믿는 사람이 있었을까? 흉흉해진 민심에 마을사람들은 좌불안석이었다. 이승만 정권에서 이장을 역임했던 경력은 인민군 치하에서는 목숨을 담보할 수 없었다. 사상이 불순하다는 이유로 끌려가 총살당하고 보복하는 공산분자들을 본 그는 "밤에 모르는 사람이 찾으면 깜짝 놀랬다."고 썼다.

목숨이 위태롭게 된 상황을 여러번 겪을 때 그를 살려준 사람은 2·26

사건 당시 경찰의 불순분자색출 작업시 목숨을 구해줬던 사람들이었다.

부패한 경찰과 맞서 격투벌인 최내우, 총 맞을 뻔하기도

최내우 고향은 빨치산 전라북도당이 있는 회문산과 30여㎞ 밖에 떨어져 있지 않아 6.25전쟁이 한창인 1952년에도 빨치산의 습격사건이 많았다. 그러자 창인리를 담당하는 지서장이 총기를 늘리고 국가에서 지급한 총기대금을 마을 주민이 부담하라고 했다.

어느 날 술집에서 지서장과 술을 마시던 그가 부당하다고 하자 권총을 빼든 지서장을 발로 차버려 문제가 됐지만 지역에 주둔한 국군의 도움으로 무사할 수 있었다.

그는 이재에도 밝았다. 1946년에는 정미소를 설치하고 양잠업에도 뛰어들어 많은 부를 쌓기도 했다. 그는 세상인심에 대해서도 썼다. 어려울 때 이웃을 도와주면 생전에 잊지 못하겠다고 말했으면서도 세월이 가니까 무심하기 이를 데 없었다고 썼다.

아버지의 <월파유고>를 펴낸 임실문화원 최성미 원장은 "이 책 내용 외에도 '공산당 주무자 전원 사망', '족보편집건', '취득세 뇌물사건' 등의 제목만 남기고 돌아가심에 더욱 더 아쉬움이 남습니다."라고 후기를 썼다.

최내우는 교통사고를 당해 1994년 6월 18일 10시 30분에 세상을 떠났다. 일기를 읽는 동안 폴란드 출신 사회학자 즈나니에키(F. Znanieki)의 말을 곰곰이 생각해 보았다.

"완전하게 갖추어진 개인 기록은 완벽한 사회학적 자원이다."

(18. 03. 19)

독도에서 산 50년... "태풍 와도 잠만 잘자요"

한국판 '노인과 바다', 독도지킴이 김성도씨를 만나다

"인자 서울까지 가니더?"

독도 이장인 김성도씨가 나한테 한 질문이다. 동행했던 동아지도 안동립 대표의 통역을 듣고서야 "가니더?"가 "갑니까?"의 공손한 표현이라는 걸 알았다. 2박 3일 예정으로 독도게스트 하우스에 머물 계획이었지만 강풍으로 게스트하우스에 4박 5일 동안 갇혀있다 날씨가 좋아져 서울로 떠나는 우리한테 김성도씨가 한 말이다.

필자가 독도 주민 김성도씨를 만나게 된 것은 영토학회회원들과 울릉도 독도탐사(4. 27~5. 1)차 독도게스트 하우스에 머물면서부터다. 나이 들어 청력이 약해진 김성도(79세)씨와 대화하려면 큰소리로 말해야 한다. 거기다 김씨가 말하는 사투리를 못 알아들어 언제나 안동립 대표의 통역이 필요했다.

일행이 독도에 들어가기 전 안동립 대표가 김성도씨에게 전화했을 때 부부는 병원에 입원해 있었다. 그러나 일행이 독도에 도착해 여객선에서 내리자 마중 나온 김성도씨가 보트로 일행의 짐을 숙소로 운반해줬다.

독도게스트하우스와 김성도씨 집까지의 거리는 아파트 통로에서 맞은편 집을 연상하면 된다. 저녁을 먹고 난 후 안동립 대표와 함께 김성도씨 집으로 건너갔다. 둘만의 대화다.

"아재요! 아프다더니 어떻게 섬으로 들어오셨어요?"

"병원에 입원해 있다 자네 온다고 하니 왔지. 봐라! 간이 아파 5년 동안 세 번이나 수술했는데 수술할 때 마다 수백만 원이 들어요. 할멈도 넘어져 뇌진탕으로 입원했는데 곧 퇴원할거래. 독도에서 한 50년 살았다. 독도야 뭐… 나하고 독도에서 같이 살았던 사람은 다 죽었다. 이제 나도 데리고 갈라고 한가 봐."

쓴웃음을 지으며 아무렇지도 않게 말하는 그가 불룩하게 솟은 배를 보여주며 세 번에 걸친 수술 자국을 보여줬다. "한번 수술에 7백만 원이 들기도 했다."는 그는 "왜 그렇게 수술비가 비싸냐?"고 불만을 표시했다.

월남전에 참전해 화랑무공훈장을 타기도

그의 이력을 들어보니 파란만장했다. 월남전에 1기로 파병되어 수류탄으로 9명을 사살해 화랑무공훈장을 타기도 했다. 산더미만한 파도에 휩쓸려 죽을 뻔하기도 했다. 제주도 해녀 출신 부인(김신열 81세)과 독도 미역을 울릉도에 가서 팔았지만 쫄딱 망했다. 해녀비용, 운영비를 제하고 나면 남는 게 없었기 때문이다. 옛날 흔해 빠진 오징어가 요새 금징어가 돼 열 마리짜리 한 묶음에 5만 원 한다는 소리를 듣고 "허허!" 하며 웃었다.

울릉도가 고향인 그는 독도 최초주민인 최종덕씨 밑에서 선장을 했다. 15마력짜리 배를 타고 울릉도를 출발해 독도로 오면 10시간 걸렸다고 한다. "독도수비대장이었던 홍순칠씨가 나를 친동생처럼 예뻐해 주셨다."고 자랑한 그는 독도 근현대사의 산증인이다.

김성도씨 말에는 욕이 들어있어 불편했지만 곧 이해가 됐다. 험한 파도와 외로운 바다를 이겨내야 하는 강인한 섬사람의 기질 때문이다. 다른 사람에게는 쉽게 마음의 문을 열지 않던 그가 유독 안동립씨와 14년간 교류하며 80일 정도 숙식을 함께 한 사연을 들어보았다. 안동립씨의 얘기다.

"일본이 2005년 2월 22일, 다케시마의 날을 선포했다는 뉴스를 듣고 독도지도를 만들어야겠다는 생각에 5월초에 독도를 방문했어요. 처음 김성도씨를 만났을 때 조그맣고 새까만 사람이 눈을 부릅뜬 채 고래고래 소리를 지르며 삿대질까지 하는 모습을 보며 기가 질렸어요. 30%는 욕이었습니다. 처음 들은 사람들은 욕으로 알겁니다. 대단히 무서웠죠. 술을 마시면 병으로 마셔 처음엔 이질적이었습니다. 조심스러웠죠. 2년째에 조금 누그러졌습니다. 3년째에야 마음을 열더라고요. 독도에는 많은 사람들이 놀

1 날씨가 좋아져 선착장까지 태워다 주는 김성도씨. 뒤에 김성도씨와 우리가 묵었던 숙소가 보인다

2 월남전에 1기로 참전한 김성도씨가 보초서던 중 수류탄으로 9명의 적을 사살해 화랑무공훈장을 탔다고 한다.

3 왼쪽에 독립문바위가 보이고 오른쪽 큰 바위와 독립문 바위 사이에 한반도를 닮은 한반도바위가 보인다

4 몇년 전 독도에 상륙한 관광객들에게 독도기념품을 팔고 있는 김성도씨 부부와 정광태(맨 왼쪽) 가수. 정광태씨는 <독도는 우리땅>을 부른 가수다

러와 '밥먹을 데 없냐?'고 질문합니다. 부부는 물 한모금도 목숨처럼 아끼는데 하룻밤 자고 가면서 무슨 훈장인 것처럼 여긴대요. 하지만 부부는 제가 지도 제작하려고 독도 구석구석을 기록하는 것을 보았기 때문입니다."

산전수전 다 겪은 백전노장… "독도 바다가 제일 편해"

그 후부턴 김성도씨가 항상 식구처럼 대해줬다. 필자가 김성도씨를 찾아온 또 다른 이유가 있었다. 숙소 뒤 급경사계단이 80도 정도 되어 보였고 튼튼해 보이지 않는 계단 옆에 펼쳐진 응회암 바위나 흙돌이 언제 떨어질지 불안했기 때문이다. "물골로 넘어가는 계단이 위험해 보이는데 괜찮냐?"고 묻자, "걱정하지 말라"고 대답했다.

포항에서 258.3㎞, 울릉도에서 87.4㎞ 떨어진 섬에서 아내와 함께 험한 파도와 외로움을 이겨낸 김성도. "태풍이 와도 괜찮냐?"고 묻자, "잠만 잘 자요. 독도관리소 직원들이 동도로 피하자."고 하면 "너희들이나 가라고 말했다."는 그가 커다란 산과 같은 느낌이 들었다. 산전수전 다 겪은 그의 말을 듣고 마음이 놓였다. 그에게 "바다가 무섭지 않느냐?"고 묻자 곧바로 답이 돌아왔다.

"바다만큼 편안한 곳이 없어요. 속 터질 때 바다에 나가면 편안해져요. 겸손해야 하고 욕심은 버려야 해요. 내가 욕심이 없어요. 돈 있으면 다 줘버려요. 그래서 내가 독도에 삽니다. 독도에 와서 미친 사람도 있었어요. 괜히 산에 올라가 머리가 이상해져 미쳐버린 사람도 있었어요."

젊었을 적 문어, 해삼, 소라, 전복, 오징어를 잡기도 했고 아내가 새벽부터 바다에 나가 홍합을 잡아 울릉도 식당을 돌며 배달했지만 재미를 못 보기도 했던 김씨. 바다에 사는 사람들은 외롭다. 그래서일까 그는 독한 술을 좋아했다. "젊어서 고생시킨 할멈이 불쌍하다"는 그가 바다에 사는 재미를 들려줬다.

1 김성도씨가 커다란 문어 한 마리를 잡아가지고 왔다..

2 독도의 험한 파도와 외로움을 이겨내고 50여 년째 독도에서 사는 독도지킴이 김성도씨는 한국판 <노인과 바다> 같았다

3 "영원한 독도주민 최종덕"이라는 기념비. 최종덕씨는 1963년-1987년까지거주했다. 1991년 독도에 주민등록한 김성도씨 부부는 후임 주민이다. 비석이 괭이갈매기 배설물로 뒤덮여 풀로 닦은 후 촬영했다

4 동아지도 안동립 대표는 김성도씨와 14년째 교류하며 80일간 숙식을 같이 했다고 한다

5 김성도씨가 방어를 잡고 있다

6 풍랑주의보가 내린 독도 부채바위에 강풍이 몰아치고 선착장이 잠겼다. 육지바다는 조용해도 먼바다인 독도바다는 상황이 달라 여객선이 접안을 못하고 빙 한 바퀴 돌고만 가는 경우가 많다다

"보트 타고 30분만 가면 볼락이 줄줄이 올라와요. 고기가 줄줄이 올라오면 정말 재미있어요. 돈을 몇 천만 원 줘봐도 그런 재미와 비교가 안 되죠. 고기 잡는 재미로 살다 이렇게 골병이 들었어요."

젊었을 적에는 무서울 게 없었지만 나이에는 장사가 없다. 고엽제 환우, 간암, 당뇨, 무릎관절, 허리 등 아픈 곳이 많으면서도 "오늘은 바다가 괜찮아질라나"라고 혼잣말을 하며 바다상황을 살피는 그를 보면 천상 바다 사나이다. 아니! 이제 나이 들었으니 한국판 <노인과 바다>랄 수 있다.

날씨가 약간 좋아지자 고기 잡으러 가는 그를 따라나섰다. 옛날 강치들이 살았다는 가제바위 인근에서 김씨가 방어잡이를 시작했다. 낚시를 바다에 내리고 기다릴 동안 김씨의 방어잡이에 몇 번 따라 나섰던 안동립 대표가 "방어잡이에 관해서는 대한민국 제일"이라며 방어잡이 동영상을 보여줬다.

방어는 한번 물기 시작하면 여러 마리가 올라왔다. 김씨가 보트 위로 끌어올린 고기를 올려 허벅지 사이에 놓고 꽉 눌러 도망가지 못하게 잡아 물통에 집어넣는다. 보트에 끌어올린 방어를 놓치는 순간 팔딱팔딱 뛰는 방어가 낚시줄을 흐트려 엉망으로 만들어 놓기 때문이다.

"10분에 3마리까지 잡아보기도 했는데 큰 것은 1미터가 넘는 것도 있어요. 방어가 물면 따라다니면서 낚시줄을 당겼다, 놨다를 계속하다 기운이 빠졌을 때 끌어 올립니다."

그는 잡은 고기를 팔지 않고 독도경비대원들한테 선물한다. 독립문바위 쪽으로 가며 문어잡이하던 시절 이야기를 들려줬다.

"옛날 뗏마를 타고 3일씩 머물며 문어를 잡으면 뗏마 한 대당 200kg씩 잡았어요. 그런데 통발과 그물로 고기를 잡으면서 고기가 사라져 버렸습니다. 후포, 속초, 주문진 배들이 독도근방 고기를 싹쓸이해 버려 고기가 씨가 말랐습니다."

고기잡이 나갔다 표류한 북한배를 발견한 김성도씨가 나무판자들을 가리키고 있다. 관계당국에서 조사 후 분해했다고 한다. 판자사이를 대마와 콜타르로 막은 조악한 모습으로 "남한에는 이런 배가 없다."고 한다. 김성도씨 말에 의하면 "모두 죽었을 것"이란다

표류한 북한배를 발견하기도

다음날 숙소를 나와 보니 시멘트 선착장 한켠에 나무 조각들이 쌓여 있어 무슨 나무판자인가를 묻자 북한 배라고 하며 "선원들은 죽었을 것"이라고 한다. 작년(2017년)에 고기잡이 나갔다가 원산에서 독도까지 온 배를 발견해 독도로 데려온 사연을 들려준다.

"바다에 나갔더니 원산에서 출발했다는 배가 있었어요. 선원들한테 '너희들 북한가지 말고 여기서 살아라'고 말하자. '원산에 처자식이 있고 부모님도 있어 가야합니다'라고 말해 '네 말이 맞다! 부모님과 처자식이 있는 집으로 가거라'라고 말했습니다. '담배 피워도 되겠습니까? 라고 물어서 맘대로 피워도 된다'고 했습니다."

집 떠난 지 일주일째다. 일기예보를 보니 다음날 전국적으로 비가 온다는 소식이다. 안동립 대표는 "날씨 때문에 2주일 동안 독도에 갇힌 적도 있다."고 하며 "오늘 독도를 떠나야 한다."며 짐을 싼다.

"인자! 서울가니더?"라고 말하는 그의 눈망울 속에 슬픔이 배어 있었다. 안동립씨가 "아재요! 내년에 다시 오겠습니다."라고 말하자 "내년에 다시 볼 수 있을라나?" 하고 말하며 보트를 운전해 선착장으로 데려다준다. "고맙습니다."라고 말하며 인사를 하자 씨익 웃으며 뒤도 돌아보지 않

고 먼 바다를 향해 나간다. “어쩌면 올해가 마지막일지도 모른다.”며 걱정하는 안동립 대표가 멀리 사라져가는 그를 바라보며 슬픈 표정을 짓는다.

육지로 나갈 배를 기다리며 바다 한가운데를 보니 반짝이는 바다 속에 나뭇잎 같은 보트하나가 파도 속으로 사라졌다 나왔다를 계속한다. 방어잡이하는 김성도씨다. 마음속으로 한국판 <노인과 바다>가 오랫동안 지속되기를 빌었다. 건강하세요! 그리고 우리 땅 독도바다를 지켜주세요.

(18. 05. 17)

일본해로 표기된 동티모르 역사교과서 동해로 바꾸기도

동티모르와 몽골에서 인쇄 기술 지도해주는 신익재

몽골알타이 답사단이 12일(6. 17~6. 28) 동안 몽골서부를 여행할 동안 일행을 물심양면으로 지원한 분이 있었다. 항상 미소를 머금고 답사단과 몽골 운전사 중간에서 통역과 궂은 일을 도맡아하던 사람. 달리던 차가 사막 한가운데서 펑크가 나 일행이 막막해하면 "몽골은 원래 그런 곳이니 이해해주세요."라며 한국 답사단을 달랬다.

"아무것도 볼 게 없는데 거기를 왜 가느냐?"고 항의하는 몽골 운전사들한테는 "너희 나라를 이해하려고 여기까지 오셨다. 손님들이니 힘들더라도 끝까지 잘해드려라."며 운전사들을 달랬다. 10여 년간 몽골을 오가며 사업하는 동안 몽골을 사랑하고 몽골인들을 사랑한 사람 신익재씨다.

3,000㎞ 이상의 긴 여정을 함께하며 그에게서 소중한 이야기들을 들었다. 그는 어려운 이웃을 사랑한다. 코이카단원으로 동티모르에서 봉사했고 몽골에서도 어려운 이들을 돕는다. 몽골여행을 마치고 돌아온 한 달 후(7.28) 답사단 일행 중 몇 분이 답사기와 사진집 발간을 위한 모임을 가졌다. 저녁을 먹으며 신익재 사장으로부터 어려운 이들 편에 서서 정의와 평화 사랑을 나누며 살아가는 이야기를 듣고 싶었다.

- 코이카단원으로 동티모르에 파견된 시기는?

"2011년 7월 30일부터 10월 26일까지 코이카와 신구대학협력단에서 실시한 동티모르 교과서보급사업 연수생초청 강사로 참여하여 서울인쇄센터에서 교육을 담당하였습니다. 2012년 7월부터 12월까지 동티모르국정교과서 인쇄소의 현장기술지도에 참여했습니다."

- 동티모르에서 한 일은

"동티모르는 2002년 독립한 신생국으로 400년간 포르투갈의 식민지였으며 1975년 인도네시아에 통합된 후 극심한 내란이 일어나 많은 양민이 희생되었습니다. 그 결과 1999년 우리나라 상록수부대가 평화유지군으로 참여하였습니다. 당시 주동티모르 서경석 대사님께서 학교를 순방하면서 느낀 것은 너무나 열악한 환경이었습니다. 학생들이 책이 뭔지도 모를 정도로 열악한 교육환경을 보고 본국에 국정교과서를 발간할 수 있는 인쇄소를 지원해달라고 요청해 교과서를 제작할 수 있는 인쇄기를 비롯한 모든 설비, 인쇄기술자 양성을 통한 교과서 제작을 원조하게 되었습니다. 저는 신구대학 오세웅 교수와 함께 인쇄전문가의 일원으로 참여하여 교과서 제작 실무를 담당하였습니다."

- 동티모르인들을 위해 봉사활동을 하던 중 가장 기억에 남는 것은

"인쇄는 물론 컴퓨터조차도 다뤄보지 못한 직원들이 책을 만든다는 것은 불가능하다는 평가를 내렸습니다. 때문에 파견된 전문가들이 직접 책을 만들어주자는 의견이 있었어요. 하지만 현지 기술자가 직접 제작할 수 있도록 하는 것이 향후 교과서를 지속적으로 생산할 수 있다는 결론을 내려 몇 번의 시행착오를 겪으며 문제를 해결할 수 있도록 지도하였습니다.

천신만고 끝에 본인들이 만든 땀과 눈물이 밴 교과서를 대통령에게 전달할 때 뿌듯했습니다. 언론보도를 보고 먼 지방에서 올라와 교과서를 얻어 기뻐하며 돌아가는 선생님, 영양실조에 일을 하다가 쓰러진 3명의 엄마인 여직원, 늦은 밤까지 열심히 노력하던 직원들의 모습이 아직도 떠오릅니다. 특별히 기억나는 일은 지리 역사교과서에 동해가 일본해로 표기된 것을 동티모르교육부와 콘텐츠를 제공한 포르투갈 담당자를 찾아가 교체하도록 설득하여 반영시킨 것입니다."

- 동티모르 근무를 마치고 느낀 보람은

"독립초기 치안이 안정되지 못한 상황도 있지만 무엇보다 수인성 질병에 걸리면 비행기를 타고 인도네시아 발리나 서울로 후송하여야 할 정도로 열악한 환경이었습니다. 이질에 걸린 오세웅 교수께서 끝까지 교과서

1 동티모르와 몽골에서 선진 인쇄기술을 전수하고 있는 신익재씨. 몽골인들이 성산으로 여기는 알타이산에서 촬영했다

2 동티모르 국립교과서 인쇄센터(NGPTL: National Graphic arts & Printing center in Timor Leste) 준공식(2012. 9. 7) 모습. 우리나라가 500만 불을 무상지원해 완성한 곳으로 타르 마탄 루악 대통령과 서경석 동티모르 대사가 시설을 돌아보고 있다.

3 한국에서 17년간 일하다 귀국해 신익재씨(맨 오른쪽)의 도움으로 여행사를 차린 저리거(맨 왼쪽)씨와 부인. 몽골 서부 알타이지역 3,000킬로미터를 여행하는 동안 이들의 헌신적인 노력으로 값진 여행을 마칠 수 있었다

사업을 완료하고 이듬해 그 후유증이 더해져 갑자기 별세하여 큰 충격에서 벗어나질 못했습니다.

한국전쟁 중에도 유엔군의 도움을 받아 교과서를 찍었는데 우리가 동티모르의 미래를 위해 베풀 수 있어 보람 있었고 받는 것보다 주는 것이 더욱 힘들고 어렵다는 것을 알았습니다. 이것저것 챙길 것이 많아서 일정을 연장하여 귀국하던 때 젖먹이 아이를 떼어놓고 떠나는 심정이었습니다. 어떤 어려움이 있더라도 너희의 미래가 달린 이곳을 꼭 지키라고 당부했습니다."

– 몽골은 언제부터 그리고 무슨 일로 갔나

"몽골은 1990년 민주화정부 수립 이전에는 우리가 갈 수 없는 곳이었습니다. 2011년 서울인쇄센터에서 교육을 담당하고 있을 때 몽골인쇄산업협회의 자르갈 사장이 방문한 것을 인연으로 양국 인쇄산업 간 교류가 시작되었습니다. 매년 몽골의 인쇄산업체 임직원이 한국의 인쇄산업 기자재전 참관과 인쇄업체 방문, 몽골 인쇄기술자의 한국초청 교육을 하였습니다. 주로 러시아와 독일, 중국으로부터 기술과 장비, 재료를 수입하여 사용하는데 한국과 관계를 증진시켜 장비도입과 기자재의 수출이 이루어졌습니다. 현재 몽골이 외환위기로 IMF지원을 받는 중이지만 점차 회복되고 있습니다."

– 10여 년간 몽골을 오가며 몽골인들이 우리와 닮은 점은 무엇이며 다른 점은 무엇인가

"산업이 고도화되고 소득이 높아진 대한민국은 과거에 비해 물질적으로 풍요해졌지만 짧은 시간에 높은 성장을 추구하다보니 잃은 것도 많고 과거에 비해 행복해졌다고 볼 수는 없습니다. 몽골은 드넓은 땅에 비해 인구가 350만에 불과합니다. 가족애와 지역에 대한 자부심이 강하고 주위에 의지하기보다는 스스로 해결하려는 독립심이 높습니다. 차세대에

대한 교육열도 높은 편입니다. 근검절약하고 매사에 진취적인 자세는 우리와 닮았다고 볼 수가 있습니다.”

– 저리거와의 인연은 어떻게 시작됐나

“몽골에서 가장 오래된 인쇄회사인 웅거트사에서 최첨단 인쇄설비를 한국에서 도입하였으나 원활하게 운영이 되지 않아 약1년 간 한국인 기술자와 함께 울란바토르에 상주하며 기술지원을 하였습니다. 그때 공장장이 저리거씨입니다. 몽골의 풍요로운 자연과 지역 간 교통인프라가 좋아지면 관광이 보다 활성화될 것으로 보고 저리거씨를 응원하고 있습니다. 반면에 겨울철 비수기가 길다는 점이 문제입니다. 앞으로 동계스포츠 시설 등이 확충된다면 나아질 것으로 보고 있습니다.”

– 몽골인들을 대할 때 한국인들이 주의해야할 점은?

“몽골인 뿐아니라 개발도상국에서 온 분들을 주위에서 쉽게 만날 수 있습니다. 국제결혼을 해서 한국에 정착하신 분도 계시고 돈을 벌기 위해서 온 분도 있습니다. 보다 관심을 가지고 배려를 해주었으면 합니다.

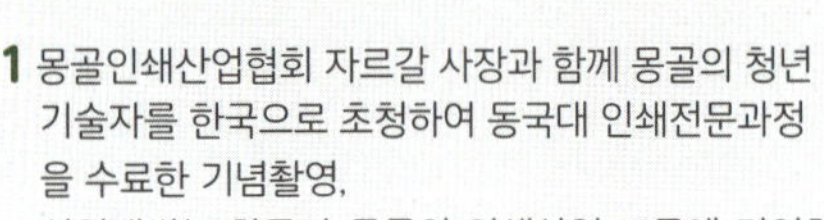

1 몽골인쇄산업협회 자르갈 사장과 함께 몽골의 청년 기술자를 한국으로 초청하여 동국대 인쇄전문과정을 수료한 기념촬영,
신익재씨는 한국과 몽골의 인쇄산업 교류에 기여하였다.

2 몽골알타이 답사단 일행 34명이 고비사막과 대초원길을 열흘 동안 여행한 거리는 3,000킬로미터가 넘었다. 4륜구동 차량 6대에 분승한 일행은 거의 매일 밤 10시가 넘어 초원(텐트)과 호텔, 게르에 도착해 숙식을 해결했다.

단순한 업무에 한정하기보다는 자기계발을 할 수 있도록 다양한 기회를 주는 것도 중요하다고 생각합니다. 귀국해서 한국과 맺은 인연을 기반으로 성장할 수 있다면 모두에게 좋겠습니다.

몽골을 여행하는 중에 운전기사와 트러블이 종종 발생합니다. 대부분 관습과 기대치가 달라서 발생하기도 합니다. 계약할 때 세세한 부분까지 서로 합의하고 충분히 이해를 구하는 것이 중요합니다. 그들의 눈높이에서 부족한 것을 먼저 도와주고 손을 내민다면 오히려 기대이상의 좋은 결과를 얻게 됩니다."

- 몽골의 발전가능성과 한국이 연대해야 할 점은?

"몽골은 예로부터 밀접한 관계를 맺어 온 한국에 대한 호감을 갖고 있습니다. 풍부한 지하자원과 다양한 자연환경, 우수한 인력 등 발전가능성이 매우 높습니다. 거대시장인 중국과 인접하고 유럽으로 나가는 길목입니다. 앞으로 남북철도가 연결된다면 울란바토르까지 원자재를 철도로 운송하고 임가공을 통해 중앙아시아와 세계시장으로 바로 내보낼 수가 있습니다. 한국의 우수한 기술력과 자본을 바탕으로 다양한 분야에서 몽골산업 발전에 동참하여 중국과 일본의 중간에 낀 한국이 지정학적으로 유리한 몽골과 연대한다면 양국의 미래는 보다 나아질 것으로 봅니다."

- 이번 답사단과 3,000㎞의 대장정을 마치고 난 소감은

"우리 민족의 원류를 찾는 답사단과 함께 하면서 많은 것을 보고 배울 수가 있었습니다. 역사학자, 각 전문분야에서 오랜 경험을 갖춘 단원들로 구성된 답사단 모두가 야생에 잘 적응하시고 인내를 갖고 잘 협조해주셔서 일정을 무사히 마칠 수 있었습니다. 3,000년 이전 우리 선조와 밀접한 관계를 맺었던 초원기마민족들과의 문화적인 동질성을 확인하였고, 그들의 기억을 통해서 잊었던 역사를 되살리는 우리 민족의 정체성을 되찾아가는 노력이 계속 이어졌으면 하는 바람입니다." (18. 08. 03)

군함도 강제징용에 원폭 피해까지... 한 남자의 삶

강제징용 피해자 서정우씨

"안녕하세요? 추석 명절 잘 지내고 계시죠? 저는 지금 14살 때 징용당해 군함도에서 석탄 캤던 서정우씨 고향인 의령에 갈 준비를 하고 있습니다. 17일이에요. 메일주소 주시면 서정우씨와 생전 인터뷰(1983년 7월 3일)한 녹취록을 보내드리겠습니다."

최근 일본 나가사키시에 사는 기무라씨에게서 온 메시지 내용이다. 기무라씨와 필자의 인연은 2015년에 나가사키 범선 축제(4. 25~4. 29)에서부터 시작됐다. 당시 코리아나호가 여수를 떠나 나가사키 항구에 도착하자 맨 먼저 찾아와 한국말로 인사한 분이 기무라씨다.

한국 사랑한 기무라... '위안부' 피해자와 원폭희생자 모임 참석하기도

한국말이 능통한 기무라씨. 알고 보니 도쿄에서 영문학을 전공한 후 나가사키 한 고등학교에서 영어를 가르치다 정년퇴직한 교사 출신이다. 퇴직 후 우연히 한국문화원에 들렀다가 한국말을 배우기 시작해 한국소설을 읽기 시작했다.

그가 읽은 소설 중 가장 인상 깊었던 책은 <태백산맥>이다. 전편을 두 번이나 통독한 그는 몇년 전 필자와 함께 벌교를 방문해 조정래 작가가 쓴 <태백산맥> 현장을 찾았다. <태백산맥> 속에 나오는 현장을 필자보다 더 잘 아는 그를 보며 한국을 얼마나 사랑하는지 짐작할 수 있었다. 본인 스스로 '지한파'라고 말하는 그는 아베의 정책을 지지하지 않는다.

1년 중 많은 시간을 한국에서 보내며 위안부 피해자 할머니들을 위한 모임에 참석하기도 했다. 기무라씨는 한국을 여러 차례 방문했다. 2007년 '스톤 워크 코리아'(Stone Walk Korea) 행사가 한국에서 열렸을 때는 원폭희생자 마을이 있는 합천을 거쳐 지리산과 남원, 광주를 경유해 도라산역에 평화를 위한 비석을 세우고 금강산까지 다녀왔다.

'스톤 워크(Stone Walk)'란 미국 평화운동단체들이 전쟁으로 무명의 민중들이 많이 죽은 것을 사죄하기 위해 시작한 반전평화운동이다. 기무라씨는 틈만 나면 경남 합천의 원폭희생자 마을에서 봉사활동을 한다. 그가 서정우씨를 만나 녹취한 내용을 바탕으로 서정우씨의 삶을 재구성했다.

14살에 징용, 군함도에서 일하다 나가사키에서 원폭 피해

경남 의령이 고향인 서정우는 1928년 10월 2일생이다. 소농의 장남으로 태어났지만 4살 무렵 부모님이 나고야로 떠나자 할아버지 손에서 자랐다. 할아버지 작고 후 작은 할아버지 댁에 맡겨진 그는 매일 산에 나무하러 가거나 소먹이 풀 베는 게 일과였다. 14살 되던 어느 날 면에서 징용 쪽지가 날아왔다. 면에서 강제로 징용된 2명이 시청에 도착하니 14~20살 정도의 청년들이 수천 명이나 모여 있었다.

부산으로 이동한 일행은 연락선을 타고 시모노세키까지 이동했다. 나가사키에 끌려온 사람은 300명 정도였고 그들은 종착역인 하시마(군함도)로 이동했다. 그는 나고야에 부모님이 계실 뿐만 아니라 사세보에도 친척이 있었기 때문에 탈출 기회를 엿보고 있었다. 그러나 그가 군함도에 도착했을 때 꿈이 이루어질 수 없다는 걸 깨달았다.

탈출 불가능한 섬 군함도, 007영화의 배경으로도 사용되기도

군함도를 방문해보지 않은 사람은 나가사키에서 가까우니 헤엄쳐 갈 수 있지 않을까? 하고 의문을 던질 수 있다. 하지만 필자가 군함도에 내려 섬을 둘러보고 섬에 부딪히는 파도를 보며 “탈출이 불가능하겠구나!” 하는 생각이 들었다.

군함도는 남북으로 약 480m, 동서로 약 160m, 둘레 약 1,200m, 면적 약 6,300제곱미터의 작은 해저 탄광섬이다. 여수 오동도의 절반 크기밖에 안 되는 섬에 9층 아파트가 지어졌다는 건 이 섬에서 양질의 석탄이 나왔다는 뜻이다. 이 섬에서 나온 양질의 석탄은 나가사키에 있는 미쓰비

1 서정우씨가 돌아가셨을 때 만든 추도문집 표지 © 기무라

2 필자와 함께 벌교 <태백산맥> 문학관을 방문해 조정래 작가가 쓴 육필원고16,500매 옆에선 기무라씨

3 벌교 <태백산맥> 문학관 앞에서 기념 촬영한 기무라씨

4 기무라씨가 한국인 원폭피해희생자 추도 기념비를 설명해주고 있다. 당시 나가사키현에는 7만여 명의 한국인이 살았고 2만명의 피폭자 중 1만 명이 사망했다

시 조선소에서 사용했다.

1891년부터 1974년 폐광까지 약 1,570만 톤이나 석탄을 채굴한 광부들은 해면 아래 1,000m 이하 지점까지 파고 들어갔다. 경사는 급했으며 온도 30도, 습도 95%라는 악조건 하에서 가스 폭발 등 위험과 싸워야 했다.

좁은 섬에서 많은 사람이 생활하기 위해 1916년에는 일본에서 최초로 철근 콘크리트의 고층 집합 주택이 건설됐다. 전성기에는 5,300명이 넘는 사람이 살아, 인구 밀도가 당시 도쿄 도의 9배나 달했다. 서정우씨가 군함도에 살았던 기억을 더듬어 증언한 내용은 다음과 같다.

“우리 조선인은 모퉁이 구석 2층 건물과 4층 건물에서 지냈습니다. 한 사람이 다다미 한 장 넓이도 차지할 수 없는 좁은 방에 7~8명 함께 들어가 있었습니다. 저는 쌀자루 같은 옷을 받아 입고 도착한 다음날부터 일을 해야 했습니다. 이 바다 밑이 탄갱입니다. 엘리베이터를 타고 수직갱도 속 깊은 곳으로 내려가면 이래 쪽은 석탄이 착착 운반되어 넓지만 굴착장으로 가면 엎드려서 파낼 수밖에 없는 좁은 곳입니다. 덥고 고통스럽고 피로한 나머지 졸음이 오고, 가스도 쌓이곤 했습니다. 게다가 낙반 사고로 한 달에 4~5명은 죽었을 겁니다.”

“중노동에 식사는 콩깻묵 80%, 현미 20%로 된 밥과 정어리를 통째로 삶아 부순 것이 반찬이라 저는 매일 설사를 해서 무척 쇠약해졌습니다. 아파서 일을 쉬려고 하면 관리사무소로 끌고가 ‘네, 일하러 가겠습니다’라고 말할 때까지 때렸습니다.”

그는 멀리 고향 쪽 바다를 바라보며 몇 번이나 바닷물에 뛰어들어 죽으려고 했었다. 동료들 가운데 자살한 사람이나 헤엄쳐 도망가려다 익사해 죽은 사람 등이 40~50명 정도가 됐다. 천운이었을까? 그는 5개월 후 미쓰비시 기숙사로 이동 명령을 받아 섬을 빠져나올 수 있었다.

미쓰비시 중공업에서 서정우씨가 맡은 일은 기구 등의 이음매를 단단

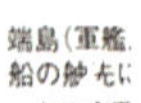

1 군함처럼 생겼다고 해서 붙여진 이름 군함도 모습. .

2 1981년 <세계사람들>이라는 영화를 촬영하기 위해 군함도에 가고 있는 서정우씨 모습 © 기무라

3 원자폭탄이 떨어진 후 살아남은 여학생이 집을 찾아 왔지만 아무것도 남아있지 않았다. 기무라씨 설명에 의하면 검게 타죽은 시체가 어머니였을 것이란다

4 폐허가 된 군함도에 9층짜리 아파트, 학교와 병원도 있었다. 서정우씨는 운좋게도 이곳을 벗어났지만 인근 미쓰비시 조선소에서 원폭피해를 입었다

5 서정우씨와 쌍둥이 아들 모습. 기무라씨는 서정우씨의 큰아들(오른쪽) 마쓰무라 아사오씨와 함께 서정우씨의 고향인 의령을 방문해 성묘할 예정이다.

6 여수 오동도의 절반 크기의 군함도에서. 아이들이 즐겁게 줄넘기 놀이를 하는 땅밑 지하갱속에서는 한국과 중국에서 끌려온 노무자들이 석탄을 캐고 있었다

히 조이는 일이었다. 중노동이었지만 군함도 시절과는 딴판이었다. 흰쌀밥에 말고기, 고래고기도 나왔기 때문이었다.

하지만 오전 7시 반경에 일렬로 줄세워서 조선소로 향하는 도중에는 사방에 헌병이 따라붙어 대열을 벗어나면 가차없이 발길질을 했다. 게다가 담으로 둘러싸인 기숙사에도 감시하는 사람이 빙빙 돌고 있으니 탈출할 수 없었다.

점차 공습이 심해지고 소이탄이 떨어지며 사이렌이 울리면 방공호에 숨었다가 나오기를 몇 번 반복하던 8월 9일, 커다란 미군 비행기 B29가 날아와서 원자폭탄을 투하했다. 번쩍하고 빛이 나던 순간 천지가 진동하는 폭음소리가 들렸다.

유리가 깨지고 막사가 무너지고 , 여기저기서 불길이 치솟으며 연기가 피어올랐다. 그의 엄지발가락에도 철판이 날아와 부상을 입었다. 운이 좋았다고나 할까? 그는 출근했기 때문에 살았고 기숙사에 남아있던 100명은 죽었다.

도로정비 명령을 받은 그가 현장에 가니 타죽은 동물이 개인지, 돼지인지, 말인지 분간할 수 없을 정도로 훼손되어 있었다. 도시에는 연기가 피어오르고 사람이나 동물의 사체 냄새가 가득했다. 불타서 허물어진 전차에는 완전히 타버린 사체가 뒹굴고 있었다.

1945년 8월 15일 천황의 방송이 나온 후 그는 자유의 몸이 되었다. 동료들은 하나 둘 귀국행 배를 탔다. 지인이 서씨에게 귀국을 권했지만 작은할아버지도 돌아가셨고 부모님이 나고야에 계셨기 때문에 거절했다.

그는 포장마차를 운영한 자금으로 밑천을 마련해 양복점을 열기도 했지만 일본인 점원한테 사기를 당해 무일푼이 됐다. 돈을 벌기 위해 닥치는 대로 일을 하던 어느 날 기침을 하다 세숫대야 절반을 채울 정도로 피를 쏟았다. 그의 몸이 이렇게까지 된 것은 군함도의 탄갱, 조선소의 강제

노동, 원자폭탄 후유증 때문이었다.

객혈은 반년 만에 멈췄지만 같이 입원했던 사람들은 모두 죽었다. 그 후 31년 동안 여러 요양소를 전전하고 있었다. 죽으라는 법은 없는가 보다. 그에게도 아내가 생겼다. 8년 전 병원에서 알고 지내던 일본인 여성과 결혼해 쌍둥이를 낳았다. 그가 그의 처지를 말했다.

"아이들은 저를 아버지, 아버지 하며 따랐지만 호적은 집사람에게 올려두었어요. 이유를 아시죠? 학교에 가면 '조선인의 자식'이라고 따돌림당할 게 분명해서요."

조선인들이 차별받는 것에 분개하는 서정우

일본에 끌려와 군함도 탄갱, 미쓰비시조선소의 중노동, 원자폭탄 피폭 희생자 등 수많은 시련을 겪었던 서정우씨는 일본인들이 조선인들을 차별하는 것에 대해 분개하고 있었다.

"일본인들이 조선인을 차별하는 것에 대해 할 말이 많아요. 조선인들을 차별하는 것은 전부 일본 정부의 책임이라고 생각해요. 일본은 조선을 식민지로 만들고 우리를 강제 연행했잖아요. 게다가 원폭까지 맞게 했어요. 이런 사실을 잘 아는 일본 정부가 왜 앞장서 차별을 없애도록 노력하지 않는 겁니까? 왜 가까이 있는 조선인들에게 친절하게 대하라고 지도하지 않는 겁니까? 관동대지진 때 돌았던 악질적인 소문이나 조선인 학살에 대해서도 얼마나 반성하고 있습니까?"

"차별없는 세상, 평화로운 세상을 만들기 위해 죽을 때까지 운동하고 싶다."던 그는 54세의 나이에 영면(2001. 8. 2)했다. 기무라씨와 큰아들 마쓰무라 아사오씨는 의령에 처음으로 방문해 한많은 생을 살다간 서정우씨 묘소에 술 한 잔 올릴 예정(19일)이다. (19. 09. 17)

우리나라 최초의 여성 CEO 김만덕

고난 딛고 일어나 어려운 이들을 도운 위대한 여성

설을 지내고 며칠 후 제주를 방문할 기회가 있었다. 지난 1월 28일 지인이 필자의 손을 이끌고 갈 곳이 있다고 하며 간 곳은 제주특별자치도 제주시 산지로 7에 있는 김만덕 기념관이었다.

2015년 5월 개관한 김만덕 기념관은 200여 년전 제주도의 계속된 흉년으로 제주민의 굶주림이 극심할 때 자신의 모든 재산을 내어 양곡을 배로 실어와 많은 생명을 구해낸 김만덕의 나눔과 봉사의 삶을 기리는 기념관이다.

3층 구조로 된 기념관 앞에는 산지천이 흐르고 아름다운 제주 바다와 여객선제2터미널이 보인다. 산지천과 기념관 사이에 제주올레길 18코스가 들어 있는 이유가 있었다. 제주를 찾는 관광객들이 김만덕 기념관에 들러 그녀의 정신을 본받으라는 의미다.

3층 상설전시관에 들러 "김만덕 기념관에 대해 알고 싶어 왔다."고 하자 마스크를 쓴 해설사가 "마스크를 쓰고 설명해도 되겠습니까?"라며 양해를 구하고 설명하기 시작했다. 해설사의 설명을 들으며 내 삶이 부끄럽기도 하고 그녀가 살아온 삶을 생각하며 가슴속에서 뭉클한 감동이 밀려왔다.

12살 때 양친을 잃고 18세에 기녀가 되다

김만덕은 1739년(영조 15년) 제주의 평범한 양민 김응렬의 3남매 중 막내로 태어났다. 부유하지는 않았지만 여느 소녀들처럼 가족의 사랑을 받으며 어린 시절을 보낸 그녀에게 혹독한 시련이 닥쳐왔다.

열두 살 되던 해 양친부모가 사망했다. 오갈데 없는 그녀를 받아준 사람은 기녀였다. 당시는 반상의 구분이 분명하던 시기였다. 천인은 가장 낮은 신분으로 노비나 백정, 기녀들이었다. 기녀의 잔심부름을 하며 기녀수업을 한 그녀는 18세에 기녀로 등록했고 20세에 기녀가 됐을 것으로 추

1 김만덕 기념관 입구에 있는 김만덕 상. 기념관에 입장할 당시 김만덕 전신상 앞에 쌀포대가 놓여 쌀을 제외한 부분부터 촬영하고 입장했으나 해설사의 설명을 듣고 나올 때 다시 촬영했다. 그녀 앞에 놓인 쌀은 흉년으로 죽어가는 제주민을 살린 나눔의 의미였다

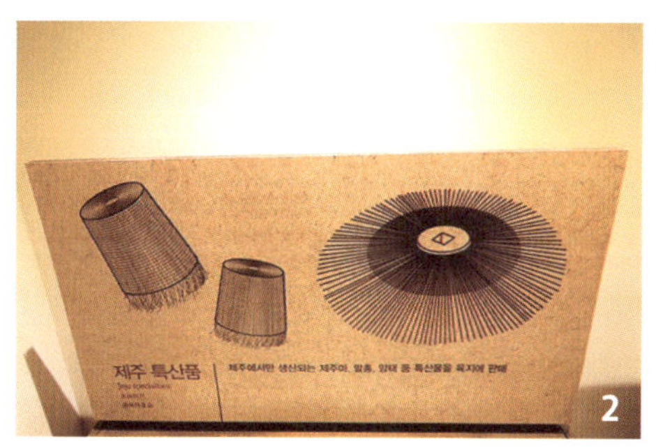

2 장사수완이 뛰어난 김만덕은 제주 특산물인 말총을 육지에 내다 팔았다. 말총은 양반들이 상투를 틀 때 사용했던 망건을 만드는 재료였다

3 김만덕은 풍부한 제주의 해산물을 말려 육지에 내다 팔고 육지에서는 쌀과 생활에 필요한 물품을 사가지고 와 제주민에 팔았다

정한다.

우여곡절 끝에 양인 신분을 회복(24세)한 그녀는 당시 제주 여성들 대부분이 선택한 해녀의 삶이 아닌 다른 길을 선택했다. 만덕은 건입포구에 객주를 차리고 상인의 길로 나섰다.

당시는 수공업과 상업이 본격적으로 발달하기 시작한 시기였다. 곳곳에 시장이 들어서면서 물건의 교역량이 늘어나고 여러 지역의 특산물이 유통되기 시작한 시기였다.

만덕이 하던 객주는 상인들에게 거처를 제공하고 생산자와 소비자를 연결해주는 역할이다. 만덕은 물산객주를 운영하면서 위탁판매를 비롯해 숙박, 금융, 도매, 창고, 운반 등의 업무를 통해 상인으로서의 능력을 확장했고 급기야 제주 제일의 거상으로 성장했다.

만덕은 상술에 뛰어났다. 화산암으로 된 제주토양은 물이 잘 빠지기 때문에 쌀농사를 지을 수가 없어 쌀이 귀했지만 육지는 해산물이 귀했다. 이 점을 간파한 만덕은 육지에서는 쌀을, 제주도에서는 미역과 말총을 사서 육지에 내다 팔았다. 말총은 양반들이 상투를 틀 때 사용했던 망건을 만드는 재료였다.

뛰어난 장사수완을 갖춘 만덕이 중요하게 여긴 것은 돈보다 사람과의 관계였다. 만덕은 자신의 이익보다 상인의 윤리를 더 중요하게 여겨 '싸게, 그러나 많이 판다. 알맞은 가격으로 사고판다.', '정직한 믿음을 판다.'라는 원칙으로 장사했다.

흉년으로 죽어가는 이들에게 쌀 300석 쾌척해

당시 제주는 3가지 재앙에 시달리던 섬이다. 당시 척박한 제주를 표현하는 말이 있다. '산 높고 깊으니 물의 재앙이요, 돌 많고 땅이 척박하니 가뭄의 재앙이요, 사방이 큰 바다이니 바람이 재앙이다.'

1 젊은 나이에 양친을 잃고 기방에 의탁했던 그녀는 우여곡절 끝에 양민이 되어 객주를 통해 제주 제1의 거상이 됐다. 하지만 전 재산을 내어 수많은 제주민을 살렸다. 이를 전해들은 정조는 그녀의 소원을 들어주라고 명했다. 그녀는 '의녀반수'라는 직을 받고 정조를 알현하고 금강산 유람까지 했다.

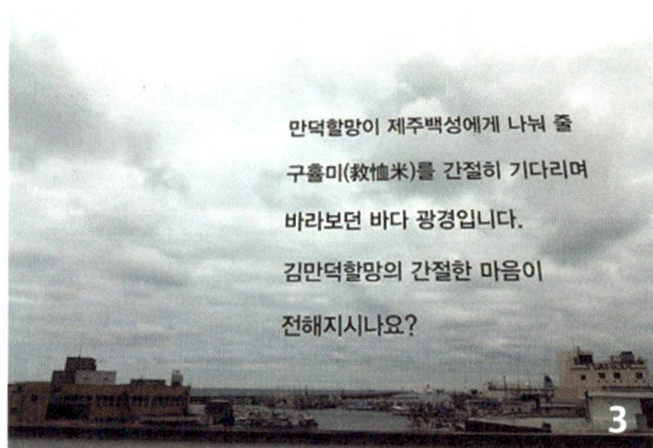

2 당시 제주민들이 겪었던 3가지 재앙이 설명되어있다. '물의 재앙, 가뭄의 재앙, 바람의 재앙'의 3가지다.

3 김만덕 기념관 유리창에 적힌 글로 김만덕이 제주민에게 나눠 줄 쌀이 오기를 기다리며 바다를 바라보던 간절한 마음을 생각해 보라는 글귀가 적혀있다

4 갑인년(1794년) 흉년으로 1만 천여 명이 죽어나가자 김만덕은 육지에서 쌀 300석을 사 제주민에게 나눠줬다

5 제주에 유배 온 추사 김정희가 김만덕후손에게 전한 "은광연세(恩光衍世)" 글귀가 기념관에 걸려있다. '은광연세'는 '은혜의 빛이 온 세상에 퍼진다'라는 뜻이다

1794년의 흉년은 제주에 심각한 상처를 남겼다. 이미 몇 해 동안의 흉년에 지치고 쇠약해진 상황에서 갑인년 흉년은 제주를 최악의 상황으로 몰고 갔다. 당시 제주의 상황을 살피기 위해 어사로 파견된 심낙수가 올린 장계에는 "만약 쌀로 쳐서 2만 섬을 배에 실어 보내지 않으면 백성들은 머지않아 다 죽을 것입니다."라고 했다.

지독한 흉년에 나라에서도 손을 쓸 수 없는 상황일 때 의인이 나타났다. 김만덕이 재산을 내놓아 살 300석을 구입한 후 제주 사람들에게 나눠줬다. 영의정을 지냈던 채제공은 김만덕의 선행에 대해 다음과 같이 기록했다.

"만덕이 천금을 내어 쌀을 육지에서 사들였다. 모든 고을의 사공들이 때맞춰 이르면 만덕은 그 중 십분의 일을 취하여 그의 가족을 살리고 그 나머지는 모두 관가에 실어 날랐다."

물론 만덕 외에도 현감을 지낸 고한록이 300석, 장교 홍삼필과 유학 양성범이 각각 100석을 내놓았지만 그들은 지역의 명망가인데 반해 만덕은 천인 출신에 여성의 신분임에도 가장 많은 재산을 쾌척했다.

만덕의 선행에 감동한 정조대왕… 두 가지 소원 들어줘

만덕의 선행을 들은 정조는 "그녀의 소원을 들어주라."는 명을 내렸다. 만덕의 소원은 왕이 사는 궁궐 구경과 아름답기로 유명한 금강산을 둘러보는 것이었다. 당시 제주인들에게는 '출륙금지령'이 내려져 있었다. 그 이유는 가혹한 세금으로 견디기 힘들었기 때문에 제주 사람들이 섬을 떠나버렸기 때문이다.

'의녀반수(醫女班首)'라는 명예직을 얻은 만덕은 왕을 알현하고 금강산까지 유람했다. 30년 후 제주에 유배를 온 추사 김정희는 김만덕 가문의 6대손인 김균에게 '은광연세(恩光衍世)' 즉, '은혜의 빛이 온 세상에 퍼진다'라는 편액을 내렸다.

김만덕의 행동은 사회적 차별을 허무는 뜻깊은 행동이었다. '제주 사람이라는 차별, 여성이라는 차별, 평범한 사람은 안 된다'라는 차별이다. 한계를 극복하고 만인에게 거룩한 뜻을 펼친 그녀에게 고개가 숙여졌다.

'3층, 빛을 잇는 사람들'이라는 전시관에는 김만덕처럼 나눔을 실천한 사람들의 활동상과 역대 수상자를 소개하고 있다. (20. 02. 04)

밥 두 숟가락의 황홀감... 그녀가 시를 쓴 이유

이민숙 시인의 세 번째 시집 <지금 이 순간> 출판기념회

13일(토) 오후 4시, 순천 호아트홀에서는 이민숙 시인의 세 번째 시집 <지금 이 순간> 출판기념회가 열렸다. 순천작가회의가 주관한 출판기념식에는 그녀의 지인 50여 명이 참석해 그녀의 역작 탄생을 축하해줬다.

이민숙은 1998년 <사람의 깊이>에 '가족' 외 5편의 시를 발표하며 작품활동을 시작했다. 그녀의 시집 <지금 이 순간>은 <나비 그리는 여자> <동그라미, 기어이 동그랗다>에 이은 세 번째 작품집이다. 그녀는 여수에서 '샘뿔인문학연구소'를 운영하며 지인들과 함께 책읽기와 문학아카데미 활동을 하고있다. 축하 인사를 한 박두규 시인의 말이다.

"이민숙씨의 시는 시적 시사가 어렵다는 깃입니다. 하지만 그녀는 시적 감각이 뛰어납니다. 그녀는 시를 쓰면서 자신을 구원합니다."

그녀의 세 번째 시집에서 가장 대표적인 작품은 <카르페 디엠>이다. '카르페 디엠'은 '오늘을 즐기라'고 흔히 인용되는 라틴어 경구이다. 라틴어 카르페(Carpe)는 '즐기다, 잡다, 사용하다'라는 의미이고, 디엠(diem)은 '날'을 의미한다. 다음은 그녀의 시 '카르페 디엠' 내용이다.

"한 번도 내일이라고 말하지 않았다. 결코 그대는 어제라고 뒤돌아보지 않았다. 한 줄기 새파란 천둥번개, 거친 바위를 퉁탕거리는 계곡물이

었다. 지금도 온몸이 뜨거운 능소화로 피어나는 정오, 물속에 한목숨 풀어헤쳐버리는 물푸레나무, 난바다 펄떡거리는 상어 한 마리, 수평선에 젖물리는 돌고래 푸른 영혼이었다."

필자에게는 그녀의 시어가 지금도 어렵다. 그러나 그녀가 살아온 생을 어렴풋하게나마 알기에 그녀가 말하고자 한 "오늘을 즐기라!"는 언어의 의미를 안다. 그녀가 연단에 올라 시집 <지금 이 순간>을 쓴 연유를 말했다.

"오늘 제 시의 주제는 '황홀'입니다. 15년 전 위암 수술로 제 위가 1/5만 남았을 때 하루에 제 위가 수용할 수 있는 능력이란 두 숟갈이었습니다. 그 당시 먹었던 두 숟갈은 한마디로 황홀이었습니다. 항암치료 하는 동안

1 13일(토) 순천 호아트홀에서 열린 이민숙 시집 <지금 이 순간> 출판기념회에서 기념촬영한 이민숙 시인 모습

2 이민숙 시집 출판기념회에 참석한 지인들이 기념촬영했다

3 시집 출판기념회에 가족과 함께 기념촬영한 이민숙 시인의 모습(왼쪽에서 두번째)

산을 올라갈 때 한 발자국, 한 발자국이 황홀이었습니다. 고통을 바라보면서 느낀 경험은 제겐 황홀이었습니다. 시를 쓴다는 것은 황홀의 경지입니다. 시를 쓰는 동안은 고통과 권태가 아니라 하나하나가 황홀입니다."

그랬다. 죽음의 문턱까지 갔다 온 그녀에게는 하루하루가, 지금의 이 순간순간이 모두 황홀한 순간이다. 만나는 모든 사람에게 다정한 미소를 보내고 긍정의 언어를 보내는 그녀에게서는 '자애'의 품위가 묻어난다. 그녀의 시를 곱씹어 음미하며 오늘을 즐길 수 있도록 마음을 다잡아본다.

(20. 06. 16)

'안철'씨 목소리 통해 76년만에 되살아난 노래 '청석포'

여수미술관에서 '청석포 앨범 발표회' 열려

지난 23일(금) 저녁 7시, 여수 도원로에 소재한 여수미술관에서 '청석포 앨범발표회'가 열렸다. 여수상공회의소가 후원한 발표회장에는 15명의 인원이 참석했다. 주최측에서는 "코로나 때문에 꼭 필요한 최소인원만 초청했다"라고 밝혔다. '청석포 앨범발표회'의 주인공은 안철씨다. 그는 전문적으로 노래하는 프로가수가 아니다. 여수국가산단에 28년째 근무하는 근로자다. 그는 고등학교시절부터 가수를 꿈꿨다. 하지만 삶의 현장이 그의 꿈을 가로막았다.

가슴 속 깊이 응어리를 품고 살던 그는 퇴직하기 전까지 후회하지 않는 삶을 살기로 했다. 그는 2014년 4월 26일 여수시 장애인 복지관에서 1시간짜리 공연을 했다. 어려운 이들을 돕겠다며 나선 첫 번째 공연은 그 자신을 돕는 계기가 됐다. 자신감을 얻은 그는 매년 15회 정도 지역민들 앞에 섰다.

그의 목소리와 음조를 들으면 '여수의 장사익'이라는 생각이 든다. 지금까지 15곡 정도를 발표한 그에게 반가운 소식도 들려왔다. 그의 음반이 문화체육관광부와 강진군의 전남음악창작소 음반제작 및 마케팅 지원사업에 선정(2019년)되어 음반을 제작 중이다.

작곡자 이종만이 안철을 택한 이유...한국적 정서를 잘 표현하기 때문에

간단한 인사소개에 이어 '청석포'를 작곡한 여도초등학교 이종만 교사가 청석포 음반앨범 제작 과정과 노래를 불러줄 주인공으로 안철씨를 선정한 이유를 말했다.

"약 22년전인 1998년 어느 날 지인인 여수고 음악 교사 김성수씨가 86세의 윤형수씨를 모시고 와서 시집을 내놓으며 작곡을 부탁했어요. 한 달여간 작곡을 해 바리톤 최승남, 소프라노 채미영 등 성악가들과 함께 힘을 합쳐 작품을 발표했었죠. 그 작품은 테이프로 만들어 보급했었습니다. 그렇지만 미진한 느낌이 들어 아쉬워하던 중 안철씨가 생각나 2020년 여도오케스트라 정기 연주회에 안철씨의 목소리로 '청석포'를 올려보자는 생각이 들었어요. 안철은 한국적 정서가 짙게 묻어나는 목소리를 가지고

1 안철씨가 '청석포' 노래를 부르고 있다. 그는 노래가 맘에 들어 6개월을 준비했다고 한다

2 청석포 앨범발표회에 참석한 지인들

3 청석포 작곡자 이종만(왼쪽) 교사와 여수넷통뉴스 오병종 편집국장

있습니다. 마치 창을 하듯하는 개성있는 목소리의 소유자입니다."

'청석포'...개도에 소재한 아름다운 포구 이름

스토리가 곁들여진 음악은 깊은 감동을 준다. '청석포' 가사 속에는 깊은 사연이 숨어있다. 청석포는 여수시 화정면 개도리에 있는 포구 이름이다. 청석포는 개도의 남서쪽에 위치해 있는데 용과 호랑이가 튀어나올 것만 같은 형상이다.

태평양을 향해 반원형으로 뻗어있는 포구 인근 바위에는 파란색 바위가 있었고 납작한 바위는 온돌 구들장 용도로 쓰였다. 청석포 왼쪽 산등

1 청석포 앨범 CD와 청석포 사진 모습. 사진작가 박근세는 청석포에 파도가 몰려오는 장면을 촬영하기 위해 현장에서 하룻밤을 보냈다고 한다 © 박근세

2 고인이 되신 윤형수씨 모습. 일제강점기인 1944년 5월 친구인 정세진씨와 함께 개도에 소재한 '청석포'를 주제로 시를 발표했다. © 이종만

3 청석포 앨범발표회장 모습

성이에 있었던 층을 이룬 바위들은 시루떡 떼어내듯 잘려나가고 아픈 상처를 간직한 해변에는 파도에 밀린 몽돌이 아우성치고 있었다.

사람들은 '개도'라는 말을 들을 때 웃는다. 퇴직 역사교사이자 향토사학자 김병호씨가 '개도'에 대한 내력을 설명했다.

"개도의 '개'는 한문으로 덮을 '개'자를 쓰는데 덮을 '개'와는 전혀 상관없어요. 말 그대로 집에서 키우는 개란 뜻의 개섬이거든요. 전국의 지명들을 행정처리하느라고 한문으로 옮기는 과정에서 '개섬'이 '개도'로 바뀐 겁니다. 이 섬을 돌산에서 보면 꼭 개를 닮았어요. 개도에는 천제산과 봉화산 두 개의 산이 있는데 이 두 산의 어우러진 모습이 마치 개의 쫑긋한 귀처럼 생겼거든요. 그래서 '개섬'이란 이름이 붙었어요."

'청석포'... 일제 말엽 문학청년이었던 분들이 "세상에 꼭 내보이라!"고 부탁한 시

마이크를 이어받은 이는 여수넷통뉴스 편집국장인 오병종씨다. 전직 여수문화방송 PD였던 그가 '청석포'에 얽힌 사연을 자세히 전해줬다.

"2003년 어느 날이었어요. 회사 동료가 어르신 한 분을 내게 안내해 주셨어요. 팔순이 넘은 그분은 내 앞에서 큰 봉투를 열더니, 편지 한 통과 자신이 지은 몇 편의 시, 그리고 그 시에 붙인 곡을 붙인 악보와 노래 테이프를 내놓았습니다."

다음은 윤형수씨가 내민 편지 내용이다.

"안녕하십니까? 편지 한 장 쓰는 데 50년, 60년이 걸렸다면 거짓말이라 할 것입니다. 그러나 이 편지가 바로 그런 편지입니다. (중략) 당시 화정조합에 봉직하고 있던 소생은 정세진씨와 함께 '청석포'를 초안하였습니다. 차일피일 미뤄오다 점차 나이가 차면서 부족하나마 이 시를 보완 완성시켰습니다. (중략) 이것이 정세진씨의 묘 앞에 새겨진다면 훗날 전설의 고향과 같은 예가 될 것입니다. 부족하나마 이것을 밑거름으로 지방 문예

활동에 많은 노력을 하여 주시기 바랍니다."

정세진은 6·25동란 중에 젊은 나이로 일찍 세상을 떠났다. 그 후 윤형수도 개도를 떠났고 1960년대에 어업조합에서 은퇴했다. 소경도에서 86세의 노구를 이끌고 홀로 살아가던 윤형수의 꿈에 어느 날부터인가 먼저 간 정세진이 나타나기 시작했다. 꿈에서 그들은 개도 이곳저곳을 함께 거닐며 시를 읊조리고 끄적이다 문집까지 만들어 냈다. 꿈에서 깬 윤형수는 정세진과 함께 꿈에서 읊조렸던 시구들을 복원해 냈다. 정세진은 "그 시들을 세상에 꼭 내보이라."고 부탁했다.

일제강점기 말엽 윤형수와 정세진은 문학청년이었다. 그들은 화정면 개도에서 어업조합(수협의 전신) 직원들이었다. 지금은 윤형수도 고인이 됐다. 다음은 문학청년 정세진 윤형수가 1944년 5월에 쓴 시로 '청석포'의 노랫말이다.

청석포 청석포 남풍에 울었느냐 웅크렸느냐
청석은 층층 자개돌 3층으로 진을 쳤는데
밀려드는 파도 끊임없이 밀려드는 파도
청석에 부딪친 파도는 산산이 부서져
노호하며 치솟아 오르고 배성금 골짝엔 우거진 녹음이로다
청석포 청석포 개도의 청석포 수평선에 띄운 배는 어데로 가나
가건 말건 크게 적게 파도 소리만

"곡이 너무나 맘에 들어 6개월 동안 준비했다."는 안철씨는 "청석포' 작품을 기획하면서 여러 사람과 공동작업하니까 힘도 덜 들고 보람도 컸다."며 "지역 음악가들과 힘을 합쳐 좋은 음악을 만들 예정"이라고 말했다.

(20. 07. 27)

기구한 운명의 한 남자, "가족 7명 중에 나만 살아남았어요"

70년전 이야포 피난선 폭격사건에서 살아남은 이춘혁

"이제 피난선을 탔던 일곱 가족 중 나만 살아남았어요. 폭격 당시 살아남은 동생과 함께 몇 번 이야포를 방문했었지만, 아무런 말도 못 하고 조용히 제사만 지냈어요. 세상이 좋아진 지금에서야 억울하게 죽어간 이들을 위한 말을 꺼내기 시작했어요. 죽기 전에 명예회복을 하고 싶습니다."

여수 안도리 이야포에서 벌어진 '피난선 폭격 사건 70주년'을 맞이해 여수를 방문한 이춘혁(86)씨의 말이다. 그는 <여수넷통뉴스>와 <여수뉴스타임즈>, 해양환경인명구조단, 박성미 여수시의원이 주관하는 '이야포 피난선 미군폭격 피해자 추모식'에 참석하기 위해 하루 전인 8월 2일 여수를 방문했다.

여수 이야포 피난선 폭격 사건과의 인연

이야포 미군 폭격 사건(이하 이야포 사건)은 1950년 8월 3일 당시 여수시 남면 안도리 이야포에서 미군 전투기가 피난민을 태운 배를 북한군 선박으로 오인해 폭격하면서 민간인이 희생된 사건이다.

필자와 이야포 사건은 인연이 깊다. 2006년 10월 여수지역사회연구소 회원과 함께 금오열도 끝에 위치한 안도 일대를 탐방하던 중 미군기에 의

한 이야포 피난선 폭격 사건을 들었다. 자세한 이야기를 들은 후 포구 인근에 사는 할아버지로부터 폭격 당시 상황과 전마선을 타고 부상자를 구했던 이야기를 듣게 되었다.

배를 타고 집으로 돌아오던 중 '제2의 노근리 사건'이라는 생각이 들어 마음이 착잡했다. 집으로 돌아와 여수지역사회연구소에 저장된 기록과 녹취록을 읽고 난 후 <오마이뉴스>에 기사를 송고했다. 반향은 컸다.

[관련 기사]안도의 비극, 56년 전 비행기 폭격을 말한다. http://bit.ly/4m8wie

KBS와 MBC, 연합뉴스 및 여러 언론에서 취재를 시작했다. 영어 교사인 필자는 내친김에 사건 내용을 영어로 번역해 <오마이뉴스> 구글판에도 송고했다. 사건을 이슈화하기 위해서는 좀 더 심층적인 자료가 필요했다. 미국에 사는 친구에게 편지를 보냈다.

'미국방성 자료실에 가서 1950년 8월 3일 오전 9시경 미극동군사령부 제25 전투비행단에 속한 F80 슈팅기 비행일지 자료를 복사해 보내달라.'

친구로부터 연락이 왔다. "그런 자료를 구할 만큼의 능력이 안 된다." 하는 수 없었다. 당시 부산에 살고 계시는 증언자 이춘송(이춘혁의 동생)씨에게 전화를 걸었다. 그러나 돌아온 답변은 완곡한 거절이었다.

필자는 거의 매년 이야포를 방문한다. 이야포를 방문할 때마다 서고지 방향 이끼 낀 바위를 바라보며 가슴앓이를 했다. 바위를 뒤덮고 있는 이끼들을 볼 때마다 "폭격 맞아 죽어가던 피난민들의 영혼이 이끼가 되어 바닷가 바위에 올라선 건 아닐까"하는 생각이 들었기 때문이다.

억울하게 죽어간 희생자들의 영면을 기도하며 언젠가 당시 살아남은 이들 중 몇 분이라도 만나보고 싶었다. 그런데 최근 <여수넷통뉴스>가 중심이 되어 추모식과 기념행사를 매년 진행하고 있다는 사실을 알게 되었다. 특히 안도가 고향인 심명남 기자는 불행했던 과거를 반복하지 말자며 추모 행사에 헌신했다.

350여 명 승선한 피난선, 미군기 폭격으로 150여 명 사망

이춘혁씨는 안도행 배가 출발하기 2시간 전 필자에게 자신의 이야기를 털어놓았다. 다음은 이씨가 눈물을 그렁그렁하며 증언해준 내용이다.

"당시 살아남은 사람 중에서 이야포 사건에 대해 증언해줄 수 있는 사람은 나밖에 없을 거요. 미국에 한 분이 계시는데 사업을 하기 때문에 미국 정부의 눈치를 보느라 증언할 상황이 안 될 겁니다."

이춘혁씨의 운명은 기구했다. 이념전쟁만 아니었더라면 평안북도 용천

1 70년전인 1950년 8월 3일, 미군기의 공습으로 부모와 두 동생을 잃은 이야포로 가기 위해 여수여객선터미널에서 안도행 배를 기다리는 이춘혁(86세)씨 모습. 당시 미군기가 350여 명이 탄 피난민선을 공습해 150여 명이 희생됐다

2 뒤쪽에 희미하게 보이는 섬이 연도이다.

3 헌화하는 이춘혁씨 모습

에서 평안한 삶을 살았을지도 모른다. 허나 전쟁은 이춘혁씨 가족에게 씻을 수 없는 상처를 남겼다.

해방이 되자 이춘혁씨 가족은 1946년 평안북도 용천에서 서울로 월남했다. '공산주의가 싫어 월남했다'는 그의 삶은 6·25 전쟁 전후로 완전히 뒤바뀐다. 전쟁이 발발하자 가족은 서울에서 부산으로 이주했고 부산 성남초등학교에 수용됐다. 하지만 후퇴하던 군인들이 "학교를 비워주라"고 요구하면서, 피난선을 타고 통영초등학교 피난민 시설에 살다가 다시 한 번 배를 타고 욕지도로 갔다.

피난 당시 이씨의 가족은 7명이었다. 아버지 이신태(44세), 어머니 최춘자(37세), 누나 이경애(18세), 본인 이춘혁(16세), 남동생 이춘송(13세), 여동생 이경순(6세), 막내 이춘기(3세)까지.

일주일 동안 욕지도에 머물던 그들은 어느 날 피난선을 타고 이름 모를 섬 포구에 도착해 닻을 내리고 배에서 나눠준 주먹밥을 먹고 있었다. 그가 이름 모를 섬이라고 했던 곳이 안도였고, 피난선이 닻을 내린 곳은 이야포였다.

1950년 8월 3일 오전 9시쯤으로 추정한 그가 당시 상황을 자세히 말하기 시작했다.

"당시 날씨는 구름 한 점 없이 맑고 햇볕이 쨍쨍 내리쬐는 날씨였어요. 일본 쪽에서 날아온 제트기 4대가 피난선 주위로 날아왔고 선두에 선 제트기가 피난선 주위를 맴돌았어요. 마침 선장 옆에서 주먹밥을 먹으며 비행기를 바라본 나와 조종사의 눈이 마주쳤어요. 배는 하얀 백기를 달고 있었고 피난민들이 입은 옷을 보면 피난선인 줄 짐작했을 텐데, 곧바로 기총소사가 시작됐어요. 총알을 맞은 피난민들은 아우성치기 시작했죠. 뛰어서 기관실로 도망쳐오자 아버지가 총을 맞아 죽어가고 있었어요."

전투기는 2번에 걸쳐 기총소사를 하고 날아갔다. 이춘혁씨는 "너는 헤엄을 잘 치니 너라도 살라"며 바다로 뛰어들라는 어머니의 말에, 배에서 뛰어내려 해안가로 헤엄쳐갔다. 그는 바닷가 오두막 뒤에 숨었다.

미군기가 날아가 버리자 포구 옆 마을 사람들이 피난민들을 구하기 위해 전마선을 타고 배로 다가와 사람들을 구해줬다. 얼마 지나지 않아 전마선을 타고 온 누나와 바로 밑 남동생이 합류해 함께 산자락에 숨어있는데, 피난민 중 한 분이 "너희 엄마 물에 빠져 죽었다"고 전해줬다. 막내를 업은 엄마는 전마선이 전복돼 막내와 함께 목숨을 잃었다. 전마선이 뒤집힌 이유는 한꺼번에 많은 사람이 탔기 때문이었다. 여동생 사망원인은 모른다.

살아남은 셋은 엄마를 물에서 건져 바닷가 집 옆으로 이동하려는데 문제가 생겼다. 마을 청년들이 "송장을 마을로 들이지 말라"며 위협했기 때문이다.

살아남은 세 식구가 다른 피난민들과 함께 서고지 쪽 산자락에 숨어있는데, 비행기가 또다시 날아와 인근에서 고기잡이하던 어선을 공격했다. 그들은 산자락에서 일주일 정도 살았다. 연고가 없는 그들이 어떻게 살았는지가 궁금해 '그동안 그곳에서 어떻게 살았어요'라고 물었다.

"누나가 예뻤어요. 당시 누나가 차고 있던 시계를 안도 주민에게 2천 원에 팔아 식량을 구했어요. 식량을 구하러 마을에 갔더니 마을 주민 한 분이 '우리 집에 시집오면 동생들까지 키워주겠다'고 말했지만, 누나는 거절하고 돌아왔어요.

헤엄을 잘 치는 제가 배로 돌아가 밥해 먹을 도구와 이불 보따리 및 살림 도구를 가지고 왔어요. 누나는 '이 쌀마저 떨어지면 죽는다'며 점심은 건너뛰고, 아침저녁은 홍합을 따다 죽을 끓여줬어요.

일주일 후 해군선이 와 피난민들을 태우고 이웃에 있는 연도로 건너가던 중 이야포 쪽에서 불이나 이유를 물었더니 '시체를 배에 싣고 기름을 부어 불 질러버렸다'고 했어요."

마지막으로 세상에 남기고 싶은 말

피난선이 연도에 잠시 머물 동안 누나는 엄마가 입던 비단옷은 1천 원에, 헌 옷은 5백 원을 받고 팔아 생활비를 구했다. 그 후 해군 군함을 타고 부산으로 간 그들의 삶은 비참했다.

깡통 들고 밥 얻어먹기, 구두닦이, 신문장수, 얼음과자 장수 등. 부산에서 어렵게 살던 그들에게 한 해병대 사병이 나타났다. 그는 "너 나한테 시집오면 네 동생들이 살 수 있도록 집 한 채 마련해줄게"라는 말과 함께 누나를 데려갔다. 그러나 누나에게선 도통 연락이 없었다.

알고 보니 해병대 집에서 식모살이하며 구박받고 있었다. 부모와 동생들을 눈앞에서 잃은 트라우마와 힘든 시집살이로 고통받은 누나는 결국 27살에 세상을 떠났다. 둘만 남아 서로 의지하며 살던 동생(이춘송)도 5년 전 세상을 떠났다.

이춘혁씨는 35년 정도 택시운전을 하고 살며 행복한 가정을 꾸렸다. 이제 세상을 떠날 때가 가까워졌다고 생각한 이춘혁씨의 소원은 죽기 전에 꼭 명예회복을 하는 것이다. 15년 전, 6·25 당시 노근리, 거창, 창령 등지에서 억울하게 죽어간 희생자 유가족 80여 명과 함께 미국을 방문해 명예회복을 위해 노력했지만 허사였다. 이날 그가 안도행 배를 타기 위해 부산에서 가지고 온 짐은 세 개였다. 하얀 국화꽃과 조그만 손가방 그리고 필자가 들기도 힘들 정도의 배낭.

'뭐가 들었길래 이렇게 무거워요.' 하고 묻자, 그는 "피난민들이 죽어갈 때 도와줬던 노인들에게 나눠줄 과자에요. 그분들이 아직 살아있거든요. 그때 도와줬던 안도 주민들이 정말 고마워요."라고 웃으며 말했다. 안도를 떠나기 전 그가 마지막으로 세상에 남기고 싶은 말이 있다고 했다. "이 땅에 다시는 전쟁이 없어야 합니다. 평화통일해야 합니다."

(20. 08. 04)

역 사

오문수 기자의 흉허물 없는 사람 있소?

도롱이 입은 이 사내의 국적은 일본?

중2 68명에 물어봤더니… 구한말 사진 놓고 세대 차이 확인

지방 소도시의 중학교에서 근무하는 나는 요즘 아이들과 자주 부딪힌다.

며칠 전부터 교실에 체육복 상의가 굴러다녀 몇 번이나 "누구 거냐, 찾아가라"고 채근을 하며 짜증이 나서 '절약정신 교육을 어떻게 시킬까?'고민하던 중이었다. 그런데 마침 동창회 카페를 운영하는 친구가 구한말의 귀중한 사진 몇 장을 보내왔다. 사진을 보며 '바로 이거다!'는 생각이 떠올랐다.

물건 귀한 줄도 모르고, '새로 사면되지'하는 물신주의에 젖은 학생들에게는 과거의 모습을 보여주고 '왜 물건을 아껴야 하는가? 환경이 왜 중요한가?'에 대해 어른들이 입이 닳도록 잔소리를 하는 이유를 느끼게 해주고 싶었다.

옛 사진을 보면서 평소 무심코 넘겼던 일상들이 새로운 감탄과 감동을 불러일으켰다. 이 사진들은 과거 우리 주변의 평범한 일상들이었지만 사진을 찍은 외국인들의 눈으로서는 전혀 다른 시각과 느낌으로 촬영됐고, 다분히 그들의 주관적인 시선이 담겨 있음은 물론이다.

이들 사진 대부분이 근본적으로 오리엔탈리즘과 같은 서양우월주의 시각을 보이고 있다. 보는 이에 따라서는 문화적·인종적·지적 우월감과

종교적 선입견 등이 담겨 있다고도 할 수 있을 것 같다.

하지만 이 사진은 그 자체로 있는 그대로를 비춰준다는 객관성에서 깊은 감명을 주었다. 미풍양속의 소개와 외국인들의 표현대로 '조용한 아침의 나라', '조선의 산하'가 아닌 일반 민중들의 어려운 저변 생활의 모습이, 오늘을 사는 우리들에게 나름대로 시사하는 바가 크다.

친구가 보내온 옛사진, 아이들은 어떻게 볼까

그래서 내가 가르치고 있는 중학교 2학년 학생들에게(2개반 68명) 3개의 사진을 크게 복사해 내용에 대하여 어떠한 힌트도 주지 않고, 문항을 주어 자유롭게 질문에 응하도록 했다. 첫 번째 질문은 "어느 나라 모습일까요?" 이고, 두 번째는 "사진에 제목을 붙인다면?" 이며, 세 번째는 "사진에 대한 느낌은?"이었다.

1번 사진 비올 때 입는 도롱이는 60년대까지도 농촌에서 입었다 © 서문당간 민족의 사진첩

1번 사진은 비올 때 입는 도롱이 모습이며 60년대까지도 시골에서 사용된 물건이다. 1번 물음에 대해 도표를 보면 알 수 있듯이 '일본(43명)'이라고 답한 학생들이 압도적으로 많았으며, 다음은 '한국(15명)'이며, 나머지는 '동남아시아(8명)'라는 답이 나왔다. 설문지를 걷고 난 후 "왜 일본이냐?"는 물음에 대해 학생들은 "일장기가 보여서"라고 답했다.

1번 사진에 대해 68명 가운데 22%인 15명이 '오줌싸개'라고 답

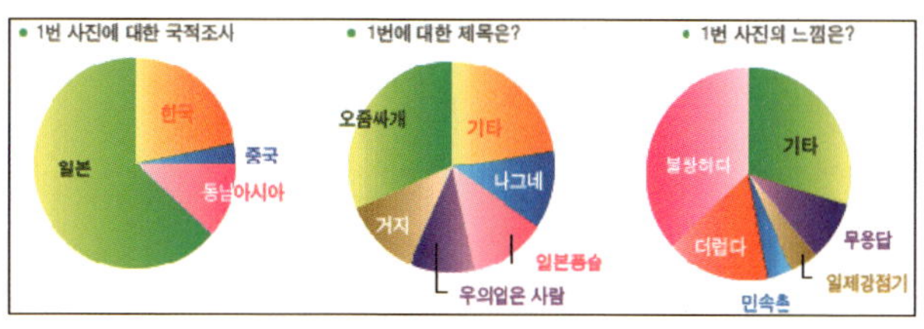

ⓒ 오마이뉴스 성주영

해서, "이유가 뭐냐?"는 질문을 던지자 "어릴 적 자다가 오줌 싸면 이웃집에 소금 얻으러 키를 뒤집어쓰고 간다"는 얘기를 들었기 때문이라고 학생들은 답했다. 그래도 8명이 "비올 때 우의 입은 사나이"라고 정확히 대답을 하기도 했다.

1번 사진에 느낌을 묻는 질문에 '불쌍하다(25명)'가 가장 많고, '더럽다(11명)', '일제 강점기(3명)' 순이었다. 절반이 '불쌍하다'와 '더럽다'는 부정적인 인식을 하는 것은 당시의 상황을 너무나 모르고, 현재의 편안함과 물질만을 보아온 학생들의 단면을 볼 수 있는 부분이다.

2번 사진에 대한 국적은 인도(25명), 한국(15명), 몽골(7명)의 순이다. "왜 인도냐?"는 질문에 "터번을 쓰고 있는 모습에 그랬다."는 답이 나왔다. 제목으로는 ▲일하는 모습 ▲바느질 ▲어려웠던 시절이라는 순이었고, 길쌈하는 사람이라고 정답을 쓴 학생은 4명에 불과해 학생들이 우리 조상들의 풍습에 대해 모르고 있다는 사실을 보여주고 있다.

2번 사진에 대한 느낌으로는 ▲불쌍하다(32명) ▲인도의 간디 시절(3명)이라는 답변이 주로 나와, 간디의 자급자족하는 모습에 대한 이미지가 학생들 사이에 확실하게 각인돼 있음을 보여주었다.

심지어 어떤 학생은 '다리가 아파 주무르는 모습이다'고 답변해 실소를

2번 사진 길쌈하는 모습
© 서문당간 민족의 사진첩

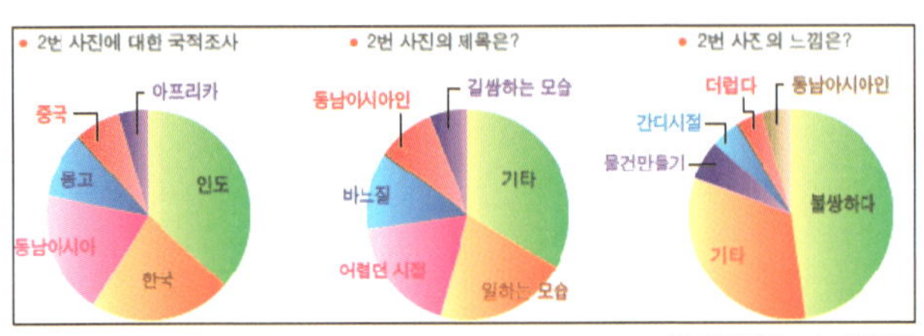

© 오마이뉴스 성주영

금할 수가 없었지만, '사진이 희미해서 수건을 터번으로 오해했구나'라는 생각을 하기도 했다.

3번 사진에 대한 국적 판별은 대부분이 지게위에 달린 갓으로 인해 대부분의 학생이 한국(57명)이라고 답했다.

제목은 ▲노동하는 남자(25명) ▲보부상(8명) ▲양은 냄비장수(5명) 순이며, 기인열전이라는 웃기는 답을 한 학생들도 있었다. 다만 2명의 학생이 정확하게 '옹기장수'라고 대답했다.

느낌으로는 ▲힘들어 보인다(20명) ▲불쌍하다(15명) ▲행상이다(5명) 순이었으며, 기타에 속한 나머지 중에는 '할아버지가 힘이 세다'라는 대답이 몇 명 있어, 한복에 얼굴이 시커먼 모습은 할아버지로 인식하고 있음을 알게 해주었다. 학생들은 당시 조선의 평균 수명이 60세도 안 된다는 사실과 50세만 넘으면 할아버지 행세를 하며 일하지 않는다는 것을 모르고

3번 사진 옹기장사 © 서문당간 민족의사진첩

있었다.

질문지를 걷고 나서 "이게 모두 구한말 대한제국 시절의 모습"이라는 설명에 학생들은 "정말이에요?"하고 깜짝 놀란다. 심지어 당시 여자들은 애기 엄마라는 징표와 사내아이를 낳았다는 자랑으로 가슴을 드러내놓고 다녔다는 설명에 "에이!"하며 "야하다"고 야유한다.

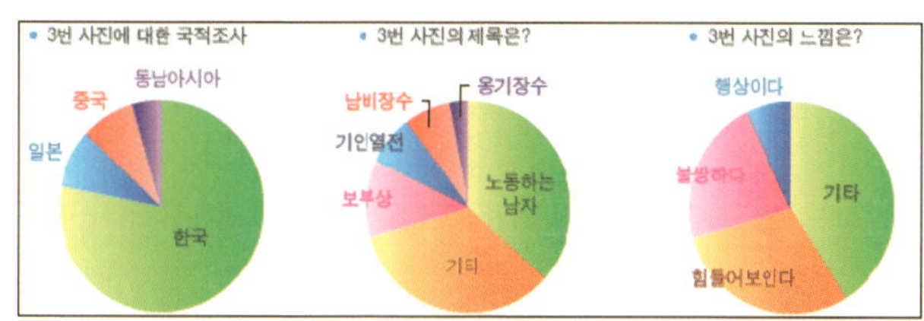

© 오마이뉴스 성주영

이미지가 반복되면 내면화 된다

이렇게 커다란 세대차를 보이는 학생과 같은 교실에서 부대끼는 교사들은, 때로 말이 안 통한다. 그러니 새것 같은 체육복을 찾아가라고 성화를 대다가 속만 썩는다. 등교할 때 비가 왔다가 하교 전에 비가 그친 다음날이면 어김없이 우산 가져가라고 성화를 하고 "제발 너희들이 돈 낸 우유 좀 먹어라(종례하고 나면 몇 개씩 우유가 남아있다)."고 통사정을 한다.

86 아시안게임 육상부문에서 한국에 금메달을 3개나 선사한 임춘애 선

수는 우승소감으로 "어릴 적 육상 연습할 때, 우유 마시고 연습하는 친구가 제일 부러웠다"고 말했지만, 20년이 지난 지금 이 말은 옛날이야기가 돼 버렸다.

학생들의 공통적 대답 중 하나는 가난하고 못사는 나라로 베트남과 북한을 꼽는다는 것이다. "왜 베트남이 못 사냐?"는 질문에 길거리에 가다보면 '베트남 아가씨와 결혼하세요'라는 플래카드를 봤기 때문이란다. "북한은?"이라고 추가 질문을 던지면 "무기만 만들잖아요."라고 답한다.

도롱이를 입은 사람도, 길쌈을 하는 아낙도, 무거운 등짐을 진 옹기장수도 모두 우리 조상들의 피와 땀이 묻어있는 모습이다. 한 장 한 장의 사진마다 진하게 묻어나는 조선인들의 체취와 진솔한 모습이다. 현재가 아무리 발전했다고 하더라도 과거 없는 현재와 미래는 없다.

이미지가 반복되어 내면화되면 신념이 된다. 베트남과 북한, 한국전쟁의 피해는 학생들의 뇌리 속에서 '불쌍하다'는 신념으로 어느 순간 자리 잡았다. 다만 몇 명의 학생이 사진 설명을 듣고 대답하기를 "조상들이 너무 힘들게 살았는데 우린 감사하며 살아야겠다."는 결론을 내렸다. 학생들로 하여금 올바른 신념을 갖게 하는 것이 교사의 임무이겠지만, 때론 말이 안 통하는 학생들을 보면서 답답하고 안타까운 마음은 어쩔 수 없다.

(06. 12. 08)

역성혁명에 불복한 여수가 치른 값비싼 대가

삼복현 삼파현의 쓰라린 아픔을 지닌 여수현

이씨조선이 개국하여 전국에 교지를 반포하자, 고려말부터 여수현령으로 있던 오흔인(오한림)은 이성계의 역성혁명에 불복하고 불사이군(한 사람이 두 명의 왕을 모시지 않는다.)의 절개를 지켜, 이태조의 칙사를 여수현성(석창성)에서 맞지 않은 채 관직을 버리고 산속으로 숨어버렸다.

이를 괘씸하게 여긴 이태조는 태조 5년(1396) 10월 전국의 행정구역을 새로 제정하면서 여수현을 역향(逆鄕)으로 규정하여 혁파하고 순천부에 귀속시켰다. 이때부터 여수라는 지명자체도 없어지고 '원여수'라는 이름으로 불리게 되었다.

옛날의 지방제도인 주, 목, 부, 군, 현에는 보통의 양민들이 살고 '향'이나 '부곡(部曲)'에 사는 사람들은 천민계급이 사는 고장을 일컫는 말이다. 이태조가 여수현을 순천부에 예속시키면서 이 고장은 천민이라는 이유로 순천과는 혼인길도 끊겼다.

학대와 모멸의 대상이 된 원여수의 율촌부곡, 소라부곡, 진례부곡, 적량부곡, 삼일포향은 성종 10년(1479) 전라좌수영이 설치되자 더욱 어려운 방향으로 고통이 가중되기 시작했다. 임진왜란 같은 국난을 당해서는 순천부도 좌수영의 통솔을 받아 별탈없이 지냈지만 평화시에 접어들자 이들

양관사이에는 미묘한 갈등이 쌓이기 시작했다.

까닭은 순천부사는 비록 종4품인 당하관이지만 조정에 직속해 여수지방까지를 다스리는 행정의 실권을 쥐고 있는 본관이다. 반면 전라좌수사는 군사적으로는 순천부사를 통괄할 수 있는 정3품의 당상관이라지만 행정에서는 실권이 없는 한직에 불과했기 때문이다. 이들은 전시가 아닌 평상시에는 서로 시기와 갈등으로 지새기 일쑤여서 주민들만 고통을 받아야 했다.

예를 들면 여천군 율촌면은 옛날부터 밤이 많다하여 율촌이란 지명이 붙었는데, 좌수사가 매년 밤으로 세공을 받아들이면서 수량이 모자라면 순천부에 책임을 물었다. 화가 난 순천부사 이봉징은 밤중을 이용해 인근

여수시 군자동 165번지에 가면 여수향교가 있다. 향교 뒤뜰에 가면 '기실비'가 있는데 "강희, 옹정, 건륭연간의 세 번에 걸쳐서 삼복삼파(三復三罷)라는 사실이 있었다고 기록되어 있다

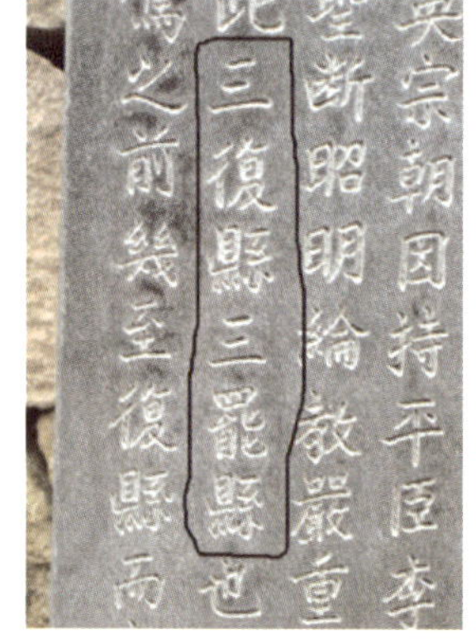

삼복현 삼파현이란 여수가 이조 때 순천부로부터 '세 번 독립 현이 되었다가 세 번 깨졌다'는 뜻이다.

주민들을 동원해 밤나무를 모조리 베어 버렸다.

그 당시 순천부와 좌수영과의 불편한 관계를 경종대왕실록 권 39쪽을 보면 다음과 같이 잘 나타내고 있다.

"여수현을 혁파하여 순천부에 예속시킨 뒤에도 좌수영에는 그 구진(舊鎭)이라는 이유로, 순천부에서는 관할이라는 이유로 각기 세금을 호되게 받아들이고 있으니 한 고을 백성으로서 두 고을에 속한 것 같은 이중부담의 고통에서 벗어나게 해주어야 한다."

여천군 율촌면 출신 정종선의 '복현상소문'을 보면 그 고통이 얼마나 가혹했는가를 알 수 있다.

"여수 5면은 좌수영과 순천부 사이에 끼어있는데 순천부에서는 좌수영 밑에 있다하여 잘 돌보지 아니하고 좌수영에서는 순천부 관할이라 하여 사랑하지 아니하니 의지할 곳 없는 땅이 되어 버렸습니다. 그러나 한편으로는 순천부의 백성이오 또 한편으로는 좌수영의 졸인지라 두 곳의 백성 노릇을 하다 보니 살자니 살 틈이 없고 죽자니 죽을 틈이 없습니다.

여수백성은 한 몸에 두 지게를 진 꼴이 되어 가령 한 집에 4~5명의 일손이 있다 치면 아버지는 수영의 부역에 나가고, 아들은 본부의 부역에 나가야 하며 형이 수영의 부역에 나가면 동생은 본부의 부역에 나가야하고, 어띤 때는 하루에도 오진에는 수영의 부역에, 오후에는 본부의 부역에 나가야 할 때도 있습니다."

좌수영과 순천부의 혹심한 가렴주구에 견디다 못한 여수 주민들은 늘 순천부의 굴레에서 벗어나려고 몸부림쳤고 순천부에서는 그 때마다 이를 막으려고 애썼다.

특히 강희연간부터 건륭연간(1663~1795)의 기간에는 세 차례에 걸쳐 어렵사리 복현되었다가 그때마다 순천부의 집요한 방해 공작으로 일 년도 못돼 와해돼 버렸다. 이때마다 복현에 관계되는 것으로 보이는 좌수사들은 나포되거나 파면당하기도 했다.

이런 이유로 숙종 때부터 불붙기 시작한 여수복현운동은 몇 번씩이나 상소를 올리는 등 갖가지 수단방법을 다해서 맹렬한 복현운동을 벌였지만 그때마다 순천부에서는 "거짓 상소를 올려 임금의 천덕(天德)을 어지럽히는 여수백성을 벌해달라."는 상소로 맞서 결국 차동궤, 오석사, 차국태, 황성룡 4명이 신문고를 울렸다가 죽임을 당하기까지 했다.

여수는 이조 5백 년 동안 영영 순천부의 굴레에서 벗어나지 못하다가 1897년(고종 34)에 와서야 그것도 개화바람을 타고 어렵사리 복현의 꿈을 이룰 수 있었다.

요즘 상식으로는 도저히 믿어지지 않은 일이 실제로 반복되었으니 조선시대의 정치가 얼마나 원칙도 규범도 없는 엉성한 것이었던가를 짐작할 수 있다. 정치인들의 잘못과 욕심이 백성을 못살게 하는 것은 예나 지금이나 마찬가지다.

(10. 02. 15)

전라좌수영 수군의 한 축, 방답진

사라져가는 문화재 보존에 힘써야

여수시 돌산읍 군내리에 가면 방답진성이 있다. 방답진은 돌산 최남단 군내리에 위치한 왜구 방어의 최일선 수군진이었다. <여산지>, <승평지> 등에 의하면 중종18년(1523)에 설진됐다. 따라서 방답진의 유래는 상당히 오래된 것으로 추정된다.

현재 무너지고 훼손됐지만 동네 한 가운데 원형이 보존된 부분이 있다. 원래 설영당시는 돌로 쌓은 석성으로 주위 2,182척(661m), 높이 13척(3.9m)의 사다리꼴 사각형 성이다. 성의 몸체위에 설치하는 구조물인 여장(女墻 또는 女堞)이 205개소, 창고가 20칸, 연못 1곳이 있었다.

또한 체성과 여첩 사이에 넙직한 돌로 튀어 나오게 쌓은 미석(眉石)을 설치하였고, 아래쪽에 큰 돌을 놓고 위로 갈수록 작은 돌로 쌓았다. 돌과 돌 사이의 틈에는 아주 작은 돌을 끼워 넣어 쓰러지지 않도록 하고 있어 조선시대 중 후반기에 쌓은 성의 특징을 잘 나타내고 있다.

성문은 동서남의 3곳인데 동문은 현재의 돌산초등학교 쪽으로 넘어가는 동쪽 고개 길목에 있다. 군내리 교회 뒷산 중턱을 따라 비스듬하게 내려오면 도로 길목에 서문터가 남아 있고, 서문터에서 도금터를 넘어 남쪽 바닷가로 나오면 남문터가 있다. 현재 길가 도로변에는 가로 약 1m, 세로 1.2m

의 남문 주춧돌이 길가에 남아 있고 바로 옆 가게 이름도 '남문상회'다.

<호남읍지>에 의하면 관원으로 첨사 1명, 전선 2척, 병선 2척, 협선 4척과 방답진 요원으로 군관 50명, 기패관 25명, 진무 45명, 지인 25명, 군뢰 25명, 기수 50명, 사령 25명, 사부 50명, 화포장 22명, 포수 68명, 타공이 18명, 능로군 302명 등과 방군 1,620명이 배치되어 있었다. 그리고 청사로서 객사, 아사, 어변정, 병고, 유군기고, 수군기고, 군향고, 화약고 등이 갖추어져 있다.

설진 당시 외적이 들어오는 요지이기 때문에 진을 설치하고 첨사를 두었

1 여수 방답진 수군 선소. 임진왜란 때 거북선 한 척이 있기도 한 전라좌수영 산하 중요한 수군정박처이다. 건너편에 보이는 동산에 과녁을 설치, 화살쏘기 연습을 해 '쏠동'이라고 불렀다

2 방답진성의 남문 주춧돌이 남아있다. 가로 1m 세로 1.2m쯤으로 바로 옆 가게 이름이 '남문상회'이다

3 개인소유의밭사이에 방답진성의 원형이 보존되어 있다. 성의 8부쯤에 눈썹처럼 약간 튀어나온 돌이 미석(眉石)이고 적이 넘어오는 것을 방지하는 기능을 한다

4 성안에 해당하는 부분이다. 석성의 왼쪽 중간부터 밭 주인이 자비를 들여 새로 쌓았다. 무너져 새로 쌓은 부분의 색깔이 다르고 뒤에는 개인 집이 됐다

다. 뿐만 아니라 <신증동국여지승람>에도 방답진은 동쪽 1백 70리에 걸쳐 적의 침해를 막기 위해 설진하였다는 것으로 보아 돌산 남단인 이곳이 왜구 방어의 요충지였음을 짐작케 한다.

당시 성안에는 많은 관아가 있었고, 특히 동헌은 지금까지 남아 있어 현 돌산읍사무소 별관으로 사용하고 있고 객사 역시 최근까지 남아 있다 소실되었다. 한말 고종 30년(1895)에 폐진됐다고 하니 약 370년 동안 존재하였음을 알 수 있다.

방답진 수군은 임진왜란 때 이순신의 좌수영 수군의 한 축이 되어 왜적을 무찌르는 데 중요한 역할을 했다. 방답진은 거북선 3척 중 한척이 배치돼 공격의 선봉에 선 수군진이다. 충무공이 한산대첩 결과를 보고한 장계에 의하면 부상자 명단에 '동진(방답진) 거북선 격군수군 2명이 부상당했다'라는 보고를 올렸다. 그만큼 방답진은 좌수영수군의 핵심 수군 중 하나다.

임란 당시 방답진 수군을 지휘한 장군(당시 첨사)은 공교롭게도 충무공 이순신(李舜臣)과 이름이 같은 이순신(李純信)이다. 임진왜란 때 충무공 휘하의 중위장으로 옥포 등의 전투에서 전공을 세운 뒤로는 항상 선봉장이 되어 당포·한산·부산 등에서 왜적을 대파했다.

선소 바로 옆에 사는 빅기원(77)씨는 선소에 대해 이렇게 말했다.

"어렸을 때는 바닷물이 아무리 빠져도 선소에는 물이 빠지지 않았어요. 지금은 물이 더럽지만 어렸을 때만 해도 선소 물속에서 목욕하며 해초를 따곤 했어요. 썰물 때 이렇게 물이 빠진 이유는 굴강 바깥쪽으로 접안 공사를 한 이후부터입니다. 건너편 보이는 소나무 언덕을 이른 바 '쏠동'이라고 불렀어요. 어른들이 선소쪽 사대에서 건너편 쏠동의 과녁에 화살을 쏜 후 우리들이 빼다 주면 어른들이 과자를 주기도 했지요. 저기 보이는 방답진성에는 총구멍인 총안도 있었지만 성이 무너지자 돌로 깨서 막았어요."

방답진성은 사유지가 됐다. 현재 성 일부분을 거의 완전하게 보존하고 있는 밭주인 고종빈(73)씨를 만나 성 보존문제에 관한 얘기를 들었다.

"옛날 성의 모습을 훌륭하게 보존하고 계시는 데 당국에서 뭐라도 좀 줍니까?"

"주긴 뭘 줘요. 문화재 관리당국에서 챙겨야 헐 텐디 안 챙긴개 내 돈 들여 쌓았어요. 몇 년 전 성의 일부가 무너져 인부를 둘 불러서 하루 종일 쌓았는데 누구하나 돈 주는 사람이 없었어요. 성벽을 잘 보존해야 헐 텐

1 고지도에서 찾은 방답진성의 모습이다

2 방답진봉수대로 남해안일대에서 규모가 가장 크다. 직봉 제5거의 출발점이 되는 중요한 곳이다. 바로 아랫마을에는 봉군들이 살았던 마을이 있다 © 여수지역사회연구소

3 군내리에 있는 돌산향교. 규모는 작지만 공자의 위패를 으뜸으로 4대 성인과 송나라 때의 4대 유학자 및 신라 설총 이래 우리나라 18대 선비의 위패를 모시고 있다

디 안타깝습니다. 여기 보십시오. 새로 쌓은 부분하고 옛날 그대로인 성벽이 다르죠?”

그랬다. 이끼 낀 오래된 성벽과 새로 쌓은 부분은 색깔부터가 달랐다. 고증은커녕 땅주인이 사비를 들여 지은 부분도 지원이 안됐으니 말해 무엇하랴. 문화재에 관심 있는 분들의 얘기에 의하면 “기단부는 크고 위로 올라 갈수록 작았으며 총안도 있었다는 데 원형이 훼손되고 있어 안타깝다.”고 한다.

돌산읍 둔전리 봉화산(381m)에는 봉수대의 흔적이 남아 있다. 봉수란 변방 국경의 긴급한 상황을 중앙 또는 변경의 기지에 알리는 군사상 목적의 통신수단이다. 일종의 비상통신수단이지만 적의 침입을 받았을 때는 직접 전투를 담당한 군사적 고지이기도 하다.

<조선왕조실록>, <경국대전>에는 방답진 봉수를 “서쪽으로 백야곶(여수시 화양면 장수리 봉화산)에 응하고, 북쪽으로 진례산(여수 흥국사 도솔암이 있는 산)에 응하였다.”라고 기록돼 있다.

방답진 봉수는 남해안 일대에 있던 봉수대 중 규모가 가장 큰 것으로 우리나라 직봉 제5거에 해당하는 곳이다. 이 봉수의 경로를 보면 방답진→백야곶(화양면)→팔영산(고흥)→여귀산(진도)→화산(옥구)→개화산(양천)→목멱산(서울 남산)이다.

돌산중학교와 초등학교 옆에는 돌산 향교가 있다. 광무원년(1897) 돌산군이 신설된 후 사직단이 먼저 세워지고 대성전 명륜당 풍화루 등의 순서로 건립된 향교는 원형 모습이 잘 보존되고 있다. 입구에는 향교의 권력을 말해주는 하마비가 서 있어 향교가 누린 권세를 짐작할 수 있다.

문화재는 우리의 정체성이고 자존심이다. 사라져가는 문화재를 보존하고 후세에 물려주기 위해서는 당국의 관심과 정책적 지원이 필요하다.

(10. 04. 08)

일제 잔재 없애는 것만이 과거사 청산일까

쌀의 도시였던 군산에서 아픈 역사를 들여다보다

군산시는 한반도 서해안 남부에서 금강 하구와 만경강 하구로 구획되는 옥구반도와 연안의 섬들로 구성된다. 금강은 하구에서 강물을 따라 50여㎞까지 수상 교통이 가능하며, 논산평야 등 넓은 충적평야가 그 주변에 발달해있다.

만경강 하류에는 우리나라 최대의 평야인 호남평야가 있다. 이처럼 군산시는 호남평야의 일부를 차지하면서, 나머지의 호남평야와 논산평야 등을 그 배후지로 옥구반도 주변과 금강, 만경강 하구의 간석지를 간척지로 확대시키면서 서해의 항구도시로 발달했다. 이 같은 군산의 지리적 위치가 일제 강점기에는 '쌀 반출항으로서의 군산'이 되었다.

1899년 5월 1일 개항과 더불어 금강내륙과 전북 내륙지방에 대한 일제의 수탈전진기지가 된 군산은 항만, 행정, 철도 교통로의 개설, 근대산업시설의 설치가 이뤄져 도내에서 제일 먼저 부로 승격되어 근대도시의 선두주자가 되었다.

개항장이란 연안 항구 중에서 선택하여 조약에 따라 외국 선박의 출입이 허용된 곳이다. 이곳은 외국인 거류지가 설정되고 감리소가 설치되어 외교관이 주재해 출입외화의 관세처가 되는 곳이다. 시에는 한때 독일, 러시아, 프랑스, 중국, 일본의 영사관이 존재하기도 했지만 청일전쟁, 러일전쟁에서의 일본 승리로 일본이 주도하게 됐다.

개항 당시 군산은 150호, 인구 510명의 작은 한촌으로 일본인 등 외국인의 정식거주자는 없었다. 하지만 계속된 일본인의 증가로 1907년에 조선인은 2,903명인데 비해 일본인은 2,956명으로 일본인 거주자가 더 많았다.

1905년 외무성 통상국에서 발간한 <통상휘찬>을 보면 직업별 호구수에서 농업 47, 광공업 73, 상업 209, 공무·자유업 36, 기타 36호로 농업호수와 상업이 증가하고 의사, 변호사, 관리 등의 전문직 인구가 증가했다.

상업에서는 미곡상의 증가가 두드러지고, 농업인구의 증가가 두드러지는데 4호에서 47호로 증가한 것은 일본인이 군산 부근에 농장을 설치하고 영농에 직접 참여했다는 것을 알 수 있다. 미곡상과 정미업에 종사하는 호수가 증가한 것은 군산이 미곡의 수집과 반출에 깊은 관련이 있음을 말해준다.

러일전쟁 이후 군산에서는 미곡을 위주로 수출초과 현상이 나타나 가장 중요한 수출품은 미곡이 되었다. 미곡의 수출증대로 인근의 충남 서천군, 보령군, 부여군, 홍성군과 전북의 김제군, 부안군, 정읍군, 익산군, 완주군 일대 만경강과 동진강유역의 미곡 집단지가 되고 미곡 수출항의 기능이 강화됐다.

항구와 내륙 곡창지대와의 원활한 교통을 위하여 조선정부는 1906년 국내 주요지역간의 도로계획 제1기 계획으로 치도국을 설치했다. 치도국이 1907년 설치한 노폭 7m, 연장 46.472m의 군산-전주간 전군가도는 1912년 호남선철도의 개통 전까지 내륙교통의 큰 몫을 담당했다. 당시 일등 도로인 전군가도는 서울 시가지보다 빨리 개통되었다.

1909년 조선총독부 조사에 의하면 군산의 일본에 대한 수출의존도는

99.9%, 수입의 89.8%를 일본에 의지하고 있었다. 수출품의 대종은 현미, 정미 등의 미곡이 약 90%를 차지하고, 나머지도 우피, 대두, 소맥 등의 농산물이었다. 한편 수입품은 면직사, 수직물 등 직물류와 설탕, 청주 등의 식료품 및 각종 건자재들이 주종이었다.

이때부터 국내 미곡 대일반출량의 20%를 차지하며 부산, 인천 다음 가는 제3위의 항구로 부상하여 시가지는 날로 번창했다. 일제는 식민통치를 위한 원활한 자금조달을 위해 1903년에 제일은행 군산지점을 개점했다. 이어 조선은행 지점 등 11개의 은행이 진출해 당시 도청소재지인 전주보

1 구 군산세관 본관. 102년 된 건물로 독일인이 설계했고 한국은행본점과 같은 건축양식이다. 외부는 붉은 벽돌이지만 내부는 목조건축이다. 지붕위의 뾰족한 첨탑은 일본군국주의 우월성을 상징한다고

2 구 나가사키 18은행 군산지점

3 일제가 축항공사를 기념하기 위해 쌓아놓은 쌀가마니. 한국사람들은 배고파 죽어가고 있는데 쌀을 높이 쌓고 축제를 벌이고 있는 사진. 식민지 국민의 비애를 보여주는 사진이다

4 구 조선은행 건물. 새 단장을 위해 가림막이 쳐져있다

다 많은 금융기관이 밀집한 것은 군산의 경제 상태를 엿볼 수 있다.

일본은 1918년에 완료된 토지조사사업을 바탕으로 산미증산정책을 추진하게 되어 식민지로 전락한 조선, 대만 등지는 산미증산계획기지가 되었다. 1933년에 전체 미곡생산량의 53.4%를 일본으로 반출해 갔으며 전국 반출량의 20.5%를 군산을 통해 반출했다.

미곡의 반출을 위해서는 부두지역에 미곡을 가공 보관할 수 있는 시설이 필요하며 부두와 철도시설이 있는 곳에 집중 분포되었다. 부두 부근의 서빈정, 본정통, 빈정 등에 미곡창고가 부두를 따라 띠처럼 분포하고 시가지 쪽의 행정(幸町), 명치정, 강호정, 동영정 일대에는 10개소의 정미도정공장이 금융기관과 결부 밀집되어 '쌀의 군산'이란 말이 나올 정도였다.

경암동의 철로는 주변의 민가지붕이 거의 닿을 정도로 가깝다. 일제 때 미곡반출 경로로 만들어진 이 철도는 수많은 애환이 깃든 철로다. 작년까지 제지회사에 자재를 실어 나르기 위해 하루에 한두 번 정도 이용됐지만 이 철로도 곧 사라질 운명이다.

역사적 의미를 지닌 이 길을 살리는 방법은 없을까? 광주 조선대학교 앞에는 폐선부지가 있다. 폐선을 두고 개발론자와 시민단체들 간에 수많은 토론이 있었다. 결국 폐선을 살려 꽃길과 보행로로 만들자는 의견에 합의해 아름다운 길로 재탄생했다.

문화해설사 최정옥씨는 "군산사람들은 이 철도의 소중함에 대해 잘 모르는 것 같아요. 오히려 외지인들이 구경하러 오고 있습니다. 이 철도를 아무 의미없이 없앤다면 군산의 중요한 역사 하나가 사라지는 겁니다. 더욱 안타까운 것은 일제당시 건립됐던 공공건물이 많이 헐렸어요. 일제 강점기를 살았던 어른들은 건물이 싫어서 헐릴 때 박수를 쳤다고 합니다. 당시는 일제 잔재를 없애는 분위기였으니까요. 제가 만약 그때 그런 사실을 알았더라면 적극 반대를 했을 겁니다. 건물을 그대로 남겨 후손들에게 교훈을 줘야 하는데 아쉬워요. 아무튼 이제라도 문화해설사로 일하면서 보람을 느낍니다."

빈해원은 58년의 전통을 가진 중국집이다. 몇 번에 걸쳐 영화촬영을 한 이곳은 이층으로 된 장식이 아름답다. 건물벽에는 44년전에 방문했던 대만대사의 친필액자가 걸려 있었다. 이 집에서 태어났다는 소란정(57)씨는,

"아버지가 이 식당을 오픈한 직후 제가 태어났어요. 손님이 가득 할 때는 150~200명 정도가 됐었죠. 도심이 신도시로 이동해가고 사무실이 근방에 없기 때문에 손님이 줄었지만 옛날에는 구도심의 중심지였습니다. 그

1 58년의 맛과 전통을 자랑하는 중국집 빈해원. 이층으로 된 구조가 아름다워 몇번에 걸쳐 영화촬영 장소가 되기도 했다

2 문화해설사 최정옥씨가 군산의 역사에 대해 설명하고 있다

3 쌀을 반출하기 위해 만들어진 철로로 기차가 지나갈 때면 지붕이 닿을 정도로 가깝다. 작년까지 하루에 한두 번 이용됐던 이 철로도 곧 사라질 운명이다. 영화 세트장으로 많이 이용된다고 한다

4 군산 야경 중 가장 아름답다는 은파유원지 주변 모습

래도 단골손님이 꾸준히 오고 있습니다.”

옛 군산세관은 중세 유럽풍의 아름다운 모습을 간직하고 있다. 1908년 독일인이 설계하고 벨기에에서 붉은 벽돌 등 건축자재를 수입하여 유럽양식으로 지었다. 서울역과 한국은행 건물을 합해 단 세 곳만이 남아있다. 내부에는 군산항 개항 이후의 모습과 군산세관의 옛 모습들이 전시되어 있다.

군산에는 쌀의 도시라는 흔적이 많이 남아 있다. 동 이름에 쌀이라는 의미의 ‘미’라는 이름을 가진 동이 몇 개있다. 미원동, 미장동, 장미동, 미성동, 미룡동 등이 그것이다.

부두가에 지어진 옛 건물들은 흉한 모습으로 남아 있지만 외부를 손질해 보전할 계획이라는 얘기다. 혹자는 흉물이니까 해체를 주장하는 사람도 있다고 한다. 다른 나라에서는 어떻게 문화재를 보전할까?

호주는 유럽인 이주 역사가 300년도 안 된다. 하지만 역사적 가치가 있는 오래된 건물의 외형은 그대로 보존하고 내부는 편리하게 고쳐 쓰도록 문화재 보존 정책을 한다. 아픈 역사도 후손에게 교훈을 주는 역사자료다.

(10. 04. 16)

근대개혁운동과 항일민족운동의 산실이 된 임실

동학의 연원을 찾아나선 임실여행

지난 9일 고조선유적답사회원 10여 명과 함께 전라북도 임실여행을 다녀왔다. 목적은 한국 근대사의 서막을 연 동학의 뿌리를 찾기 위해서다.

임실문화원 최성미 원장이 동학유적지 안내를 시작하면서 "임실에 동학이 한창일 때 임실 주민 80%가 동학교도였습니다."라는 말에 의아해하던 일행의 의구심은 유적지 현장과 인물 설명을 들으며 서서히 풀려나갔다.

"임실이 동학의 선구자 역할을 했다."는 말에 의구심을 갖는 건 당연했다. "전북의 오지라 할 수 있는 이곳에서 평등과 개혁사상의 싹이 자랄 수 있었을까?" 하는 생각이 들었기 때문이다.

동학 창도의 배경

양반관료국가인 조선왕조는 19세기에 접어들어 세도정치가 성행하면서 관기가 해이해지고 탐관오리가 발호하면서 농민의 생활이 극도로 피폐해졌다. 봉건적 착취와 탄압에 시달린 민중들은 1811년 홍경래 난, 1862년 진주민란에 뒤이어 전국 35개 지방에서 민중봉기를 일으켰다.

한편 이 시기에 청나라에 동행했던 조선 사절 통역관들로부터 천주교가 서학이라는 이름으로 전래되기 시작했고 동학 창도자 최제우도 천주교의 교리를 알게 되었다. 조선왕조의 봉건적 위기와 서구침략에 대한 불안을 느낀 최제우는 "위대한 하느님의 가르침(천도-天道)으로 어지러운 세상을 구제해야겠다"며 동학 창도 이유를 밝혔다. 최제우가 쓴 <동경대전> 논학문의 일부분이다.

"나는 역시 동쪽에서 나서 도(道)를 받았으니 도는 비록 천도(天道)지만 학(學)은 동학이다. 우리 도(道)는 이 땅에서 받았으며, 이 땅에서 펼 것이니 어찌 서학이라 부르겠는가?"

1860년 최제우가 창도한 동학은 인간중심의 교리로 봉건적 신분질서를 철저하게 부정하는 평등주의였다. '사람이 곧 하늘(人乃天), 나라와 시대의 모순을 고민하는 보국안민(輔國安民), 널리 민중을 구제하라(광제창생-廣濟蒼生), 지금의 세상이 끝나고 백성들이 바라는 새로운 세상이 열릴 것(後天開闢)'이라는 사상에 신도가 늘어나자 정부는 동학을 서학으로 규정해 엄금할 방침(1864. 3월)을 세웠다.

제2대 동학교조 최시형의 임실포교

동학이 전북 지방에 최초로 포교된 것은 최제우가 제자 최의중과 더불어 남원의 서공서 집에 머물며 포교를 시작한 것이 시초이다. 최제우는 남원 은적암에 머물며 포교를 하기도 했다. 이 무렵 전라도 지역은 동학이 급속히 전파될 수 있는 온상이 되어 있었다.

개항 이후 제국주의 침략과 경제적 수탈로 농민 대중은 손바닥만한 경작지를 얻어 경작하고 고리대로 논밭은 처분하고 유랑민이 되어 이주하는 무산자가 되었다. 특히 주목할 것은 전라도 지방은 전국 조세수입의 51.7%를 부담했고 탐관오리의 수탈 대상이었다.

의지할 곳 없는 농민 대중은 동학에 귀의했고, 동학은 그들의 고통을 덜어주는 안식처요 불만 해소처였다. <천도교 임실교사>에 따르면 임실에 천도교가 전래된 기록이 있다.

'임실읍에서 남쪽으로 약 30리에 위치한 새목치(鳥項峙)라는 재가 있다. 이 조항치 바짝 밑에 있는 그 당시 10여호 되는(청웅면 옥석리) 새목터라는 마을이 있다. 해월신사(최시형)께서 이 마을에 포덕14년(1873년) 계유 3월에 장수 교인 김신종을 데리고 오시어 허선씨 집에 자리를 정하시고 도장(道場)을 베풀어 설법 포교하시자 이 소문이 널리 퍼져 원근 인사 운집 배알하고… 그 중에서 최봉성, 허선, 표웅삼, 최봉욱, 최봉관, 김영원, 최승우, 신명화, 김학원 등 만이 35일간 장기적 설법과 교리를 배웠다.'

이 시점 이후로 임실 지역에서 많은 동학교도들이 입도하였으며 1894년 갑오동학농민혁명 당시 집강소를 설치하고 적극적으로 활동했다. 뿐만 아

1 고조선유적 답사회원들이 3.1 독립선언서에 서명한 대표 33인중 임실 출신인 박준승 기념관에서 기념 촬영했다

2 임실읍 성가리에 있는 천도교 임실교구전경

3 동학 제2대 교조 최시형이 임실에 와서 동학교리를 최초로 설법한 청웅면 옥석리 새목터 모습

니라 동학의 재봉기 때에는 임실 농민군 1만 5천명이 다른 지역의 농민군들과 합세하여 전투에 참여하기도 했다. 당시 임실 및 남원의 상황에 대해 주한일본공사관 기록을 보면 임실과 남원에 동학교도가 얼마나 많은지 짐작할 수 있다.

'임실은 모두가 동학도이고 오수역도 또한 모두가 동학당에 가담하였다. 오수역에 들어가 동학당 5명을 붙잡았다. 임실에서 붙잡은 동학도도 7, 8명이었다. 이와 같이 한 개의 현이 모두 통틀어 동학도인 지방은 동학도가 역적임을 알지 못하므로 인민들이 취할 바를 모르고 있었다. 따라서 민심을 바로잡기 위해 접주 5명을 죽임으로 해서 인민들은 비로소 동학에 가담한 것이 잘못이라고 깨닫게 된 것 같다.'

최제우가 관군에 잡혀 처형된 후 2대 교주가 된 최시형이 도피처로 임실을 택한 이유가 있었다. <동학 천도교 약사>에 의하면 "이필제 난(1871년)의 여파로 영남, 충청, 강원 경기 등 각지의 도인이 안도치 못하였다."고 기록되어 있다. 때문에 전라도만이 이필제난의 영향 밖에 있었음을 알 수 있다.

임실이 동학교도들의 산실이 되는데 크게 일조한 최봉성 일가

임실에 동학을 정착시킨 이는 최봉싱 일가이다. 그는 장수 출신 김신종과 함께 1873년 3월에 청웅면 조항치 허선 집에 머물며 해월신사(최시형)를 배알하고 동학의 종지(宗旨)인 인내천(人乃天)과 사인여천(事人如天) 강령(降領) 포덕천하광제창생보국안민(布德天下廣濟蒼生輔國安民)과 세계 극락의 대의를 듣고 찬동 입도했다.

동행한 이는 아들 승우와 김영원이었다. 입도한 후 임실을 위시하여 진안, 장수, 무주, 용담, 순창, 남원, 구례, 곡성, 옥과 등 10여 군에 잠입 포교하니 교인이 수천에 달했다. 이 지하조직의 중심인물에는 사위인 김홍기, 김영원, 한영태와 아들 여섯 명이 결의형제의 의를 맹약하고 포교에 전력했다.

1894년 갑오동학혁명 때에는 대접주 신분으로 식량과 무기를 제공하고 모든 계획과 거사를 총지휘 하였고 당시 노복 10여 명을 평민이 되게 하였다. 상반 차별을 없애고 인권을 평등하게 대우하여 사람 위에 사람 없고 사람 밑에 사람 없다는 도를 실행해 만민평등을 주장했다.

갑오동학 농민혁명 실패로 한영태, 김영원, 김학원 등이 회문산으로 은

1 김영원 선생이 후학들을 양성한 삼요정 모습. 동학 2대 교조인 최시형으로부터 가르침을 받은 김영원은 고향인 시목동 선무봉 아래 삼요정을 세우고 인재를 키웠다. 그의 가르침을 받은 박준승 양한묵은 3.1운동 때 민족대표 33인 중 한 분이다

2 운암초등학교 입구에 세워져 있는 임실 3대운동 기념비로 왼쪽부터 3.1운동 , 갑오동학혁명, 무인멸왜 운동 기념비이다. 맨오른쪽은 한영태 선생 묘비로 후일에 옮겨왔다

3 임실문화원 최성미 원장이 한영태 김영원 선생의 의거기념비를 가리키며 설명하고 있다. 임실지역에서 3.1독립운동이 시작되자 일본경찰에 체포된 한영태는 시종일관 조직일체를 부인하다가 혀를 깨물고 옷을 찢어 새끼를 꼬아 목매 자결했다

거생활에 들어가자 생활비를 전담하고 일평생을 구국운동과 종교사업 및 빈민구제 운동에 헌신했다. 61세에 병을 얻어 회복 못 할 것을 예감한 그는 "나의 유산을 구국운동과 종교사업에 전용하라."는 유서를 남겼다.

임실 지역에서 동학이 활발하게 전파된 이유

당시 동학교도가 발각되면 참형에 처했으나 죽음을 두려워하지 않고 실행된 이유가 있었다. 동학이 임실에서 활발하게 전파된 이유를 전북역사문화학회가 발간한 <임실동학사>에서는 다음과 같은 네 가지로 들고 있다.

▶덕망과 학식, 재력있는 최봉성이 전재산을 구국운동과 종교사업에 바쳤고 최씨 일가를 주축으로 결의형제를 맺어 비밀보호가 이뤄졌다.

▶동부산악권과 서부 평야지대를 연결하는 지리적 요충지에 위치했다.

▶타 지역과 달리 일찍부터 교육의 중요성을 인식해 청웅에 삼화학교와 전주에 창동학교를 신설해 인재를 양성했다. 이에 따라 3·1독립선언서에 서명한 대표 33인중 임실 출신의 박준승과 양한묵(화순)이 이 학교 출신이었다. 3·1만세운동과 항일운동 유공자가 전국에서 가장 많이 배출됐다.

▶최시형의 포교활동으로 타 지역보다 일찍 동학 간부들이 배출되어 탄탄한 조직력을 확보했다. 동학이 천도교로 개칭되면서 신·구파 갈등 속에서도 구파의 천도교 중앙기관을 임시로 임실교회에 존치하기도 했다.

동학농민혁명군이 왜군의 신식무기인 총과 대포 앞에서 도저히 당할 수 없어 수많은 사상자가 발생하고 전봉준 김개남 김홍기 등이 처형되자 최승우, 최유하, 김영원, 한영태, 최동필, 김학원등은 회문산에 칩거해 6년간 은둔생활을 이어갔다.

1904년 갑진 혁신 운동이 일어나자 전국 동학교도 5천여 명이 청웅면에 모여 삭발하고 혁신운동을 전개했다. 동학농민전쟁이 일어난지 11년째가 되던 해였다. 1905년 12월 1일 제3대 교주 손병희는 동학을 천도교라 개칭했다. 전국 교도들이 솔선해 생활혁신운동을 전개한 내용은 다음과 같다.

▶모든 문학은 국문화 할 것
▶ 백의는 생활상 불편하니 색복을 할 것
▶ 장발은 위생상 해로우니 단발을 할 것
▶ 부모상의 3년복 제는 허례허식이니 105일로 탈상할 것
▶ 각종 공장을 많이 세울 것

임실 삼화학교와 전주 창동학교 교장을 역임하고 여러 고을의 천도교 교구장을 역임한 김영원은 배일 지하운동을 계속하며 1918년 1월 서울로 상경해 독립운동을 계획했다. 교우들 중 가장 인망이 높은 오세창, 권동진, 나용환, 홍병기, 홍기조, 최린 등과 천도교 중앙본부에서 날마다 밀의하고 선생의 문하생 박준승, 양한묵과 함께 거국적 민족궐기를 준비했다.

임실이 독립운동에 얼마나 열심히 참여했는가는 기록을 보면 알 수 있다. 3·1 독립운동이 일어난 3월 1일 자시(子時)에 봉화로 신호하여 각 지방에 선언서를 부쳤다. 다음날인 2일 각면 소재지에서 대한독립만세를 부를 것을 결의하고 제1봉화는 운암면 국사봉, 제2봉화는 청웅면 백련산, 제3봉화는 덕치면 회문산, 제4봉화는 삼계면 원통산, 제5봉화는 성수면 생암리, 제6봉화는 신덕면 치마산으로 정해 봉화를 올리고 선언서를 낭독했다.

일찍부터 동학의 영향을 받은 임실지역은 민중의 의식이 깨어 있었다. 임실은 동학농민혁명 뿐만 아니라 근대개혁운동과 항일민족운동의 산실이었다. (20. 10. 14)

"해외학자들이 '최고' 외쳤다".. '전북 가야' 답사기

봉화 왕국 전북 가야 유적답사.

곽장근 교수 "잠자고 있던 가야 깨워야"

지난 4일 고조선 유적답사회원 16명이 전북 가야를 답사했다. 전북 가야는 전북 남원시, 장수군 등 7개 시군에서 학계에 보고된 110여 가야 봉화에 근거를 두고 '전북 가야'라고 이름 지었다.

오전 10시, 남원시 아영면 소재지에 모인 회원들과 동행해 전북 가야 유적을 안내한 곽장근 교수. 군산대학교 역사철학부 역사전공 교수인 그는 군산대학교 가야문화연구소장, 전라북도 문화재위원으로 활동하고 있으며 문화재청 문화재위원과 호남고고학회, 후백제연구회 회장을 역임했다.

그는 전북 동부 산악지대에 지역적 기반을 두고 가야 소국으로까지 번창했던 운봉고원 기문국과 진안고원 반파국의 정체성, 후삼국 맹주 후백제의 탁월성, 전북 동부지역 제철유적의 역사성을 규명하는 데 온 힘을 쏟고 있다.

곽장근 교수를 따라 유적지를 둘러보던 일행들 입에서는 한꺼번에 "아~!" 하는 탄식이 흘러나왔다. 여태껏 경남에 산재한 가야 봉분만 생각했지 전북에 수많은 봉분과 유물들이 숨어있었으리라고는 생각하지 못했기 때문이다.

일행들을 탓할 수만은 없다. 학창 시절 삼국사기 중심의 역사만 배웠고 경남에 위치한 가야만 배웠기 때문이다. 전북 가야가 빛을 보기 시작한 것은 1982년 광주·대구간 고속도로 공사를 하기 전 학자들이 발굴조사를 하면서부터다.

백제 고분인 줄 알고 남원 월산리 고분을 조사하던 학자들은 깜짝 놀랐다. 가야 토기들이 나왔기 때문이다. 당시 발견된 장경호, 발형대부호와 철제유물인 투구, 목가리개, 갑옷은 가야 양식이었다.

1500년 전 활동했던 전북 가야가 빛을 보지 못한 이유가 있다. 호남정맥이 백제와의 교류를 차단했고, 백두대간이 신라와의 교류를 차단했기 때문이다. 무엇보다 중요한 이유가 있다. 문헌자료가 부족했을 뿐만 아니라 4세기 말엽부터 6세기 중엽까지 통일된 정치체제를 갖추지 못하고 연맹체로 존재하다가 백제와 신라에 복속되었기 때문이다.

'자연미 그대로인 전북 가야'

우연한 기회에 잠을 깬 전북 가야가 빛 보기 시작한 것은 문재인 정부 100대 국정과제로 선정되면서부터다. 배낭을 메고 40년 동안 유적과 유물을 찾아 돌아다니던 곽장근 교수는 한국과 일본 중국 학자들을 안내할 기회가 있었다.

"세계문화유산에 등재하기 위한 기초조사차 전북 가야를 답사했던 외국학자들이 최고라고 했어요. 영남에 위치한 가야가 화장한 거라 비유한다면 전북 가야는 자연미 그대로이거든요. 보시다시피 전북 가야는 산등성이에 그대로 있어 때론 산인지 봉분인지 구분이 잘 안되거든요."

예로부터 철은 국력의 상징이다. '전북 가야'하면 빼놓을 수 없는 것이 철 제련기술이다. 전북 동부지역에서 발견된 제철 유적지는 250여 개소에 달하며 남원 옥계동 제철 유적지에는 슬래그가 널려있다. 실상사 철조여

래좌상은 운봉고원의 철기문화와 유학승의 신앙심이 응축되어 탄생시킨 결과물이다.

운봉고원과 진안고원에서는 가야와 백제, 신라가 국운을 걸고 20년 동안 치열하게 각축전을 벌였다. 철을 차지하기 위해서다. 대규모 철산 개발과 거미줄처럼 구축된 교역망을 통한 철의 생산과 유통은 기문국 발전의 원동력이 됐다.

운봉고원 일대 180여 기의 말무덤과 가야 중대형 고총, 금동신발, 수대경, 계수호, 철제초두 등이 기문국의 존재를 증명해준다. 답사단으로 왔던

1 고조선유적 답사회원들이 전북 가야를 답사하고 있다.

2 남원 월산리 M5호분 출토 복발형 투구와 경갑, 찰갑으로 강력한 권한을 가진 지배층이 사용했을 것으로 추정된다 © 곽장근

3 고조선유적답사단에게 전북 가야에 대해 설명하는 곽장근 교수

회원 한 분이 "기문국은 임나일본부설을 인정하는 셈이라는 얘기가 있다"며 설명을 요구하자 곽 교수가 말했다.

"한국과 일본학자가 참여한 가운데 임나일본부설에 대한 토론이 있었어요. '설'은 학자의 주장일 뿐이잖아요. 당시 학술회의에 참석했던 학자들이 임나일본부설은 실체가 없다고 결론을 내렸지요. 설이 사실이라면 증거를 내놔야 합니다. 증거가 없으면 폐기해야 하고, 역사 인식을 바꾸어야 합니다"

곽 교수를 따라 장수 동촌리 고분군을 답사하던 일행은 그냥 산봉우리

1 장수군 동촌리 고분을 답사하던 일행은 고분에 가득한 나무를 간벌하던 인부들을 만나 경위를 들었다. 장수군에서는 유적에 관심있는 분들을 간벌을 하고 있었다. 앞에 보이는 돌들은 고분에서 나온 것들로 강에서 옮겨 온 것으로 추정된다

2 장수군 서면 오성리 봉화산에서 발굴한 봉화모습

3 장수군 삼봉리 고분에서는 환두대도가 부장된 흔적과 꺾쇠가 출토되어 가야 고총의 피장자가 반파국의 수장층으로 밝혀졌다. 삼봉리 고분은 일제강점기 시절 일본인 도꾸라세이지의 극심한 도굴로 40여기 고총 중 2기만 봉토의 흔적이 남아있다

4 장수군 삼봉리 고분군을 답사하는 일행들

를 등산하는 줄 알았다. 둥그런 산등성이에 나무들이 서 있었기 때문이다. 커다란 등성이에서 간벌하던 인부들을 만나 설명을 듣고서야 고분인 줄 알았다. 고분 인근에 나열해놓은 돌덩이들은 강에서 주워온 돌이 분명했다. 강물에 씻겨 닳아진 흔적이 역력했기 때문이다.

백두대간 서쪽에 위치한 장수군은 반파국의 정치적 중심지임이 분명하다. 240여 기의 가야 중대형 고총이 발견됐기 때문이다. 반파국 고총은 보존상태가 심각한 상황이다. 일제강점기 시절 일본인 도꾸라세이지가 도굴과 농경지 개간으로 40여기의 고총 중 2기만 봉토의 흔적이 남아있을 뿐이다.

장수가 반파국 중심지인 이유? 봉화로의 최종 종착지

봉화란 횃불로 변방의 위급한 상황을 중앙에 알리던 비상통신 수단이다. 조선시대에 존재했던 5개 봉수로가 목멱산(남산)에 모여 왕에게 전달되는 방식처럼. 가야 고총 못지않게 가야 소국의 존재 여부를 보여주는 증거가 513년부터 3년 동안 백제와 전쟁을 치르면서 운영했던 봉화 제도이다.

충남 금산군과 전북 무주군, 진안군, 완주군, 임실군, 순창군, 남원시 운봉읍에서 시작된 여러 갈래의 봉화로는 모두 장수군 장계면에서 만난다. 장수군 삼봉리 고분군 답사를 마친 곽장근 교수가 결론을 내렸다.

"오늘은 시간이 없어서 제철유적지 답사를 하지 못했지만, 다음 번에는 제철유적지 뿐만 아니라 성곽도 돌아볼 예정입니다. 반파국이 존재했다는 세 가지 전제조건이 있습니다. 첫째는 가야 봉화대가 발견되어야 하고, 다른 하나는 가야 봉화로의 최종 종착지이어야 합니다. 마지막으로 최종 종착지에 가야 고총이 자리하고 있어야 합니다."

전북 동부지역에 존재하는 가야 고총은 420개나 된다. 이들 유물과 유적을 발굴하기 위한 지자체의 경제적 지원이 부족한 것은 아쉬운 일이다.

(2021. 09. 08)

세계문화유산 등재 기다리는 전북 가야 답사기

고조선유적답사단원들과
전북 가야의 정치 중심부 장수군을 돌아보다

지난 주말(11.19~11.20), 전북 장수군 인근지역에서 열린 '전북 가야'를 공감하기 위한 답사 프로그램이 절찬리에 종료됐다. 가야시대에 존재했던 제철 유적과 고분 및 봉화대를 둘러보는 '백두대간 속 가야이야기' 프로그램에는 해설을 맡은 곽장근 교수와 전국 각지에서 참석한 고조선 유적 답사회원 20여 명이 참석했다.

그동안 가야문화는 영남지방의 전유물로만 여겨졌다. 하지만 최근에 시작된 고고학적 발굴성과에서 고대의 자연 경계인 백두대간(장수 육십령 고개)을 넘어 장수에 화려한 가야문화가 존재했었다는 게 확인됐다.

1차 답사(2021. 9. 4)에 이은 2차 답사단에는 새로운 얼굴들이 보였다. 역사에 관심 있는 분뿐만 아니라 소문을 듣고 현장을 확인해보고 싶었기 때문이다.

전북 가야는 전북 남원시, 장수군 등 7개 시군에서 학계에 보고된 120여 가야 봉화에 근거를 두고 '전북 가야'라고 이름 지었다. 전북 가야는 가야의 지배자 무덤으로 알려진 가야 중대형 고총 420여 기, 횃불로 신호를 주고받던 120여 가야 봉화로 상징된다.

인류 역사 발전에 있어 가장 중요한 것은 소금과 철이다. 소금은 의식주의 기본이었고, 철은 경제 발전에 없어서는 안 될 핵심 요소일 뿐만 아니라 국방력의 척도이기 때문이다. 전북에서 생산된 소금과 철은 초기철기시대부터 마한, 백제, 가야, 후백제가 발전하는 데 크게 공헌했다.

전북 가야의 정치 중심부는 운봉고원과 진안고원에 위치한 장수군이다. 운봉고원에 지역적인 기반을 둔 가야 소국 '기문국'은 4세기 말엽에 등장해 6세기 초까지 존속했다.

백두대간 서쪽 금강 최상류 장수군에 기반을 둔 '반파국'은 4세기 말

1 전북도지정 문화재에서 국가사적지로 지정되고 세계문화유산 등재를 앞둔 장수읍 동촌리 일대는 천지개벽하고 있었다. 지난 9월 1차 답사 때는 나무와 숲에 둘러싸여 있어 언덕인 줄로만 알았었다. 유적공원화 작업을 통해 원래의 모습이 드러나고 있었다

2 오성리 봉화터에 대해 설명하고 있는 곽장근 교수. 곽장근 교수는 전북가야 유적을 찾기 위해 40년 동안 배낭을 메고 전북 인근 산하를 돌아다녔다

3 제철유적을 둘러보는 고조선유적답사 단원들

4 가야시대에 존재했던 제철 유적과 고분 및 봉화대를 둘러보는 '백두대간 속 가야이야기' 프로그램에는 해설을 맡은 곽장근 교수와 전국 각지에서 참석한 고조선 유적 답사회원 20여 명이 참석했다.

5 전북가야의 왕궁터로 추정되는 탑동마을 주민들이 논밭에서 발견한 탑 파편들을 모아 탑을 쌓았다.

6 장수군 계남면 화양리 203번지에는 '알봉'이라 불리는 직경 30m의 큰 고분이 있다. 답사단원들은 경주 고분만큼 커다란 고분의 존재에 놀랐다.

7 장수읍 용계리 산110-27번지 장수와 임실을 잇는 자고개에 있는 합미산성은 원형모습이 90% 남아있다 .

8 왼쪽에 작은 무덤 2기가 보인다. 역사를 몰랐던 분들이 고분이 있는 줄도 모르고 고분위에 무덤을 써 발굴 당시 "왜 무덤을 파헤치느냐?"는 항의가 있었다고 한다.

엽에 등장해 6세기 초에 백제에 의해 멸망했다.

전북 가야의 핵심 3요소 중 하나인 제철 유적

고조선유적답사단원들에게 2회에 걸쳐 전북 가야를 설명한 군산대학교 곽장근 교수는 전북 가야의 핵심 3요소로 고총과 봉화, 제철유적을 들었다. 철은 국력의 상징이고 수많은 고분이 존재했다는 건 강력한 지배 세력이 존재했다는 걸 의미한다. 가야 봉화는 지배자에게 국가의 안위를 보고하는 비상 통신수단이라는 취지다.

첫날(19일) 덕유산 국립공원에 위치한 무주 구천동 제철유적 2곳을 돌아본 답사단은 전라북도, 진안군, 군산대 가야문화연구소가 공동으로 실시한 진안군 동향면 대량리 제동유적 폐기장 일대를 방문했다. 대량리 노인회관 인근 밭에 널린 슬래그는 동을 제련하고 남은 부산물로 코발트 색깔들이었다.

2021년 3~4차 조사에서 발견된 제동로는 동광석에서 동을 1차적으로 추출하기 위한 제련로(製鍊爐)로 국내에서는 처음 조사되어 학술적 가치가 매우 높게 평가되고 있다.

"이 지역에서 발견된 슬래그, 노벽편 등 동 부산물로 구성된 대형 폐기장은 국내에서는 처음으로 현재 제동로 동쪽에 위치한 폐기장에는 숯, 슬래그, 노벽편 등이 확인되고 있는데, 오랜 기간 농부들이 농경지를 경작해 유적지가 대부분 훼손되어 0.4m 가량만 남아 있어요."

대량리 마을에서 생산된 동은 청동거울, 청동불상, 보검으로 탄생했다. 백두대간 동쪽 운봉고원에 큰 관심을 두었던 근초고왕과 무령왕, 무왕은 백제를 중흥으로 선도했다. 백제 전성기를 이끌었던 왕들은 운봉고원 일대의 철산지를 장악했고, 운봉고원 서북쪽 아막성에서 백제와 신라가 20년 동안 벌인 전쟁은 철을 장악하기 위한 철의 전쟁이다.

8개 봉화로의 최종 종착지 장수군 장계면… 가야의 중심이라는 증거

봉화는 주변의 긴급한 상황을 중앙에 전달하는 비상 통신 수단이다. 전북 동부지역에는 120여 개소의 가야 봉화터가 존재하며 장수군(22개소)을 비롯해 남원시, 진안군, 무주군, 완주군, 임실군, 충남 금산군에 걸쳐 분포되어 있다. 이들 8갈래 봉화의 최종 집결지가 장수군(장계면)으로 확인되었다는 것은 가야 정치세력의 중심지가 장수라는 걸 확인시켜 주는 근거가 된다.

40년 동안 배낭을 메고 가야 유적을 찾아다녔던 곽장근 교수가 일행을 안내한 곳은 장수군 산서면 오성리 산 1-2번지에 있는 오성리 봉화터다. 봉화대 10여 미터 아래에는 봉화대를 지키며 비상시 불피울 봉화군이 기거했던 숙소터가 발굴되고 있었다.

길이 8m, 높이 2.2m인 봉화대는 나무 뿌리가 파고들어 군데군데 무너져 있었지만 옛 모습이 잘 남아 있었다. 조선시대 5봉수로의 출발지 중 하나인 여수 돌산 봉수대의 규모보다 크고 웅장한 오성리 봉화대가 세상 밖으로 나오게 된 것은 우연이었다. 곽장근 교수의 얘기다.

“1500년 동안 숲속에서 잠자고 있던 봉화가 햇빛을 보게 된 것은 우연한 일이 계기가 됐죠. 어느 날 강의를 마치고 집으로 돌아갈 준비를 하고 있던 찰나 한 어르신이 찾아와 장수군 산서면 오성리 산 정상에 가면 봉화대가 있으니 찾아가보라고 얘기해주셨어요.”

커다란 나무 뿌리가 틈을 벌려 무너져 있었지만 해발 600m 정상까지 자연석이 아닌 직사각형으로 다듬은 돌로 쌓은 봉화대는 강력한 지배 세력이 존재했다는 증거가 된다. 학술자료를 찾기 위해 발굴조사가 이뤄지고 있는 10여 m 아래 봉화군들이 머물었던 주거공간터에서는 부싯돌들이 여러 개 보였다.

후백제 축성술 90%를 원형 보존하고 있는 합미산성

오성리 봉화대 답사를 마친 곽장근 교수가 일행을 안내한 곳은 장수읍 용계리 산110-27번지에 있는 합미산성이다. 장수와 임실을 잇는 자고개에서 방어가 유리한 팔공산 자락에 위치한 합미산성은 둘레 392m로 2개의 문지와 3개의 '치'가 있는 것으로 확인되었다. '치'란 성벽에 기어오르는 적을 쏘기 위하여 성벽 밖으로 여기저기 내밀어 쌓아 놓았던 돌출부를 일컫는다.

가야가 산성 터를 닦고 백제에 이은 후백제 때 완성한 합미산성은 포곡식 산성으로 국가 기간산업인 철산지를 보호하기 위해 쌓았다. 3차례 발굴조사를 통해 집수시설 3개소, 배수로, 건물지 등이 확인되었다. 현재의 모습은 후백제 시대에 증축한 것으로 추정된다.

고도 820m 정상부에 위치한 합미산성에서는 군량미를 보관했다는 얘기가 전해진다. 후백제 축성양식인 줄쌓기, 품자형쌓기, 들여쌓기를 한 성벽은 원형 모습을 90% 보존하고 있어 유적으로서의 가치가 높다. '품자형쌓기'란 한자의 품(品)자 처럼 성벽을 쌓는 것을 의미한다.

국가 사적지로 지정되어 유적공원 사업 중인 동촌리 고분군

장수읍 동촌리 산 26-1번지 마봉산 자락에는 총 83기의 중대형 고분들이 자리하며 6차례의 발굴조사 결과 가야문화권 최초로 편자가 출토되었으며 둥근고리자루칼, 은제이식, 성시구 등의 유물이 출토되었다.

두 달여 전 답사단이 1차 방문했을 때 언덕처럼 보였던 고분군은 천지개벽하고 있었다. 고분 위에 자라는 나무를 자르고 산책로와 잔디를 심어 옛 모습을 보이자 엄청난 위용이 드러났다. 현재는 국가 사적으로 지정돼 국비와 도비를 지원받아 유적 공원화 작업이 진행 중이다. 외국에서 온 세계문화유산 심사위원들을 안내했던 곽장근 교수의 얘기다.

"외국에서 온 세계문화유산 심사위원들이 전북 가야 고총들을 둘러보고 너무 좋다며 극찬했습니다. 인위적으로 가꾸지 않고 자연미 그대로의 아름다움을 간직한 진정성을 높이 인정했기 때문입니다."

일행이 마지막으로 들른 곳은 탑동마을이다. 마을 주민들이 논밭을 파보면 탑과 관련된 유물들이 발견되어 탑동마을이라 불린 마을은 배산임수의 명당자리로 장수가야의 추정 왕궁 터다. 마을 뒤편으로 가니 절터에서 파낸 장대석이 널려 있었다.

계남면 화양리 203번지에는 알봉이라 불리는 직경 30m 이상의 큰 봉우리가 있다. 2011년 국립나주문화재 연구소에서 전파를 이용한 물리탐사를 통해 석재 인공시설물이 확인되었지만 알봉을 신성시하는 마을 주민들의 반대로 더 이상의 학술연구가 이뤄지지 않았다.

어제 없는 오늘이 있을 수 없고, 오늘 없는 내일도 없다. 전북가야는 백제, 후백제사를 연구하는 데 없어서는 안 될 타임캡슐 같은 곳이다. 관련 지자체와 학계의 지원이 절실하다. (2021. 11. 24)

교 육

오문수 기자의 흉허물 없는 사람 있소?

인권이 살아 숨 쉬는 학교 만들기

성공회대학교 인권평화센터에서 열린 교원 인권 감수성 연수

국가인권위원회는 전국의 초·중등학교 교원을 대상으로 2007년 교원 인권감수성 향상 기본과정을 개설했다. 이번 연수과정은 서울, 부산, 대구, 광주 등 전국 4개 지역에서 해당지역의 교육 전문기관을 위탁운영기관으로 지정하여 운영한다.

성공회대학교 인권평화센터는 국가인권위원회의 위탁을 받아 2007년 7월 30일부터 8월 2일까지 서울 성북동 소재 복자사랑 피정의 집에서 연수를 실시한다. 전국에서 참가한 40명의 교사는 강의와 열띤 토론을 통해 인권에 관한 지식과 가치 및 태도를 마련하는 계기가 될 것으로 보인다.

7월 30일 오전 10시에 간단한 프로그램 안내에 이어 마음열기로 서먹함을 풀고 곧바로 강의가 있었다. 다음은 인권연구소 '창'을 운영하며 이날 강사로 온 류은숙씨의 '인권의 이해'에 대한 강의 내용이다.

왜 인권이란 걸 공부해야 할까? 인권은 당연한 것이고 맘으로 느끼면 되는 것이지 공부가 필요한 걸까? 불의에 대한 모든 저항과 도전의 역사가 인권의 역사인 것이지, 굳이 서구 사회의 역사를 들먹이며 인권의 역사를 공부할 필요가 있는 것일까?

많은 사람들은 인권에 대해 습관적인 생각을 한다. 예를 들어 자유라

하면 국가로부터 자유만을 생각하지, 소유자의 구속으로부터 자유를 생각하지 않는다. 표현의 자유에 대해 국가의 검열이나 억압에 대한 반대만을 생각하지, 광고주의 압박으로부터 받는 자유에 대해 생각하지 않는다. 인권의 역사에 대해 공부할 이유가 여기에 있다.

인권의 개념에 대해 명확한 정의는 쉽지 않다. 시대적 사회적 조건 속에서 달라지며, 지배세력과 피지배세력 간의 긴장관계 속에서 변화되고, 인간의 존엄성과 자유 평등을 진정으로 구현해나가려는 속에서 새롭게 정의되고 확장되어 왔다.

인간이 존엄성을 유지하기 위해서는 인권을 필수적으로 요청하며, 인권

1 복자사랑 피정의 집

2 이창희 어린이가 쓴 시에 백창우씨가 작곡한 '박진산'

3 류은숙씨가 교사들이 발표하는 모습을 바라보고 있다

4 박진산 악보

을 보장받지 못할 때 인간은 자신의 존엄성을 유지할 수 없다. 인종, 성, 종교, 장애, 피부색, 사회적 출신, 사상, 재산 등에 따른 어떠한 차별도 없이 누구나 보편적으로 누려야할 권리다.

인권은 국가권력의 정당성을 판단하는 기준이며, 실정법의 한계를 뛰어넘는다. 나와 타인, 공동체의 인권은 상호의존하며, 자유와 평등을 핵심적 가치로 추구한다.

인권은 오늘날 '국제인권장전'에서 일정한 보편성을 획득한 반면에 이론적으로나 실천적으로나 특정 사회와 문화 속에 뿌리를 두고 있어 국가나 이념에 따라 달리 해석된다.

인간의 본성에 대해 자유주의는 개인의 자율성을 강조한다. 자기의 이익을 가장 합리적으로 계산하고 추구할 수 있는 것은 개인이며 타인들과의 경쟁과 갈등을 통해 소유물을 획득하려는 열정과 동기를 소비하는 개인으로서의 인간이다. 사유재산은 자유기업의 경쟁적인 경제 체제의 초석이 된 동시에 기본적이고 양도할 수 없는 인권이 됐다.

사회주의는 인간본성이란 것이 인간들의 삶의 조건에 의해 결정된다고 본다. 시민 정치적 권리는 자본주의 출현에서 생겨난 부르주아의 권리이고 생산수단 소유자들의 이익에 복무하는 부자연스런 것이다. 역사적 단계마다 물적 생존 조건이 인간 본성을 좌우하며, 개인의 사유는 사회구성원간의 통일과 조화를 조건으로 한다.

제3세계에서는 지금까지의 이데올로기가 공통의 서구적 유산에서 비롯된 것이고, 다양성이 무엇이든지 자신들의 집단정체성 속에서 인간성을 바라본다. 타고난 불가양의 권리를 가진 자율적 개인의 개념은 대부분 없고 집단 속에 통합된 것으로 본다.

시민 정치적 권리는 거의 심리적 의미가 없으며, 법적 권리조차도 국가건설과 경제발전이라는 일차적 요구에 종속돼 높은 경제성장과 산업화를 달성한 후에야 가능하다고 본다.

근대적 인권은 17~8세기 근대 국가와 자본주의라는 새로운 정치경제체제를 배경으로 서유럽과 아메리카에서 등장했다. 근대적 인권의 주체로 개인과 평등을, 그리고 이런 자연적 권리는 국가가 준 것이 아니므로 어떤 국가권력으로도 박탈할 수 없는 불가양의 권리다.

자유권적 내용은 소유권의 자유, 계약의 자유, 직업선택의 자유 등을 내용으로 하는 재산권의 자유, 종교, 양심, 표현의 자유 등 정신적 자유, 그리고 인신의 자유이다.

하지만 근대적 인권에는 두 가지 면에서 제약이 있다. 첫째는 근대시민혁명을 통해 자유와 평등이 선언됐지만 진정 보장되는 권리는 재산권에 한정되었다. 둘째는 '모든 사람이 똑같다'라는 전제하에 사람간의 사회경제적 힘 관계를 무시함으로써 경제적 정치적 불평등이 나타났다.

따라서 현대에는 소유권에 대한 문제제기와 인권에 정치적 법적 권리만이 아닌 사회경제적 내용이 들어가야 한다는 것을 의미한다.

소유권의 사회적 의미를 구분한다는 것의 의미는 첫째, 귀족도 자본가도 노동자도 자유롭고 평등한 시민이라는 것이었다. 기업의 재산권, 노동자의 재산권, 농민의 재산권의 사회적 의미는 다르며, 계약의 자유가 인정된다 하더라도 생존에 필요한 재화를 취득할 수 없는 것은 개인의 책임이 아니라 구조적인 문제라는 점이다.

근대적 인권에서 부르짖는 자유가 추상적 자유가 아니라 실질적으로 보장되려면 물질적 조건을 필요로 하기에 생활이 보장되는 최저임금, 공적구제, 무상기초교육, 노동조합결성과 파업의 자유 등을 인권의 내용에 담을 것을 요구했다.

둘째, 근대적 인권체계에서의 국가의 주요 임무는, 국가는 공공복지의 관점에서 사전에 규제하고 개입해야 하며 생존권 보장을 위한 조치들을 해야 한다. 현대적 인권에는 생존권, 교육을 받을 권리, 노동의 권리, 사회보장권, 식량권, 주거권 등이 있다.

유네스코 인권과 평화위원회 위원장, 국제인권사무소 사무국장 등을 역임한 프랑스 법학자 카렐바삭은, 1977년 세계인권선언 30주년 기념연설에서 국제인권의 발전을 요약하면서 3세대 인권을 언급했다.

1세대 인권은 자유의 가치를, 2세대 인권은 평등을, 3세대 인권은 우애에 초점을 둔 연대에 대한 권리를 주장했다. 3세대 인권과 1·2세대 인권의 차이는 3세대 인권이 국가 헌법의 영역을 초월한다는 것이다.

이 영역의 채무자는 한 국가가 아니라 세계의 모든 정부와 국제 조직이다. 평화유지, 환경보호, 지속가능한 발전, 인류공동의 문화유산에 대한 공동의 권리, 커뮤니케이션의 권리는 세계적 연대를 통한 지구적 문제이다.

오후 7시부터 9시까지는 이십년 가까이 시를 쓰고 작곡하는 음악가인 백창우씨와 함께하는 특별음악회 시간이었다. 백씨는 '해야 해야 잠꾸러기 해야', '감자꽃', '콩밭 개구리' 등과 같이 '아이들에게 아이들 노래를 돌려주자'는 생각으로 어린이 전문음반사인 '삽살개'를 만들었고, 어린이노래모임인 '굴렁쇠 아이들'을 만들어 함께 공연하고 있다.

백씨는 "음악을 말할 때 잘 하고 못 하는 사람을 구분하면 안 된다. 아이들은 선수가 아니다. 잣대를 가지고 재지 말고 누구나 즐기고 누구나 주인이 되게 지도해야 한다.", "어린이들은 시의 씨앗을 품고 있지만 자라면 자랄수록 감수성을 잃어버린다."

"이 세상에 같은 것은 없다. 모두가 다르다. 다른 것을 인정하지 않는 교육은 깡통 교육이다. 지금 나오는 많은 가사가 몸이 아닌 머리로만 써서 상투적인 어구의 가사로만 쓴다."

"노래는 악보에 있는 그대로만 불러야만 하는 것은 아니고 움직이는 것이다. 옛날에는 가사가 불어나기도 하고 빼기도 하여 동네마다 민요가 달리 불리기도 했다. TV가 나오면서 문화의 주인에서 구경꾼으로 전락했다. 음악을 어린이의 눈으로 볼 수 있도록 돌려줘야 한다.”

다음 노래는 이창희라는 어린이가 지은 시에 백씨가 작곡한 ‘박진산’이라는 노래이다. 박씨는 가끔 아이들에게 마음 내키는 대로 개사하여 짓도록 허락한다. 어느 아이가 ‘박진산’에 개사하여 붙인 가사이다. 개사한 가사를 비교해보고 아이들의 상상력이 얼마나 기발한가를 보자.

개 짖는 소리는 개 짖는 소리는
공자왈도 맹자왈도 아닌 왈왈왈

(07. 08. 01)

학생들을 영어의 바다에 빠뜨려라

다중지능이론을 이용한 영어 수업 강평회 열려

10월 19일 오후 2시부터 4시 반까지 여수 여도중학교 2학년 7반에서는 전라남도 내 30여 명의 영어 교사가 참여한 가운데, TV교육방송으로 중계된 가운데 여도중학교 정영우 선생님의 다중지능이론을 도입한 TEE(Teaching English in English) 수업 공개 행사가 있었다.

TEE란 영어 수업을 영어로만 하는 것을 말한다. 전라남도 교육청에서 도입한 이유는 점차적으로 원어민교사수를 줄여서, 그 예산을 일선의 영어교사들의 연수에 투입하고 결국은 모든 영어교사들이 원어민처럼 교실에서 수업이 가능하도록 한다는 것이다.

다중지능이론은 모든 아이들에게는 타고난 각자의 흥미와 호기심이 있고, 이를 마음껏 추구하다보면 자기도 모르게 한 곳에 몰입하게 되고, 몰입하게 되면 능력이 쌓이면서 학습에 성공을 경험하게 되고, 몇 차례 성공을 경험하게 되면 자연스럽게 자신감이 생겨 공부에 대한 의욕이 높아진다는 교육철학이다.

창안자인 하워드 가드너(Howard Gardener)에 의하면 인간의 지적활동에는 다음과 같은 8개의 지능이 있다.

첫째, 말과 글로 언어를 효과적으로 구사하는 언어적 지능. 둘째, 숫자를 효과적으로 사용하고 추론하는 논리 수학적 지능. 셋째, 시공간적 세계를 지각하고 형태를 바꾸는 공간적 지능. 넷째, 신체를 이용해서 감정을 표현하는 신체 운동적 지능. 다섯째, 음에 대해 지각하는 음악적 지능. 여섯째, 상대방의 감정과 기분을 읽을 수 있는 대인관계 지능. 일곱째, 자아를 이해할 수 있는 개인이해 지능. 마지막으로, 주변 사물을 구별하고 분류하는 자연관찰적 지능을 말한다.

1 정영우 교사의 TEE수업에 대한 보고회

2 수업시간에 발표를 했을 때 주는 스티커들로 결과를 수행평가에 반영한다

3 책 만들기 수업을 통해 영어수업 효과를 극대화하는 교실

4 공간적 지능이 높은 그룹이 작성한 그림과 내용 설명

이는 특정교과를 잘 가르쳐 이와 연관된 특정한 지능을 개발한다는 말이 아니라, 각 교과를 가르치되 교과의 내용을 각 학생의 탁월한 지능을 활용하여 제시한다는 것이다. 가령 국어시간일지라도 음악적 지능이 높은 학생에게는 음악적 방법을, 공간적 지능이 높은 학생에게는 공간적 지능을 활용한 수업을 전개한다는 것이다.

정영우 교사는 다중지능검사결과에 따라 학생들을 8개(학급정원 32명) 그룹으로 나누어, 교탁을 중심으로 둥글게 배치했다. 네 명중에는 모든 그룹 활동을 총괄하는 리더(leader), 화이트보드와 스티커 판을 관리하는 키퍼(keeper), 그룹 활동의 결과물을 발표하는 서기(writer), 각종 과제물을 점검 관리하는 체커(checker)로 나눠 역할 분담을 시켰다.

본문의 교재 내용을 TV를 통해 들은 학생들은 각 조별로 교재내용에 대해 재구성하기 시작했다. 음악적 지능 팀은 음악을 이용해 내용을 발표하고, 공간적 지능 팀은 멋진 그림을 그리고 재구성한 내용을 그림으로 표현하였다. 또한 신체운동지능 팀은 역할극이나 연극을, 개인이해지능 팀은 보고서 형태로 내용을 설명했다.

학생들은 조별로 주어진 임무를 해결하고 TV카메라가 3대나 촬영하는데도 스스럼없이 웃으며 발표에 열중했다. 간혹 틀린 학생도 있었지만 45분이라는 짧은 시간인데도 전 학생이 빠짐없이 발표를 하여 참석한 교사들을 흡족케 했다. 정 교사의 수업을 받는 학생들은 "수업이 엄청 재미있다"고 이구동성이다.

아무리 좋은 수업도 학생들의 참여가 없으면 별 의미가 없다. 그가 학생들의 참여율을 높이기 위해 활용하는 방법 중 하나는 스티커 제도다. 과제를 잘 수행했거나 적극적으로 수업에 참여하면 조별 및 개인별로 스티커를 주고, 스티커의 수에 따라 수행평가가 달라지기 때문에 학생들은 기를 쓰고 하게 되고 결과는 대성공을 거뒀다.

그동안 학생들에게 제시됐던 수업목표를 학생들은 어떻게 받아들일까? 대부분 학생들은 별로 의미 없이 받아들였다. '본문을 읽고 질문에 답할 수 있다'가 아닌 '왜 제과점 주인이 화를 냈는가에 대해 말할 수 있다'와 같은 유의미한 수업목표가 제시되어야 학생들이 확실히 인식할 수 있다.

영어 회화 능력을 기르기 위해 그가 고안해 낸 방법 중 하나는 3/2/1 Free Talking 방법이다. 전 시간에 미리 주어진 주제를 파트너와 3분, 파트너를 바꿔 2분, 다른 파트너와 1분 동안 대화하는 방법으로 '컴퓨터 게임' 같은 흥미 있고 쉬운 주제는 효과 만점이다.

학생들을 영어의 바다에 빠지게 하는 수업은 재미있고 쉽게 가르치는 것이다. 수업이 재미있어야 아이들이 반응하고, 빨리 받아들일 수 있다. 각자에게 영어이름을 짓게 하고, 조별로 발표할 때는 '도전 골든벨' 프로그램에서 사용된 소규모 하얀 칠판을 사용하여 발표케 하여 다른 학생이 볼 수 있도록 했다.

과마다 쓰게 하는 미니 저널은 학생들의 영작문 실력을 배가시키는 좋은 계기가 되고 있다. 예를 들면 1과에서는 '새 학년이 시작됐습니다. 올해는 무엇을 계획하고 있습니까?'와 같은 주제를 주어 최소한 5줄 이상의 문장을 쓰게 했다.

그가 강조하는 영어 교육으로는 독서를 들 수 있다. 어린이 신문인 'The Kids Times'나 'Teen Times' 등을 제시하거나 옥스퍼드 대학 출판부에서 어린이용으로 발간한 '세계명작시리즈'를 준비하여 스토리를 간단히 요약하게 한다.

학생들이 책을 읽은 후 점검받으러 왔을 때는 학생들의 수준에 따라 다양한 방법으로 질문을 통하여 확인한다. 도서를 선정할 때 주의할 점은 절대 자신의 실력보다 높은 책을 고르지 않도록 하는 것이다. 독서 실력이 향상됨에 따라 수준도 올려야 하며 끊임없는 격려와 칭찬이 필요하다.

진도 나가랴 학급 관리하랴 정신이 없는데도 굳이 마다하지 않고 교육 실험을 하느라 쉬는 시간에도 가만히 쉴 틈이 없는 정 교사는 "획일적이고 구태의연한 수업으로 학생들이 사육되어서는 안 된다."고 말한다.

강평회에 참가한 김수진 교사는 "다중지능이론에 입각한 모둠활동이 상당히 참신하다. 학생들의 적극적인 참여를 유도해 낼 수 있는 다양한 활동을 공유할 수 있는 결과를 이끌어 냈다."고 말했다.

한편, 곽경화 교사는 "교사주도 수업이 아닌 학생 참여 수업으로 이끌어 다양하게 영어를 구사할 수 있게 하고 영어에 대한 재미를 높였지만, 영어 수준이 낮은 학생들에게는 적용하기가 힘들겠다."고 소감을 말했다.

김해룡 연구사는 "영어교사는 이중으로 힘들다. 하지만 TEE수업은 글로벌 인재육성책의 하나이며, 2010년 중반까지는 원어민을 현장에서 배제할 수 있을 만큼 유창한 영어로 수업을 할 수 있도록 하는 게 전라남도 교육청의 목표"라고 말했다. TEE제도는 서울시 교육청에서도 우수사례로 벤치마킹했다.

"교육의 방향이 개개인의 특성을 계발한다면 그것이 곧 자아실현이고 행복한 삶을 누릴 수 있는 토대를 제공해줄 수 있다"는 정영우 교사에게서 영어 교육의 희망을 본다. (07. 10. 20)

책 만들며 영어 배워요

여수 여도중학교 김은숙 교사의 특별한 영어 학습

사람들은 디지털화가 진행되면 책은 곧 없어져 구시대의 유물로 전락할 것이라고 생각한다. 그러나 책은 아직도 건재하고 정보를 유통하고 비판적인 사고를 기르며, 인류를 교육하는 데 중요한 역할을 한다.

컴퓨터가 아무리 발달했다고 해도 사람의 손에 들린 책 읽는 것보다는 불편한 것이 사실이다. 책이 아직도 존재하는 이유 중 하나는 사람의 '소유욕'일 것이다. 값을 지불하고 자신의 책으로 소유하고자 하는 사람의 일종의 허영이 없어지지 않는 한 앞으로도 역사를 이어갈 것이다.

인류는 의사전달을 위해 초기에는 몸짓이나 음성을 그 수단으로 삼았다. 그 후 간단한 기호나 그림을 통해 의사소통을 했다. 이어 문자가 발명되자 적어 놓을 대상물이 필요했다. 초기에는 생활 주변의 돌, 갑골, 나뭇조각 등에 글자를 새겨놓았다. 이런 기록들을 꿰매 놓은 것을 책이라 한다.

책에 관한 유네스코의 정의는 펼쳐보기 쉽고, 운반가능하며 목적 있는 내용을 가진 49쪽 이상 분량의 속장과 보호할 표지가 있어야 한다. 또한 출판되어져 일반인이 사용하며 비정기적으로 간행되는 인류의 사상, 행동, 경제 등 모든 인간의 지적활동 기록을 책으로 간주한다.

서지학의 시각에서 본 책의 정의는 '문자를 수단으로 표현한 지적 소산이 담긴 물리적 형태이다'라고 정의한다. '교실에서 아이들과 함께하는 책 만들기'에서의 책의 정의는 수업사전활동, 수업활동, 학습정리 등을 포함한 모든 교육 활동 속에서 아이들의 글과 그림으로 만든 학습결과물이다.

영어교사라면 누구나 영어 잘한다, 영어를 참 잘 가르친다고 인정받고 싶은 욕구가 있다. 쉬울 것 같지만 참으로 어려운 일이다. 영어교사는 어떻게 보면 요즘 가장 힘든 직업 중 하나가 아닌가 여겨진다.

학생들의 영어 수준이 갈수록 향상되고, 다양한 학습 자료와 교수 방법이 여기저기서 개발되어 봇물처럼 소개되고 있다. 영어교사에겐 교육과정의 목표와 학생들의 입맛을 모두 충족할 만한 높은 수준의 영어구사력과

1 왼쪽은 캐릭터 만들기 교재의 내용이고 오른쪽은 '이강산' 학생이 만든 가족 소개 캐릭터로, '아버지 머리 모습이 배추 닮았고 김치를 너무 좋아해 김치맨'이라고 붙인 가족 소개 캐릭터이다

2 책 만들기 수업을 통해 영어수업 효과를 극대화하는 교실

3 일명 '층층이 책'이라고 불리는 '스텝북'으로, 캐릭터에 대한 이야기와 독서 후기 및 퀴즈와 단어 등이 기록된 책이며 가족에 대한 이야기가 적혀 있다

세련된 수업 기술이 요구된다.

여수 여도중학교 김은숙 교사는 영어교사다. 그녀는 조금만 방심하면 언제 '실력 없는 교사'라고 낙인찍힐지도 모르는 부담 속에 산다. 게다가 지금 하는 수업은 어딘가 부족한 것 같고 도대체 맘에 들지 않을 때가 많다. 이런 문제로 오랫동안 고민하다가 교실에서 즐거운 수업을 하기 위해 책 만들기에 나섰다.

여도중학교 김은숙 교사가 사용하는 책 만들기 유형을 들면 다음과 같은 것들이 있다.

1 바퀴처럼 생겨 '휠북'이라고 이름 붙인 것으로 과정을 나타내거나 정리문제를 작성할 때 효과적이

2 학생들이 수업 중 만든 내용을 둥글게 붙여, 일명 '아코디언 책'이라고 불리는 책 내용에 대해 학생들과 묻고 답하는 김은숙 교사

3 학생이 만든 영문 한국 소개서

4 김은숙 교사로부터 책 만들기 연수를 받는 교사들

Codex: 낱장을 묶어 꿰맨 형태로 견고하고 취급이 간편하다. 로마의 발명품인 이 코덱스는 기독교의 대중화에 기여하였다.

Fold Book: 한 장이나 여러 장의 종이를 아코디언처럼 접어 만든 형식으로 손쉽게 만들 수 있고 아이들의 흥미도 유발할 수 있어 교육적 효과가 크다.

Fan Book: 한쪽이나 중심을 고정시킨 행태로 동양의 부채와 같은 모습이다.

Bilind Book: 블라인드는 양쪽을 고정시키는 형태로 창문의 블라인드와 같은 형태이다.

Scroll Book: 두루마리 형태의 책이다.

Step Book: 일명 층층이 책이라고도 하며 전화번호부와 비슷한 모양이다.

Wheel Book: 바퀴처럼 생겨 붙여진 이름이며 과정을 나타내거나 정리 문제를 작성할 때 효과적이다.

초등학생 수업에만 활용할 것 같지만 중학생들에게도 유용하며, 매 단원마다 한 가지씩 교실에서 그룹별로 만들어 발표를 하면 지루하던 수업도 훨씬 재미있으며 살아있는 수업이 된다.

(주)두산에서 출판된 1학년 영어교재 11과의 '모든 곳에 캐릭터가 있다'(Charters are everywhere)를 배우는 1학년인 심우영 학생은 "U자형으로 만든 자리배치가 특색 있고, 자기 자신의 캐릭터를 만듦으로써 수업이 훨씬 재미있으며 딱딱하지 않다. 또한 배운 내용이 잘 이해되고 창의적인 캐릭터들이 나와 즐겁다."고 말했다.

김 교사는 전라남도 중등학교 영어 자격연수에서 강의도 하고, 이주민 여성을 위한 원어민보조강사 ICT기반 영어심화연수에서 강의도 한다. 학습경험과 활동을 극대화하는 수업, 학생중심의 생생한 수업을 통해 영어로 의사소통을 할 수 있는 기본적인 능력을 기르도록 애쓰는 그녀의 뒷모습이 아름답다. (07. 12. 11)

3년 연속 수능 영어 만점, 비결이 뭐냐고요?

대학교 4학년 학생이 후배들에게 비법을 전하다

9일(금) 오후 2시반. 여수여도중학교 3학년 250명의 학생들이 미리 나눠준 인쇄물을 들고 시청각실에 모였다. 이날의 특별손님은 선배인 조태원 학생이다. 그동안 기말고사에 시달리던 학생들은 훤칠하게 큰 키와 하얀 티셔츠에 넥타이를 맨채 반쯤 소매를 걷고 강단에 선 선배의 강의에 기대반 호기심 반이었다.

조태원 학생은 여수고등학교 재학 중에 텝스 940점, 토익 950점을 받았으며 대학교 재학중에 자신의 영어 실력을 평가해보기 위해 치른 3번의 수능모의고사에서 외국어영역에서 모두 만점을 받았다. 조군은 현재 서울교육대학 4학년에 재학 중이다.

현재 D일보, J일보 교육섹션에서 영어 때문에 힘들어하는 학생들에게 도움을 주고 있다. 또한 네이버 입시카페 수만휘에서 영어술사로 활동하면서 칼럼을 쓰며 대학 입시에 어려움을 겪는 학생들에게 멘토 역할을 하고 있다. 저자에게 수능영어 만점 비법을 들었다.

- 현재대학교 4학년으로 수능용 영어교재 '영어술사 만점비법을 말하다'를 집필했는데 언제부터 책을 써야겠다고 생각했습니까?

"우연치 않게 책을 쓰라는 제의를 받아, 그 때부터 책을 쓰기 시작했습니다. 사실 책 쓰는 일이라 하면, 전문가나 하는 것이라고 생각해서 저와 관련이 없는 일이라고 생각했는데, 출판사에서 먼저 책을 쓰고 있었던 고등학교 친구의 소개로 책을 쓰게 되었습니다. 저의 약력과 만들어간 책의 목차를 보고 책 쓰는 것을 허락하였습니다. 그래서 2009년 7월부터 저술하기 시작했습니다."

– 영어 매력에 빠지기 시작한 것은 언제이고 그 이유는 무엇입니까?

"초등학교 3학년 때 학교에서 영어를 배우기 시작하면서라고 생각합니다. 초등학교 3학년이 되기 전에는 영어의 알파벳도 모를 정도로 영어를 접해본 적이 없었습니다. 하지만 영어를 공부하면서 왠지 배우기 쉽고, 재미있다는 느낌이 들어서 영어 수업 시간에는 매번 즐거웠고 남들보다 더 쉽게 공부를 했습니다. 그리고 4학년 때부터는 어학원을 다니기 시작했는데, 외국인과 이야기하기 위해서는 영어를 배워야 한다는 필요성을 느꼈기 때문에, 남들보다 더 열심히 공부했습니다."

– 대학생이면서도 책을 집필할 정도로 영어의 매력에 빠졌는데 왜 영어를 전공하는 대학에 진학하지 않고 교육대학에 진학했습니까?

1 여수여도중학교 3학년 학생들을 위한 수능영어 만점비법 강의. 선배인 조태원 학생이 후배들에게 강의하고 있다

2 조태원 학생이 후배들에게 수능영어 만점비법을 강의하고 있다. 그는 3년 연속 수능영어 만점을 받고 현재 대학교 4학년으로 '영어술사 만점비법을 말하다'를 집필했다

"교육대학에 진학하게 된 것은 부모님의 영향이 큽니다. 수능 점수로도 서울대학교 중위권과 정도 들어갈 성적이 나왔지만, 초등학교 선생님인 아버지께서는 교대의 길을 추천하셨고, 저도 평소 교육에 관심이 많았기에 교대를 진학하게 되었습니다. 하지만 교대를 다닌다고, 모든 학생들이 똑같은 초등학교 선생님이 되는 것은 아니기 때문에, 제가 할 일을 찾아 최선을 다하고 있습니다."

– 3년 연속 수능영어 만점을 받았는데 특별한 비법이라도 있습니까?

"수능이라는 시험 역시도 학생을 평가하는 하나의 수단입니다. 그래서 먼저 영어에 대한 기본 실력은 필요합니다. 저의 경우, 중학교 재학 중에 이미 수능 수준의 단어 실력과 문법 실력을 갖추어 놓았기 때문에 남들보다 뛰어난 영어 실력이 있었습니다. 그리고 고등학교 입학해서는, 수능이라는 시험이 어떻게 출제되는지를 스스로 깨달아가면서 출제자의 의도를 알고 문제를 효율적으로 푸는 방법을 깨달았기 때문에 남들보다 빠른 시간 안에, 정확하게 정답을 맞히는 능력을 가지게 되었습니다."

– 학교수업을 중시하는 학생과 학원이나 자신만의 공부법을 고집하는 학생과의 차이점은?

"요즘 학생들은 학원이나 인터넷 강의에 지나치게 의존하려는 경향을 보입니다. 이렇게 공부하면서 점수를 어느 정도 끌어올릴 수는 있겠지만, 스스로 생각하면서 하지 않는 공부는 한계를 보이기 마련입니다. 즉, 점수가 일정한 한계치에 다다르고 더 이상 오르지 않게 됩니다. 하지만 학교수업을 중시하는 학생은 다릅니다. 학교수업을 중시하는 학생들은 기본적으로 자기주도적으로 공부하는 방법을 알기 때문에 성적이 향상되는 속도는 다소 느릴지라도, 최종적으로는 만점에 도달할 수 있는 가능성을 가지고 있습니다. 물론 이 때 올바른 공부 방향을 제시해주는 선생님의 조언이 필요합니다. 자신만의 공부법을 고집하는 학생의 경우, 그 방법이 옳다면 좋은 성적을 거두겠지만, 그렇지 못하다면 오히려 학원을 다니는 학생보다 좋은 성적이 나오기 힘들 것입니다."

– 항간에는 '문법을 버려라'고 하는 사람도 있는데요?

"제 생각엔, '아주 세세한 문법은 버려라'라는 말은 맞지만 문법을 버릴 수는 없습니다. 왜냐하면 문법은 문장을 해석하기 위해서 반드시 알아야 하기 때문이죠. 흔히 문법하면, 문법책에 나와 있는 문법이론들만 생각하게 되는데, 원활한 의사소통과 글의 정확한 전달을 위해서 문법은 반드시 필요한 것입니다. 현재 수능에서 묻는 문법 문제들도 매우 필수적인 부분들을 묻고 있습니다(수일치, 관계사, 태, 가정법 등). 하지만 실생활에서 필요 없거나 너무 지엽적인 문법 내용의 경우, 현 교육과정 내에서 굳이 배울 필요가 없다고 생각합니다."

– 앞으로 더 많은 교재 집필이나 연구활동에 전념할 생각은?

"책이 출간된 이후, '수만휘'라는 입시카페에서 만드는 '수만휘 공부법 사전'의 외국어영역 저자로 선발되어 현재 저술 작업을 하고 있습니다. 그 뒤로는 아직 잡힌 일정은 없습니다. 하지만 가능하다면 계속해서 책을 집필하고 싶고, 꾸준히 학생들에게 도움을 주는 멘토 역할을 하고 싶습니다. 또한 영어공부법에 대해 관심을 갖고 그와 관련된 서적을 읽으면서 영어 공부법을 좀 더 구체적, 체계적으로 강화하고 싶습니다."

– 영어지문을 읽을 때 직독직해를 하라는 말들을 보통 하는데, 직독직해를 하는 방법은?

"저는 끊어읽기를 먼저 한 후에, 직독직해를 해야 한다고 생각합니다. 끊어읽기는 주어, 동사, 목적어, 보어, 수식어 단위로 끊어서 문장성분을 표시한 후에 해석하는 것으로, 문장해석이 어려운 학생들에게 먼저 추천하는 방법입니다. 하지만 우리가 문장을 해석하는데 있어서 모든 문장을 이렇게 세세하게 끊는 것은 효율적이지도 않고, 문장의 의미를 파악하는

데 장애가 됩니다. 그래서 제가 강조하는 직독직해는 문장 성분을 의미덩어리로 묶어서 더 간단하고 빠르게 글을 이해할 수 있도록 합니다.

1형식 : (주어+동사)

2형식 : 주어+(동사+보어)

3형식 : 주어+(동사+목적어)

4형식 : (주어+동사)+(간접 목적어)+(직접 목적어)

5형식 : (주어+동사+목적어)+(보어)

또한 숙어는 하나의 의미 덩어리로 취급하고, 상관 접속사는 동그라미로 표시해서 한눈에 보이게 합니다."

– 학원에서는 '리딩 스킬'을 강조하며 학생들에게 일부분만 읽고도 문제를 맞힐 수 있다고 하는데, 이에 대해서는 어떻게 생각하는지?

"분명히 글을 읽는 기술은 있지만, 학원가에서 강조하는 리딩 스킬은 잘못된 것이라고 생각합니다. 논리적인 근거 없이 일부분만 읽으면 된다고 강조하는 것은 타당성이 떨어지기 때문이죠. 제가 생각했을 때 리딩 스킬은, 글의 논리적 흐름을 알게 해주는 '접속사'를 표시해가면서 글의 주제 및 전개 과정을 파악하는 능력입니다. 보통 글의 주제가 지문의 첫 문장과 마지막 문장에 있는 것은 사실이나, 이 사실이 다른 문장은 보지 않아도 된다는 결론에 자연스럽게 도달하게 만드는 것은 아닙니다. 즉, 예외가 있을뿐더러, 일부분만 봐서는 문제 해결이 어렵게 출제 경향이 바뀌고 있으므로, 학원가에서 말하는 리딩 스킬은 지양되어야 한다고 생각합니다."

– 단어를 잊어버리지 않고 확실히 외우는 본인만의 비법이 있다면?

"단어를 암기함에 있어서의 중요한 습관은 바로 '반복 암기'입니다. 저의 경우, 항상 오늘 외울 단어를 외우기 전에, 과거에 외웠던 단어들을 빠르게 처음부터 복습했습니다. 그래서 단어장 하나를 외우고 나서도, 단어장에 있는 단어와 단어의 뜻뿐만 아니라, 동의어와 반의어, 예문까지도 기억날 정도로 단어장을 완전히 마스터했습니다. '이렇게 외우면 시간이 많이 걸리지 않느냐?'라고 의문을 제기할 수 있지만, 이러한 방법을 통해서 단어를 외우고 까먹게 되는 경우를 방지함으로써 결과적으로 오히려 더 많은 단어를 알 수 있습니다. 또한 계속 반복해서 본 내용은 점점 보는 속도가 빨라지기 때문에 생각보다 시간이 많이 걸리지 않습니다."

아직 발등에 떨어진 불이 아닌 중3 학생들이라 열심히 듣지 않는 학생도 있었지만 선배라는 것만으로도 깊은 관심을 가지고 경청하는 학생들에게 소감을 들었다. 깊은 관심을 보인 김광현 학생의 대답이다.

"선배님께서 책을 내시고 강연까지 해주셔서 묘한 느낌이 들었습니다. 가장 인상깊게 들었던 부분은 단어를 외우는 부분과 받아쓰기를 연습하라는 부분입니다. 단어장을 한 번 보고 덮어버리는 학생들이 있다는 이야기를 하실 때 꼭 나를 보는 것만 같았습니다. 받아쓰기도 아주 효과적인 방법이라는 생각이 들었습니다."

임유미 학생은 "지금 내가 고등학교에 진학해 영어를 잘할 수 있을까 하는 고민이 있었는데, 내가 하는 방식과 비슷하다는 걸 알고 자신감이 생겼습니다." 똘망똘망한 눈을 껌벅이며 열심히 받아 적고 있던 황태연 학생의 느낌을 들었다.

"처음에는 경력이 대단해 영어비법도 굉장히 거창하고 따라갈 수 없는 줄로 알았는데 듣고 보니 그리 대단한 것은 아니라는 것을 알고 놀랐습니다. 단지, 영어에 관심을 가지고 자신을 영어라는 틀에 알맞게 변화시키는 것이 영어고수로 가는 길이라는 걸 알았습니다. 강의가 짧고 간결했지만 여운은 두 배로 길었습니다."

영어가 주는 끝없는 짐으로 고통스러워하는 학생들. 고개를 끄덕거리며 무언의 다짐을 하는 학생들의 상기된 얼굴을 보았다. (10. 07. 11)

요즘 아이들 '성관계 하면 임신' 안 통해요

여수시청소년성문화센터 동아리 '그린나래' 주최 '청소년 자치포럼'

덩치만 크지 속은 비어 어른들 속만 썩이는 줄 알았던 중학생들이 사고를 쳤다. 이 정도의 설문조사 결과를 내는 건 어른들도 하기 힘든 일이다.

'날개를 펴고 날아가 그린 듯이 아름다운 성을 전하자'라는 뜻을 지닌 여수시 청소년성문화센터 동아리 '그린나래'는 지난 10월 4일부터 14일까지 설문조사를 벌였다. 성과 관련해 궁금한 게 많아 지역 청소년들의 성교육실태를 주제로 자치포럼을 준비하게 되었고, 이를 위해 설문지를 작성하여 각 학교를 찾은 것.

이 설문에 참여한 학생 수는 900명(여수 소재 고등학생 1, 2학년 440명, 여수 소재 3개 중학교 2, 3학년 460명). 이들은 학교별·계열별(중·고, 남·녀, 남녀공학, 국·공·사립, 실업·인문)로 분류해 설문지를 배부했다.

그린나래는 10월의 마지막 날을 하루 앞둔 30일, 100여명의 학생들이 모인 여수시 청소년수련관 놀이마당에서 열린 청소년 자치포럼에서 그 설문 결과를 공개했다. 하루가 멀다 하고 터지는 성폭력 사건으로 떨고 있는 이들이 "저희 청소년들의 얘기에 귀 기울여 주세요."라고 외치며 청소년 자치포럼을 연 것. 이들의 이야기 주제인 '우행성'(우리가 만드는 행복한 성이야기)을 들어보자.

여수시청소년수련관 놀이마당에서 있었던 청소년 자치포럼 현장

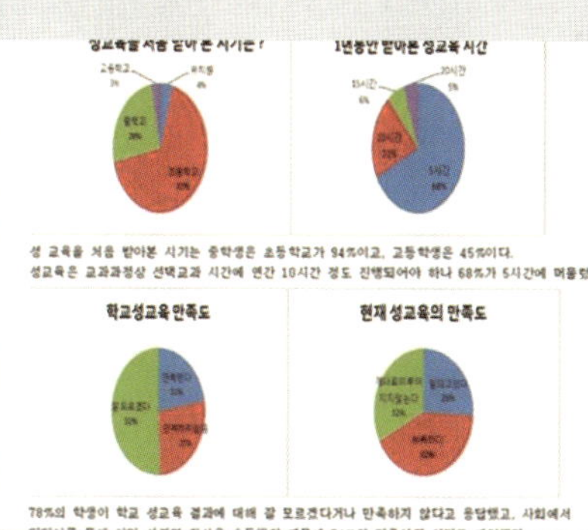

청소년 성의식 설문조사 결과 1

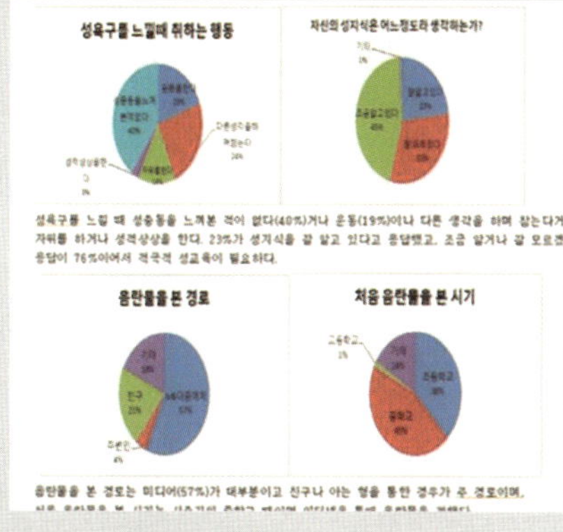

청소년 성의식 설문조사 결과 2

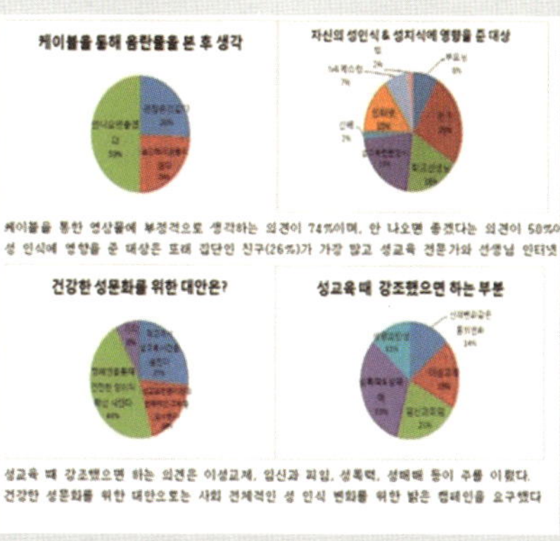

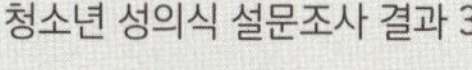

청소년 성의식 설문조사 결과 3

74%의 학생들이 연예인들의 무분별한 성 표현물에 대해 부정적으로 생각하고 불쾌하다고 답했다. "연예인 노출 이제 STOP" 캠페인으로 성문화센터 현관에 학생들이 설치했다

포럼을 끝내고 참석한 학생들과 깜찍한 표정으로

말초신경만 자극하는 일부 미디어 반성해야

그린나래 회원들이 설문지를 준비하며 가장 중점을 두었던 분야는 여수시 청소년들의 성 인식에 대한 것이었다. 강경숙 양의 설명이다.

"청소년들이 자신의 정신적, 신체적 변화에 대해 어떻게 받아들이고 있는지를 알아보고, 어디서 성교육을 받았는지 그리고 어떻게 받고 있는지와 그에 따른 만족도를 조사했습니다. 조사에 따르면 대부분 어느 정도 만족하고 있긴 하지만 우리들이 가진 직접적인 고민을 해결해주기는커녕 동영상을 단체로 보여 준다든지 뉴스에서 떠드는 성범죄나 성폭력에 관한 내용을 교육하는 것이 전부였습니다.

성에 대해 어른들에게 질문하면 먼저 얼굴을 붉히거나 '쪼그만 녀석이 벌써 그런 것에나 눈을 떴냐'는 꾸중을 듣기가 일쑤였습니다. 그래서 말이 통하는 친구나 인터넷검색을 하는 것이 보편적인 고민 해결법이었습니다. 하지만 인터넷만 켜면 나오는 유해사이트, 길거리에 뿌려진 노출사진, TV 속에서 과도하게 노출한 연예인들 더 이상 보고 싶지 않아요. 이제 저희들의 이야기에 귀 기울여주세요."

청소년기의 성문제는 단순히 청소년의 관심사로 그치는 것이 아니라, 청소년 정신건강 전반과 성인기의 사회적 건강 문제와 밀접한 관련이 있다. 신여진 양의 설명에 의하면, 청소년들이 생각하는 성은 금기시되고 불온한 것이며 포르노와 같은 어두운 성이었다.

성교육을 받는 곳은 대부분 학교인데 학교에서는 "그저 조심하면 된다."라는 등의 교육만 해주지 학생들에게 민감하고 영향을 미칠 요소는 부족하다. 대부분 학생들은 성교육시간을 늘려줬으면 하는데, 학교 등은 지정돼 있는 성교육도 하지 않고 교육 자체도 지루하기만 하다는 것.

신양이 지적하는 학교 성교육의 문제점은 시사하는 바가 크다. 교육을 담당하는 교사나 교육지원청이 눈여겨 볼 대목이다.

청소년들이 요구하는 성교육관을 귀 담아 들어야

"학교에서 실시하는 연간 성교육시간은 5시간 정도가 68%로 가장 많았으며, 초등학교와 중학교에 비해 고등학교에서 성교육이 제대로 이루어지지 않고 있습니다. 현재 형식적으로 진행되는 성교육도 초등학교와 중학교의 경우 '사춘기의 신체적 변화'를, 고등학교에서는 '성병, 에이즈 등 성 관련 질병, 피임, 인공임신중절'에 대한 내용을 영상으로 보여주는 교육이 다반사였습니다.

하지만 청소년들이 요구하는 성교육은 ▲이성 간 우정과 사랑 ▲이성교제 ▲남녀 성 심리의 차이 ▲자위행위 ▲성욕구와 성충동 해소방법 ▲남녀간 의사표현 및 자기주장 방법 순으로 나타나 '이성 간 우정과 사랑, 이성교제 문제'에 대해 관심이 많음을 알 수 있습니다."

설문조사결과 가정에서 성교육을 받은 사람은 16% 밖에 되지 않았다. 가정에서 성교육을 받고 싶어하지만 부모님들과의 문화적 차이와 성적인 이야기를 할 만큼 편안하지 않다는 것이 이유다. 어른들에게 물으면 "너는 공부나 하지 뭘 그런 걸 다 묻니", "학교에서 배우지 않았느냐", "어린 것이 벌써부터 그런 것을 물어보냐"라는 말로 가정 내 성교육을 터부시하고 있다.

청소년들이 어리다는 이유만으로 학교와 가정이라는 소규모 공동체에서도 성에 대해서 어떻게 대처해야 하는지, 어떻게 생각하고 있는지에 대해 알려주지 않는다면, 청소년들은 성을 건강하고 밝고 아름다운 것이 아닌, 어둡고 수치스럽고 불온한 것으로 생각할 수 있다.

학교 성교육 정규 교과목으로 편성해야

현재의 성교육은 별도의 교과목으로 편성되어 있지 않다. 학생들의 성 성숙 정도와 요구수준에 맞춰 체계적이고 내실있는 성교육이 이뤄질 수 없는 상황. 따라서 학생들의 발달 단계와 요구수준, 나아가 시대 흐름에 맞게 성교육을 변화시켜야 한다. 미디어 및 체험위주의 성교육이 되도록 해야 한다. 현행 교육과정에서 성교육은 정규교과가 아닌 선택교과로, 모두 합쳐 10시간 정도이지만 실제로는 5시간 정도만 실시한다.

다른 OECD 국가의 경우 각 학교 필수교과시간에 성교육을 배정해 운영할 뿐만 아니라, 학기별로 20시간 이상의 실제적이고 체험위주의 성교육을 진행하고 있다.

호주에서 여자고등학교에 다녔던 학생의 성교육 사례다.

"호주에서는 고등학생의 50%가 성경험이 있어요. 따라서 성교육이 아주 실제적으로 이루어집니다. 주1회 필수과정으로 들어가 있고, 피임약의 종류, 효과 부작용에 대해 조사하고 보고서를 쓰며 수행평가를 합니다. 남자 성기모형에 콘돔 씌우기, 에이즈의 무서움, 여자가 자기 몸을 보호하는 방법, 자신이 원하지 않을 때 남자친구가 성관계를 요구하면 '노'라고 크게 외치라고 교육합니다.

또한 성폭력 상황이 발생하면 샤워하지 말고 산부인과나 응급실에 가서 정액을 채취해 강간범을 잡도록 교육해요. 한편 강간을 당하면 72시간 내에 가까운 약국에 가서 응급피임약을 복용해야 임신이 되지 않는다고 교육합니다."

광주광산구청소년성문화센터 팀장 박수경씨의 얘기다.

"학교에 성교육하러 가면 교장이나 담당교사가 '솜털같은 우리 아이들 이런 것들은 알려주지 마세요'하며 교육 내용을 미리 제한합니다. 단순하게 임신하기 때문에 성관계를 갖지 말라는 말은 아이들에게 먹히지 않아요. 기본적으로 어릴 때부터 성평등의식을 심어줘야 성매매나 성폭력이 일어나지 않습니다. 성폭력 문제를 논할 때 청소년들이 빠져 있어요. 당사자들이 들어가서 머리를 맞대고 논의해야 합니다."

이날 포럼에는 참석하겠다던 여수교육지원청 담당장학사가 바쁜 일이 있어 참석하지 못했다. 학생들은 "우리가 모여서 단순히 불평만 한다는 생각을 하고 있는 것 같다."고 섭섭해 했다. 교육지원청과 교사들의 소비자는 학생이고 학생은 교육계의 주인이다. 현장의 소리를 들어야 현장에 맞는 정책을 입안할 것이고 진정한 소통이 되는 것이다.

이날의 포럼은 학생 스스로가 설문을 작성하고 조사하여 자신들의 소리를 냈다는 데 의의가 있다. 청소년 성교육에 있어 무엇보다 중요한 것은 청소년을 바라보는 사회적 시각이다. 문제는 청소년을 사회적 주체로 봐야 함에도 미성숙한 존재로 공부만 하는 공부기계에 불과하다는 사회적 인식이다. 청소년도 성에 관심이 많은 성적존재다. 객체가 아닌 당당한 주체로 바라볼 수 있어야 건강한 성문화가 정착될 수 있다.

(10. 11. 01)

폐교 직전보다 학생수 10배 증가, 비결은?

전남 순천 별량초등학교 송산분교

"얘들아 점심시간인 것 같은데 밥 안 먹고 뭐하냐?"

"… … …"

"얘들아, 청소하고 집에 가냐?"

"저희 침묵수행 중이거든요."

"뭐! 뭐라고? 침묵 뭐?"

점심시간 무렵 교정에 들어서니 다섯 명의 어린이들이 빗자루를 들고 운동장 한켠에 서있는 커다란 고목나무에서 떨어진 낙엽을 쓸고 있었다. 그런데 아이들 대답이 도통 이해가 되지 않아 학년을 물어보니 6학년이다.

6학년밖에 안 되는 아이들의 입에서 불교에서나 사용하는 침묵수행이라니. 점심시간인데도 청소를 하는 폼을 봐서는 벌을 받는 게 분명한데…. 그러고 보니 이름표 부분에 '침묵' 뭐라고 작은 글씨로 씌어 있다.

고개를 갸웃하며 교무실로 들어서니 선생님 한 분이 식당으로 안내하며 식사를 권한다. 열 평이나 됨직한 식당 안은 학생들의 떠드는 소리와 식사하는 소리로 뒤범벅이 되어 왁자지껄하다. 줄을 서서 기다리지만 123명 전교생이 한꺼번에 먹기는 비좁다. "맛있냐?"는 물음에 초등학교 3학년이라는 옆자리 여학생은 "집보다 맛있다."고 한다. 앞자리 6학년 남학생은 맛있는 돼지고기를 적게 주는 게 불만이다.

식사를 마치고 교무실에 돌아와 커피를 마시며 김현진 선생님에게 궁금했던 점에 대해 듣고서야 고개가 끄덕여졌다. 명불허전이라더니 역시 다르다. 어제 몇 명의 6학년 학생들이 소란을 피워 6학년 모든 학생에게 오늘 하루 침묵수행의 벌을 주었다. 송산의 벌이란 '침묵수행'이란 표시를 이름표 부분에 붙이고 조용히 자신의 일들에 대해 반성하도록 하는 것이다. 그래서 손님에게 인사는 하면서도 물음에 대답을 안 했구나!

전남 순천시 별량면 구기길 56번지에 소재한 송산분교(교장 정성현, 교감 전탁기)는 1941년 5월 송산초등학교로 개교했지만 2000년 3월 1일 별량초

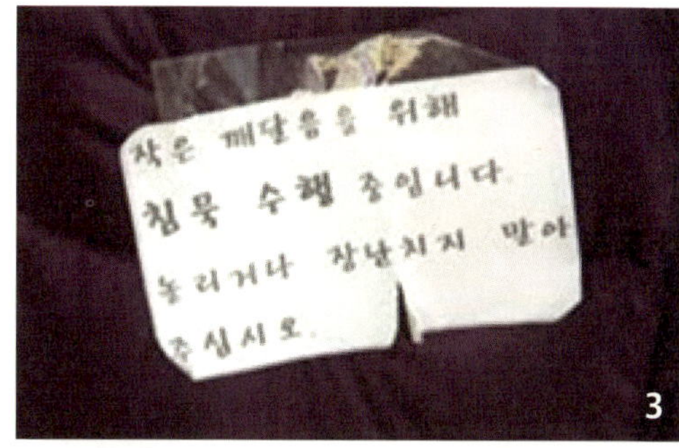

1 순천 별량초등학교 송산분교장

2 왼쪽부터 교감 전탁기, 교장 정성현. 교감 선생님도 16시간의 수업을 맡고 있다. 교장 선생님은 공개수업이라 본교에서 참관하러 오셨다

3 학생들이 잘못을 범했을 때 내리는 벌의 일종으로 이름표처럼 생긴 '침묵수행'이란 표찰을 달고 있다

4 돌아오는 학교를 만든 공로자인 김현진 교사

등학교송산분교장으로 격하되고 2007년 3월 1일에는 급기야 전교생이 11명까지 감소해 폐교위기에 놓였다.

전국 대부분 시골학교는 학생이 줄어 폐교되는 게 일반적인 현상이다. 그런데 이런 경향과 반대로 가는 학교가 있다니! 비결은 뭘까? 비결은 공부라는 틀에 묶여 꿈을 잃고 시름시름 앓아가는 아이들에게 꿈을 심어줄 방법은 없을까를 고민하던 몇 사람으로부터 시작되었다.

순천에 사는 오정훈씨는 일반학교 문제점에 대해 항상 고민하고 있었다. 2007년 어느 날 우연히 순천전교조 사무실에 전화를 걸었다. 그때 전화를 받은 이가 송산분교를 개벽시킨 장본인 중의 하나인 김현진 교사다. 오씨의 얘기다.

공립 속 대안 교육을 꿈꾸며

"내 아이에게 주입식 교육이 아닌 창의적 교육을 하는 곳은 없을까 고민하다가 순천 전교조 사무실에 전화를 걸었죠. 때마침 김현진 선생님이 전화를 받았습니다. 김 선생님도 항상 자신의 교육철학을 실현할 수 있는 방법을 궁리 중이었습니다. 학부모 몇 분과 교사 몇 분이 서로 의기투합해 매주 한 번씩 모여 6개월이 지났습니다.

그동안 선생님은 교육과정을 준비하고 학부모들은 환경과 학교를 준비하고 다녔습니다. 논의 끝에 선생님들과 아이들이 송산초등학교로 옮기면서 남들이 부러워하는 학교가 탄생했습니다. 저는 개인적으로 꿈이 있어요. 저의 생각이 여기서 그치는 것이 아니라 전국으로 확산됐으면 합니다."

김현진 교사는 교사 몇 명과 함께 민주적인 학교운영과 교사·학생·학부모가 교육과정을 함께 만들어가는 학교를 직접 만들면 좋겠다는 생각을 하고 있었다. 때 마침 학부모 2명이 공립학교에 대안적인 교육과정을 접목한 학교가 있으면 좋겠다고 제안해 '새학교를 꿈꾸는 순천시민의 모임'을 구성했다. 논의 과정의 핵심과제는 '학교상 정립, 교육이 지향하는 방향, 교육과정' 등이었다.

뜻을 모은 후 2008년부터 교육과정운영에 자율성이 보장되고 잡다한 업무가 없는 분교, 또 주변에 논과 밭, 개펄이 있는 아름다운 곳을 수소문하다 송산분교를 찾았다. 새학교모임 회원들은 '자연 속 공동체 삶 지향'이라는 안내물을 만들어 홍보를 시작했고, 37명이 전입한 학교는 2008년 3월 1일 48명으로 늘어났다. 아울러 김 교사를 비롯한 교사 5명도 송산분교로 전근을 갔다. 2010년 11월 현재 학교는 정원이 넘쳐 전입생을 더 이상 받을 수 없어 행복한 고민이다.

'자율과 협력을 바탕으로 참 삶을 가꾸는 송산 공동체'를 꿈꾸는 학교의 교육활동 기본 방향을 보면 구성원 전체가 서로를 얼마나 배려하는지 알 수 있다.

▲모든 아이들은 천성적으로 선량하고 천부적 재능과 배움에 대한 자연스러운 욕망이 내재되어 있어 학습과 성취에 대한 욕구를 타고 난다는 교육철학을 근간으로 한다. ▲학생에 대한 신뢰를 바탕으로 학생들의 선택과 결정을 최대한 보장하고 존중하는 자율적인 학교, 아이들이 서로 협력을 통해 배움을 키워가는 학교를 지향한다.

▲교육과정 운영뿐만 아니라 학교 운영 전반에 대해 학생들의 참여의 폭을 넓힘으로서 보상과 처벌중심의 외적 동기가 아닌 자발성을 기초로 한 내적 동기를 형성하여 자신의 삶을 가꾸어 나가도록 한다. ▲교사와 학생, 학생과 학생 더 나아가서는 교사와 학부모 사이의 친밀한 관계를 기반으로 학교 구성원간의 협력적 관계가 가능한 배움의 공동체를 만들어 간다.

우리나라 대부분 학교의 교육계획을 보면 "…적 인간, …사람, 창의…하는 사람" 등의 구태의연한 내용이 천편일률적으로 나열되어 모든 학교의 교육계획서 첫 장은 볼 필요가 없을 정도다.

그러나 송산분교는 다르다. 학교 조직은 교수학습 지원 체계로 운영한다. 교사가 오로지 학생들 가르치는 일에만 전념하도록 업무 체계를 전환하고 행정 업무는 업무 보조원이 전담하도록 하고 있다. 학교장은 관리와 통제가 아닌 조력자로서의 역할을 한다.

교사 학생 학부모 모두가 함께하는 '다함께' 문화

송산분교에서 무엇보다 두드러진 것은 송산 한자리모임이다. 학생 대표 10명과 학부모 대표 10명, 전 교사가 월 1회 한 자리에 모여 송산 교육 문제 전반에 대해 함께 나누는 소통의 자리이다.

1 공개수업 시간. 전 교사가 참석해 학생들이 스스로 문제를 해결해 나가는 과정을 지켜보고 있다

2 천진난만한 아이들. 사진을 찍겠다고 하니까 재미있는 표정을 지었다

3 6학년 여학생들이 도서관에서 상담을 마치고 난 후 사진 촬영에 응했다

4 학생들이 스스로 분임토의를 통해 결론을 만들어 가고 있다

스스로 선택하는 체험활동 중심의 재량·특별 활동으로는 여름 계절학교를 통해 목공, 도예, 종이접기, 퀼트, 요리 등의 활동을 하고 가을 계절학교에 학예 발표회를 통해 연극, 마당극, 합창, 밴드, 사물, 댄스 국악 등의 무대 활동을 한다.

무학년제로 운영되는 토요체험 학습은 답사, 견학, 탐구, 공연, 관람 등이 있으며 학부모가 도우미 역할을 한다. 주제 탐구 프로젝트 학습은 민속놀이 체험, 학교주변의 자연관찰, 순천 고장 탐방, 순천만 탐구, 역사탐방 등을 통해 학생의 잠재적 능력을 계발하도록 하고 있다.

6학년 여학생 윤지아, 김윤지, 오세영은 순천에서 4학년 때 전학 왔다. 그들에게 송산분교로 전학 온 이유를 들었다.

"송산분교가 시내학교보다 좋은 이유는 몸으로 하는 활동을 더 많이 해요. 다른 학교는 답 찾는 훈련만 하는데 우리 학교는 토론 중심의 수업을 한 후 친구들의 발표를 통해서 배우고 창의적 답안을 만들어 냅니다. 또한 선생님·학부모·친구들이 시내보다 훨씬 더 가까워요."

조민경(6학년) 조민정(5학년) 엄마인 신현정씨는 남편이 인천에서 직장에 다니는데도 오직 아이들을 위해서 시골학교로 이사를 왔다. 한 반 정원이 20명이 넘어 학생을 받을 수 없다고 해서 아이들을 데리고 이사를 왔다.

여기까지 애를 데리고 온 이유는 뭐죠?

"시댁이 학교에서 가깝고, 인천에서 초등학교 다니는 아이들이 학원과 과외 받느라 행복한 얼굴이 아니었습니다. 늦게까지 학원 다니느라 친구가 없었는데 여기는 오후 4시까지 친구와 생활하느라 신났죠."

- 다른 아이들은 학원 다니고 과외하는데 불안하지 않습니까?

"불안하긴 하죠. 하지만 초등학교 때는 공부보다 신체적 중심의 활동이어야 한다는 생각에 전학왔어요."

서승인(5학년) 서승효(3학년) 학생의 부모는 올 5월까지 광양에서 살았다.

학교가 자신들이 원하는 교육을 한다는 소문을 듣고 전학하려 했지만 학년 당 20명 정원이 넘쳐 받아들여주지 않자 아에 이곳으로 이사를 왔다. 덕분에 아빠 출퇴근 시간이 한 시간이나 걸리지만 아이들의 행복을 위해 감수한다. 승인이 엄마가 아이를 위해서 송산을 택한 이유를 말했다.

"저희는 광양의 좋은 학군에 살았죠. 그런데 언니가 너희 학교는 치맛바람이 너무 세다는 것이었습니다. 쉽게 말해서 옆집 아이 학원 보내면 내 아이도 질 수 없다는 분위기였습니다. 아이가 원래 내성적이어서 말도 안 했는데 남편이 우리 클 때처럼 초등 때는 신나게 놀리자는 주의입니다."

- 이 동네로 이사 와서 후회하지는 않습니까?

"후회해요(웃음). 이런 학교인 줄 알았더라면 좀 더 일찍 왔을 텐데. 큰 아이도 엄마가 자세히 알려줬더라면 작년에 전학왔을 텐데 1년 늦게 왔다고 말하더라고요. 이 학교는 교감 선생님부터 모든 선생님들이 아이들 이름을 기억해요. 어쩔 때는 엄마들이 조바심 내요. 아이들한테 선생님들이 친구같이 대해줘 버릇없어 질까봐서요."

마침 5교시 공개수업시간이라 본교에서 오신 교장선생님과 모든 교사가 수업현장에 참여하고 교사가 안 계신 4학년 학생 4명이 도서관에 모여 분임토의를 하고 있었다. 아이들은 서로 토론을 하며 주어진 과제에 대해 각자의 의견을 말한 후 종합해 결론을 만들어가고 있었다. 일반 학교에서 교사의 통제가 없는 지금과 같은 상황이었으면 어땠을까 상상해봤다. 대부분이 뛰고 장난치다가 급기야 싸움이 나지 않았을까?

학교를 나오며 다시 한 번 주변 환경을 둘러봤다. 정문 바로 옆에 노인회관이 있고 아름드리 나무그늘 아래 정자가 운동장과 붙어있다. 주민과 학교가 함께 살고 있는 송산이 푸근함으로 다가왔다. 정겹게 인사를 하며 잘 가시라는 배웅 속에 집으로 돌아왔다. 송산처럼 돌아오는 학교를 꿈꾸며!

(10. 11. 05)

초등학생 국악 연주실력 끝내주네

여수 여도초등학교 제5회 국악관현악단 정기 연주회 열려

9일 오후 7시. 여수시 화장동에 위치한 전남학생교육문화회관 대강당에는 1,000여 명의 학부모와 시민이 참여한 가운데 여도초등학교(교장 김문) 제5회 국악관현악단 연주회가 열렸다.

2001년 창단한 여도초등학교 국악관현악단 정기 연주회는 올해로 5회째를 맞는다. 창단한 지 10년 됐지만 연주회가 5회째인 것은 격년제로 열리기 때문이다.

초등학교 3학년 학생 4명을 포함, 39명의 재학생과 찬조 출연한 졸업생 두 명의 공연이 무르익어 가자 환호하는 관중과 열기에 겨울 추위가 녹는다. 여도초등학교의 국악관현악 공연은 이미 정평이 났다.

연주 실력이 널리 알려지며 초등학교 연주단으로는 최초로 세계 소리축제에 초대되어 2시간 동안 공연을 하기도 했다. 이어 난계 국악축제, 함평 국화축제, 호주, 미국, 중국, 필리핀 등지의 해외 연주회를 거뜬히 해냈다.

모든 단원들의 평생 잊지 못할 추억은 해외 연주회 때 보여준 교민들의 뜨거운 반응이다. 샌프란시스코 연주에서 어린이들의 손을 잡고 눈물을 흘리시던 어르신들. 미국 전역에 생방송으로 중계되는 연주회에서 약 4시간 동안 여수 세계박람회를 소개하며 연주했던 일. 중국 세기광장에서 우

리 음악에 도취되어 환호성을 올리던 5만여 중국 관중들. 필리핀 다바오 연주홀에서 기부에 동참했던 수많은 현지인들과 교민들. 이 모든 것들이 여도국악관현악단의 가슴 속에 영원히 남을 추억이다.

양악을 중심으로 한 여도관현악단은 이미 유럽연주까지 한 선례가 있고 세계적인 어린이오케스트라로 알려져 있다. 김문 교장은 문화예술 교육을 통한 정서교육 및 국위선양에 대한 공로로 지난 달 (11월 11일) 한국사도대상을 수상했다. 그리도 또 한 명. 아무도 가려고 하지 않은 길을 선뜻 나서 훌륭한 국악관현악단을 길러낸 이가 송경재 교사이다. 송교사에게 국악관현악단을 길러낸 배경을 물었다.

– 국악관현악단을 창단하게 된 배경과 창단 초기의 어려움은?

"1992년 여도초등학교에 전근해 왔을 때 당시 김중선 교장선생님께서 우리 음악을 가르칠 풍물부 창단을 권유하신 것이 계기가 됐습니다. 처음 창단할 때 찾아온 아이들은 선호하는 부서에 선택되지 못하고 반 강제로 풍물반에 들어온 아이들은 풍물 문외한들이었어요.

악기가 없어 청테이프를 붙인 라면박스를 이용해 장구 장단을 가르치기 시작했습니다. 연습 장소가 마땅치 못해 학교 인근 야산 공터에서 지도하고, 소리가 커서 다른 부서들의 활동에 지장을 준다는 이유로 이리저리 옮겨 다니던 중 연습 공간이 마련되었을 때는 너무나 기뻤습니다.

8개월간의 훈련을 마치고 학예회에 첫 선을 보였을 때의 반응은 뜨거웠습니다. 다음해부터는 60여 명의 어린이가 몰려와 일부는 돌려보냈습니다. 사물놀이, 어린이들과 학부모가 함께 연주했던 난타, 모듬북 공연 등 수많은 작품들을 만들어 냈죠. 결과는 전국의 각종 대회에 장려상, 개인 우수상, 우수상, 최고상, 대상 등 각종 상을 독차지 하게 됐습니다."

– 초창기 단순히 풍물부로 출발했는데 국악오케스트라까지 발전하게

VENETIA

된 계기는?

“9년간 사물놀이를 지도하면서 무언가 아쉬움이 항상 남았었죠. 리듬만이 아닌 멜로디가 필요하다는 생각을 지울 수가 없었습니다. 주변에 국악오케스트라를 만들기 위해 도움을 줄 수 있는 분들을 섭외하기 시작했습니다. 천우신조인지 2000년에 여수 시립 국악단이 창단 되었고 지휘자인 강종화 선생님이 흔쾌히 도움을 약속하셨습니다.

먼저 학교 재단(학교법인여도학원 현임 이사장 강송구)과 논의하여 필요한 악기들을 구입하고, 부족한 악기는 여수시립 국악단 악기를 임대하여 지도하기 시작했습니다. 창단하고 처음 선택한 곡이 ‘신모듬’이었습니다. 이 곡은 사물놀이와 협연할 수 있도록 작곡된 곡인데, 지도 강사 선생님들과 강종화 선생님까지 초등학교 어린이들이 연주하기는 너무 어려운 곡이라고 난색을 표했습니다.

2년간의 노력을 통해 2002년에 '국악관현악 정기연주회'라는 타이틀을 걸고 여수 시민회관에서 첫 정기연주회를 시작했습니다. 현재 신모듬을 시작으로 우리 전통곡들과 창작곡들을 선곡하여 지도하고 있으며, 지금은 단원들이 연주가능한 곡들이 20여 곡을 넘어요.”

- 원래 국악을 공부하셨는지요. 이제 국악인 육성의 길로 들어섰는데 보람과 장래 계획은?

“국악을 배운 적은 전혀 없고 클라리넷, 첼로, 기타, 드럼을 연주했었죠. 드럼 연주는 제가 국악을 이해하는 바탕이 됐습니다. 10년 동안 길러낸 학생들이 중학교, 고등학교를 거쳐 대학교에서 국악을 전공하는 제자가 됐습니다. 특히나 이번 연주회는 국악을 전공하는 단원 출신들과 후배들이 같이 만드는 무대여서 더욱 뜻깊은 자리입니다.

10년 세월에 눈에 보이는 재산으로 남는 것은 직접 프로그램을 이용하여 만든 악보들입니다. 수작업에만 의지하던 악보들을 컴퓨터 작업을 통해 스코어보뿐만 아니라 파트보까지 활용할 수 있도록 만들었죠. 음표 하나하나를 마우스로 옮겨가면서 만든 악보야 말로 우리 단원뿐만 아니라 개인적으로도 제일 큰 재산이라는 생각입니다. 카페에 수록되어 있는 악보들을 다운 받아서 사용하려는 전공자들의 연락이 많아지고 있습니다."

첫 연주자는 여도초등학교를 졸업하고 군대까지 마친 후 난계국악단에서 피리를 연주하는 이승훤씨다. 그가 연주한 '바람의 유희'는 피리의 굵고 힘이 느껴지는 부분과 태평소의 간들어지는 부분 등의 구성으로 떠돌고 싶어 하는 인생살이를 표현한다. 이씨에게 여도초등학교가 음악인으로 살아가는 데 끼친 영향에 대해 들었다.

"여도초등학교 때 바이올린을 배웠고 여도중학교에서는 피리를 배웠습니다. 음악을 전공한다는 것은 음악이라는 환경 속에 놓여 있든가 음악적 환경을 즐기는 분위기라야 가능합니다. 트럼펫 전공 음악교사인 아버지가 피리를 권유해 시작하게 됐습니다."

두 번째 곡은 주영현 외 38명이 연주하는 '거리'이다. 곡의 전반적인 흐름은 굿거리, 자진모리장단을 사용하여 흥겹고 경쾌한 선율로 구성되어 있다.

세 번째 연주자는 6학년인 이재영군. 아름답고 감성적인 선율이 특징인 영화주제가 '산체스의 아이들'을 국악으로 편곡하여 태평소로 연주했다. 다섯 번째 곡 은 전라도를 비롯헤 충칭남도와 경싱도 남부의 일부 지역에서 부르는 남도민요인 '배띄워라'다. 특히 전라도의 민요는 굵고 극적인 소리로 목을 누르고 꺾어내는 계면조를 주로 사용하여 비장한 느낌이 특징이다. 5학년 김윤서 어린이가 노래했다.

일곱 번 째곡은 '추상'이다. 철없던 시절, 한없이 푸르고 높게만 보이던 하늘, 그런 하늘을 철이 들고나서는 힘들고 바쁜 일상 때문에 얼마나 쳐다볼 수 있었던가. 이 노래는 어릴 적 한가로웠던 가을 하늘을 떠오르게 한다. 졸업생 이수빈씨가 아쟁을 협연했다.

마지막 작품은 박범훈 작곡의 <신모듬>이다. 이곡은 박씨가 1986년 대한민국국악제에서 특별 위촉을 받아 작곡한 곡. 여러 가지 독특한 리듬형태가 곡을 이끌어가며 농악장단과 무속장단을 재구성한 사물놀이와 국악관현악의 절묘한 조화를 보여준다.

학부모와 시민들은 "야! 정말 대단하네! 어떻게 초등학생들이 저렇게 잘할 수가 있나!"라며 감탄했다. 충덕중학교에서 영어를 가르치는 캐나다 출신 원어민 다이아나 프라이맥(Diana Prymack)에게 소감을 들었다.

"연주자들이 너무 어려서 아주 감동 받았어요. 에너지가 넘쳤고 아주 아름다웠어요."

이들의 멋진 연주는 하루아침에 이루어진 결과가 아니다. 여름과 겨울방학 10일간의 음악캠프 기간에는 피리와 대금을 부는 학생들의 입술이 부르트고 타악기를 두드리는 학생들은 손에 물집이 생겨 밴드가 몇 통씩이나 사용된다. 이들의 소감을 들어봤다.

해금을 연주하는 6학년 강예린양은 "해금이 재미있어요. 앞으로도 음악을 사랑할 수 있는 환경이 되니 좋죠. 그리고 중학교 올라가면 수행평가도 좋은 점수를 받을 수 있다고 들었어요."라며 속내를 보였다.

한편 대금을 연주하는 안현수(6학년)군은 "대금이 멋있어 보여 시작했는데 처음에 힘들었어요. 하지만 지금은 괜찮아요."라고 말했고 자기 몸보다 훨씬 뚱뚱한 모듬북을 연주하는 황규창(5년)군은 "배우면서 손바닥이 두 번이나 터졌어요. 하지만 지금은 재미있어요."라고 말했다. 단원 중 제일 막내인 박채원(3년)양은 해금을 배운다. 해금을 배우는 이유를 들었다. "TV에서 해금 연주하는 모습이 너무 멋있어 보여서 시작했어요. 근데 조금 힘들어요."

외국 것만 좋아하며 우리 것은 멀리하는 세태 속에서 사라져가는 우리 문화를 살리려는 노력에 찬사를 보낸다. (10. 12. 10)

나는 아마도 전생에 한국인이었을 걸요

여수 금오도에 살고 있는 원어민 강사 존 맥클린톡

"원어민 교사를 많이 봤지만 그렇게 헌신적인 사람은 처음 봤어요. 아이들을 가르칠 때는 무릎을 낮춰 아이들과 눈높이를 맞추고 친절하게 그리고 친구처럼 대하며 가르쳐요."

위 이야기는 일년 전 초등학교에 근무하는 한 교사로부터 들은 얘기다. 존 맥클린톡(John McClintock)은 남아프리카공화국 하이델베르크시가 고향이다. 수도인 요하네스버그와는 50㎞쯤 떨어진 조그만 도시다.

키가 195㎝인 장신에 36세 총각이지만 소년 같은 미소를 지니고 있다. 첫 대면부터 친구 같고 오랜 지기 같은 포근함을 주는 존의 얼굴은 한마디로 민면에 웃음을 띤 '하회탈' 모습이랄까.

영어교사로 원어민 강사를 많이 아는 나는, 원어민이 시골도 아닌 섬에 자원해 들어가 3년째 생활하며 학생과 주민들로부터 사랑받고 산다는 것에 호기심이 생겼다. 언젠가 만나보리라 계획하다, 일요일에는 조용히 쉰다는 존에게 강요하다시피 미팅을 요청했다.

존은 현재 GS칼텍스에서 지원을 받아 여수시 남면 금오도에 3년째 거주하고 있다. 금오도는 여수항만터미널에서 배를 타고 한 시간 남짓 가면 다도해해상국립공원에 자리한 아름다운 섬이다. 그는 현재 여남중·고등학교 옆에서 혼자 자취를 하며 산다.

"섬 생활이 불편하지 않느냐?"는 물음에 "처음에는 커다란 가게가 없어서 불편했지만 곧 적응했고 필요한 것은 여객선을 타고 여수에 나가 구입하고 있어 불편함이 없다."고 말한다.

"나는 아마도 전생에 한국인이었을 걸요"

거의 모든 원어민 교사가 도시에만 살기를 원하고 시골에서 근무하는 몇 명의 원어민은 근무 도중 모국으로 귀국해 문제가 되는데 굳이 섬까지 와서 사느냐고 물었다.

"한국과 섬을 사랑하기 때문입니다. 어쩌면 내 꿈이 이뤄졌지요. 제 고향 하이델베르크는 조그만 소도시이지만 바다가 없어요. 고등학교 때부터 결혼을 안 하고 동양에 대한 꿈을 키웠는데 어느 날 한국에서 원어민 교사를 모집한다는 광고가 났어요. 순천 학원에서 4년간 근무하다 GS칼텍스에서 모집하는 원어민 강사에 응모해 여기까지 왔어요. 순천이 제 고향이고 타향인 금오도에서 살고 있어요. 하하하~"

존은 월요일에는 여남초·중·고등학교, 화요일에는 화태, 수요일에는 연도, 목요일에는 안도, 금요일에는 다시 여남초·중·고등학교로 돌아와 수업을 한다. 원래 원어민 강사는 20시간 내외로 수업을 하게 되어있지만 수업이 규정보다 많다.

그래도 아이들과 함께 공부하는 생활이 너무나 행복하다는 그는 "키가 너무 커서 아이들과 눈높이를 맞추기 위해 무릎을 굽히기도 한다. 아이들이 편안한 상태에서 자신과 대화하도록 하는 것"이라고 말한다.

한국에 오기 전에는 한국의 OO마트와 같은 전자상품점에서 재무를 담당했지만 대학시절 배웠던 '산업심리학'이 아이들을 가르칠 때 유용하게 활용된다는 그의 영어 교육철학을 들어봤다.

"모든 사람은 평등합니다. 공부를 잘하는 사람이나 못하는 사람이나 평등하죠. 영어는 어렵고 배우기 힘들어요. 그들에게 재미를 느끼게 하고 자신감을 심어줍니다."

학생들을 가르칠 때 가장 불편한 점을 묻자, 도시에서는 수준별로 학급을 나눠 가르치는데 섬에서는 한 학급에 수준차가 많이 나는 학생들을 동시에 가르치는 게 힘들다고 한다. 그는 학교시간만으로는 부족한 아이들이 언제든지 자신의 집을 방문하도록 허락한다. 내가 방문한 시간에도 아이들의 방문약속 전화를 받느라 바쁘다.

서울에서 전학 온 김현준(여남고 2) 학생은 전학 왔을 때 영어실력이 좋지는 않았으나, 지금은 상위레벨까지 올라갔다. 틈나면 존과 함께 어울리며

1 환하게 웃으며 대화하는 원어민 강사 존 맥클린톡. GS칼텍스에서 지원해 여수 금오도에 살며 학생들을 가르친다. 자신은 아마 전생에 한국인이었을 것이라며 한국사랑에 대해 말한다. "자신의 한국행은 운명"이라나

2 환하게 웃으며 수업하는 아이들과 원어민 강사 존맥클린톡

3 존과 그의 부모님. 한국에 두 번이나 오셔서 만족해하셨다

보드게임을 하고, 이야기를 했더니 자연스럽게 영어가 늘었다고. 김 군과의 대화 내용이다.

"저는 영어를 잘 못했는데 존 선생님이 수업시간에 한 사람 한 사람 모두에게 잘해주고 영어게임으로 재미있게 배우면서 실력이 많이 늘었어요. 아이들한테 인기 짱 선생님이죠."

낚시를 좋아하지는 않지만 회를 잘 먹는다는 존은 금오도의 좋은 점으로 "여름에는 시원하고 겨울에도 그렇게 춥지 않다. 또 사람들이 서로 협력하며 건강한 경쟁관계를 유지하고 서로를 돌보며 관심을 가져주는 '작은 마을에 대가족'같은 관계"라고 설명했다.

앞으로도 금오도에 더 머물기를 원하며 "도시와 시골 중 하나를 선택하라면 시골이나 섬을 택하겠다."는 그에게 "시골과 섬의 푸근한 마음씨를 가진 촌놈"이라고 했더니 "맞다. 나는 촌놈"이라고 해맑은 웃음을 지으며 맞장구를 친다.

배 시간이 다 되어 항구로 나가려하자 자신의 중고차를 태워주는 존. 동네 모든 사람과 학생들이 존의 차임을 알아보고 인사를 한다. "택시 운전사가 저를 싫어해요. 월요일이면 지각한 학생들이 학교까지 태워달라고 전화를 해요. 그 학생들을 태워주니 택시기사가 저를 싫어하죠."

섬에서 살기 때문에 토요일이면 도시로 나가는 교사들보다 학생들의 비밀을 더 많이 알고 있지만 보호하기 위해 말하지 않는다는 존. "금오도는 제2의 고향이며 삶의 일부가 되었다."는 존에게서 한국 사랑을 가슴속 깊이 느낀다. (11. 02. 22)

국제해상무역의 선구자 장보고

전남교육청 선상무지개학교 학생들 장보고 유적지 방문해

8월 9일 12시 15분. 전남교육청 선상무지개학교 학생과 운영요원 3백명이 국제항해에 나섰다. 첫 항해 목표는 중국 산동성 위해시에 소재한 석도. 석도는 한민족으로서 사상 처음 당-신라-일본을 연결하는 국제해상무역을 개척한 장보고 유적이 있는 곳이다.

목포여상 밴드부의 경쾌한 주악 속에 목포해양대학교 실습선 두 척에 승선한 일행은 장만채 교육감과 학부모들의 열렬한 환송을 받으며 목포항을 떠났다. 건강과 무사귀환을 위해 간절히 기도하는 학부모들을 바라보며 가슴이 먹먹해졌던 학생들은 고하도를 벗어나자 이내 예전의 발랄함으로 돌아왔나.

재잘거리며 떠드는 사이에 비상벨 소리가 울리고, 구명복을 입은 학생들은 선장의 지휘하에 유사시에 대비한 소화/퇴선 및 선박 안전교육을 받았다. 이어진 '해상왕 장보고'에 대한 특별 강의는 역사 교사인 김자 교사의 몫.

오후 5시부터 8시 반까지 열린 선상리셉션에는 호텔음식보다 더 맛있는 뷔페가 나왔다. 서른 가지가 넘는 맛있는 음식을 소화시키기 위해서는 그동안 준비해온 장기자랑으로 몸을 풀어야 한다. 얌전하고 공부만 잘하는

1 신라시대 동아시아 해상왕 장보고 동상. 법화원 모습

2 선상 뷔페 음식. 웬만한 호텔음식보다 맛있다

3 학생들이 취침한 밤 10시 교사들은 미팅을 갖는다

4 일본 중 옌닌이 신으로 여겨 모셨던 '적산명신' 상의 거대한 모습이 산 정상에 있다. 옌닌의 신은 장보고다

5 위해로 떠나는 선상무지개학교 학생들을 환송하는 장만채 전라남도 교육감 일행. "일오야! 잘 댕겨와!"

6 목포에서 위해로 가는 배에서 김자교사의 역사수업이 있었다. 도전 골든벨을 울려라! '해상왕 장보고'

7 법화원 인근의 절. 규모가 엄청나다

8 위해 해변공원의 야경

학생인 줄 알았는데 모두를 깜짝 놀라게 하는 장기자랑과 재기 발랄함은 선상무지개학교 학생들의 자랑이다.

북위 34도에서 38도에 위치한 산동성은 한국 중부이남 지방과 동일한 위도상에 있다. 연평균 기후가 11~14도이며 혹한과 혹서가 없는 살기 좋은 기후다. 중국 전체 면적의 1.6%인 15.7만㎢로 남한 면적의 1.5배 크기이며 인구가 9천 4백만 명을(2008년) 상회한다.

철강, 자동차, 화학, 경공업, 방직, 기계장비, 전자정보와 농업이 발달했으며 대 한국 교역액이 254억 달러(2008년)에 달한다. 한국은 산동성 최대 교역국이며 약 1만여 개의 한국기업이 진출해 있다.

꼬박 하루가 걸려 도착한 위해항의 입국수속이 더디다. 오후 두시가 넘어 7대의 관광버스에 나눠 탄 일행은 한 시간 반쯤 떨어진 석도로 향했다. 석도로 가는 길은 잘 닦여진 고속도로가 뻗어있고 도로 주변 넓은 평야에 심어진 과일나무들이 흡사 유럽 같다. 못사는 중국을 상상했다간 큰코다칠 것. GDP가 3만1,072억 위안(2008년)으로 광동성에 이어 중국내 2위다.

법화원에서 장보고의 웅대한 꿈을 보다

장보고는 지금으로부터 1200년 전, 친구 정년과 함께 당나라로 건너가 군인으로 출세하고 그곳에 살던 신라인들의 지도사가 되어 거상으로 성공했다. 그는 적산에 법화원이라는 큰 절을 짓고 신라인들의 단결과 화합을 도모했다.

적산은 비온 뒤 햇빛이 비칠 때 바위가 붉은 빛을 띄어 붙여진 이름이다. 법화원으로 가는 길 오른편으로는 말로만 듣던 신라방이 있다. 신라방은 장보고가 활동할 당시 신라인들이 거주했던 곳이다. 신라로 돌아온 장보고는 완도에 청해진을 건설하여 군사와 무역기지로 삼고 해적들을 소탕하여 동아시아를 주름잡는 해상왕이 되었다.

법화원에 있는 불상이나 탑은 모든 게 크다. 중국의 땅덩어리를 닮았을까. 장보고 동상이 있는 법화원을 지나 10분쯤 걸어 올라가면 거대한 '적산명신'상이 산위에 우뚝 솟아있다. 장보고는 당나라로 유학 온 일본 승려 엔닌을 적극 지원해줬고 일본으로 돌아간 엔닌은 제자들에게 적산명신을 제사지내도록 지시했다. 장보고에 대한 엔닌의 추종은 존경을 넘어 신격화하기에 이르렀다.

거대한 규모의 불탑과 기념물을 본 박우연(여수 진성여중 2년)양은 "웅장하고 거대한 모습이 중국이랑 되게 닮은 것 같아요. 한민족인 장보고가 당나라 장군이 되어 중국 사람들에게 존경 받는 것에 대해 자부심을 느껴요"라고 말했다.

석도 앞바다 황해를 바라보는 학생들의 가슴속에 장보고의 웅혼한 기개가 피어오른다. "동아시아 해상 패권을 쥔 장보고처럼 나도 글로벌리더가 되어야지!" (11. 08. 21)

258m위에서 내려보니, 황포강이 흐른다

전남교육청 선상무지개학교 학생들 상하이 명소에 가다

상하이를 찾는 사람들의 눈에 가장 먼저 띄는 것이 뭘까? 낮에 보았을 때는 우주선 발사대처럼 생긴 탑. 밤엔 휘황찬란한 빛을 발하며 인근의 고층 빌딩에서 발하는 모든 빛을 압도하는 탑이 있다. 말 그대로 동방명주. 꼭대기의 468m 방송탑은 아시아에서 최고이며 세계 3번째 높이를 자랑한다.

광복절을 하루 앞둔 14일. 전남교육청 선상무지개학교 학생들이 상하이의 랜드마크인 동방명주를 찾았다. 263m 전망대에서는 상하이의 다이내믹한 모습을, 한 층 아래 바닥이 투명한 크리스탈홀(258m)에서는 황포강에 오가는 배들과 발아래 오가는 차량의 모습을 볼 수 있다. 발아래를 쳐다보면 저절로 오금이 저린다. 하지만 몇 명의 학생들은 "하나 둘 셋"하며 제자리 뛰기를 하며 기념사진을 찍는다.

2천 8백만 인구가 사는 상해는 시를 남북으로 흐르는 황포강을 경계로 포동과 포서로 나뉜다. 포서에는 상해를 대표하는 외탄, 상해노가, 예원, 신천지, 그리고 한국인들이 성지로 여기는 대한민국임시정부청사가 있다. 하늘을 찌를 듯한 마천루가 가득한 포동지구는 금융과 비즈니스의 중심지다. 포동에는 발전하는 중국의 상징이자 상해의 상징인 동방명주탑과 금무대하가 있다. 포서가 상해의 과거를 보여준다면 포동은 상해의 미래를 보여준다.

중국의 전통 정원 '예원'

학생들의 두 번째 방문지는 중국의 전통 정원인 예원이다. 예원은 명나라 '가정'시기에 건축된 4백년 이상의 역사를 가진 고건축물이다. 1559년 명나라 관리였던 반윤단이 부모님 노후를 편안하게 보낼 수 있도록 하기 위해 20년 동안 정성을 다해 만든 정원이다.

예원에 가면 사람이 치어 다닐 수 없을 정도다. 사람 속에는 짝퉁을 파는 잡상인과 소매치기가 있어 주의해야 한다. 가이드는 "가방을 앞으로 매야지 옆이나 뒤로 매면 남의 것"이라며 주의할 것을 당부한다. 실제로 예원을 구경하는 많은 관광객들이 가방을 앞으로 매고 다닌다.

예원은 장난양이라고 하는 명대의 유명한 건축가가 설계하고 직접 건설했는데 완성까지 20년이 걸렸을 만큼 정성을 기울였다고 한다. 반윤단이 사망하고 반씨 일가가 몰락하면서 수차례 주인이 바뀌고, 아편전쟁과 태평천국의 난을 겪으며 소실되기도 했다. 1956년에 들어서야 대규모 개보수 작업을 시작해 원형의 절반에 해당하는 부분을 복원했다.

호수와 연못 중앙에 건설된 정자, 인공산과 돌다리, 아름다운 전통 건축물 등은 중국 제일가는 정원 중 하나라는 평에 걸맞다. 이 많은 사람이 다 어디서 왔을까. 가이드가 "소매치기를 조심하고 가이드 깃발에서 5미터를 벗어나면 절대 안 된다."고 신신당부했건만 교사들이 일행을 놓치기까지 했을 정도다.

너무 많은 사람 때문에 일행을 잃기도 했던 학생들이 세 번째 찾은 곳은 남경로. 남경로는 상하이에서 가장 오래되고 번화한 상업지역으로 보행자 전용도로다. 한국과 자주 비교되지만 남경로는 직선도로에 양쪽으로 늘어선 형태로 명동과는 많이 다르다.

상하이의 명동 남경로

넓은 도로에 높은 건물로 둘러싸인 모습이 오히려 체코의 프라하 중심가 같은 느낌을 준다. 다른 점이 있다면 신식 건물과 건축 양식이다. 상가의 특징도 명동은 젊은 층이 주 대상인 반면 남경로는 노년층까지 고루 분포한다.

동쪽 외탄부터 시작하여 5.5㎞에 이르지만 핵심이 되는 상업지역은 1

1 상해 야경 중 가장 압권은 동방명주탑을 중심으로 한 스카이라인이다. 동방명주탑이 우뚝 솟아있다

2 동방명주탑 구경을 하고 1층에 내려와 학생들을 기다리며 담소하고 있는 운영요원들. 왼쪽부터 가사도 해운 최종식 사장, 선상무지개학교의 운영을 책임지는 조승원 장학사, 목포세관 송채수 과장

3 동방명주탑으로 올라가는 엘리베이터 안 모습. 천정에 비치는 모습을 밑에서 촬영했다. 세계 각국에서 온 관광객의 모습이 보인다

4 258m 아래 땅과 지상의 모습이 훤히 보이는 동방명주탑 크리스탈층에서 아빠와 딸이 사진을 촬영하며 웃고 있다. 어휴! 아래를 쳐다보면 떨려서 오금이 저린다

㎞정도다. 현재 약 6백 개의 상점과 대형 백화점들이 입주해 운영되고 있으며 쇼핑객을 위한 거리다. 상하이 중심이라 영어가 통할 줄 알았는데 의외로 영어를 못한다. 우리는 중국어를 못하고 상인은 영어를 못하니 과일 하나 사먹기 힘들다.

남경로 자체에는 주로 상점들이 자리하고 있으며, 식당은 남경동로에 갈라지는 작은 골목에 위치하고 있다. 소위 뒷골목으로 불리는 작은 골목에 맛집들이 많다. 남경로에는 그 일대를 운행하는 관광열차가 있다. 형태는 기차 모습, 버스 모습 등 몇 종류가 있으며 요금이 저렴하다는 가이드의 설명이다. 그마저도 싫으면 한 두 사람만 탈 수 있는 삼발차가 손님을 기다리고 있다.

가는 날이 장날일까? 오늘이 하필 일요일이라 그런지 사람이 많다. 오후 세시엔 그런대로 괜찮았는데 4시가 지나자 인산인해다. 15억 인구를 절감한다. 사진을 보면 오늘이 무슨 특별한 날이어서 사람들이 구름처럼 모인 것처럼 보인다.

숨은 끼와 장기를 보여 준 선상리셉션

14일은 선상무지개학교 학생들이 여정을 떠난 지 21일째로 중국에서 마지막 밤을 보내는 날이다. 때마침 광복절을 하루 앞두고 고국에서 장만채 전라남도 교육감 일행이 실습선을 방문해 학생들을 격려했다.

학생들을 일일이 찾아다니며 악수를 청한 교육감은 학생들을 인솔하고 지도하느라 밤늦게까지 고생하는 교사들을 치하했다. 새유달호 후미 갑판에 천막을 치고 맛있는 음식을 먹은 일행은 곧바로 조별로 장기자랑을 시작했다.

박대현(목포 옥암중 2년)군과 조민음(영광여중 2년)양의 사회로 시작한 장기자랑의 첫 번째 순서는 7조의 노래연주. 리코더와 피페, 플루트 4중주의

1 중국의 대표적 정원의 하나인 예원

2 상해의 명동이라 불리는 남경로. 앞에 보이는 조그만 삼발차를 타고 구경을 다닐 수 있다

3 고무장갑이 부족해 수세미를 들고 맨손으로 화장실 변기를 청소한 정강빈(충덕중2년)군의 모습. "집에 있으면 상상도 해본 적이 없어요. 청소 후 손을 씻으면 몸과 마음이 상쾌해져요."라고 말한다. "선상무지개학교에 입학전에는 화학자가 꿈이었는데 선장과 기관장님의 모습을 본 후 해양관련 분야에 진출하고 싶다"고 한다

4 예원 인근의 중국 전통거리 모습

5 상해 황포강변에 정박한 목포해양대학교 실습선 새유달호의 선상무지개학교의 선상특강. SBS 김주희 아나운서의 특강이다. "꿈을 꾸는 사람은 그 꿈을 닮아간다."고

6 상해 황포강변에 정박한 목포해양대학교 실습선 새유달호 선상에서 학생들이 장기자랑을 하고 있다. 상해 시민들이 마이크에서 들려오는 노래와 학생들의 공연을 보고 환호했다

연주곡은 '하얀 연인들'이다. 밤하늘에 아련한 음악소리가 울려 퍼지고 마이크에서 아름다운 음악소리가 들리자 인근 공원에 놀러온 중국 사람들이 선상에서 펼쳐지는 한국 중학생들의 실력에 감탄한다.

춤과 노래자랑, 연극이 진행되는 동안 황포강 건너편 동방명주탑에 불이 들어오고 유람선을 타고 야경을 구경하는 사람들이 카메라 플래시를 터뜨린다. 내일이면 22일 동안 같이 숙식하며 동고동락했던 10명의 중국 친구와 2명의 교사가 고국으로 돌아간다. "정들었던 학생들과 헤어진다고 생각하니 눈물이 날려고 한다."는 학생들의 얘기다.

이날 특별 게스트는 SBS 김주희 아나운서다. 국제항해가 시작된 9일부터 새누리호에 승선해 학생들의 일거수일투족을 담은 김 아나운서가 학생들에게 인생 선배로서 후배들을 위한 충고를 해줬다.

"여러분, 꿈을 꾸는 사람은 그 꿈을 닮아갑니다. 열심히 노력하고 준비한 보석상자 속에서 여러분의 꿈을 하나하나 꺼내 그 꿈을 이루기 바랍니다"

"지금껏 강의 중 처음으로 졸리지 않았다"는 사회자 박대현군의 멘트에 함께 웃음 짓는 가운데 선상무지개학교 학생들의 노래 소리가 황포강에 퍼지고 상하이의 밤은 깊어만 갔다. (11. 08. 23)

이국적 모습의 아름다운 항구 나가사키

전남도육청 선상무지개학교 나가사키를 가다

전남도교육청 선상무지개학교 학생과 운영요원 3백여 명이 나가사키의 명소 운젠화산(17일)과 하우스텐보스(18일)를 방문했다.

이틀 전 선상무지개학교 학생들을 태우고 상해를 떠난 목포해양대학교 실습선은 17일 오전 11시 나가사키에 입항했다. 항구는 상해 황포강의 탁한 물과 달리 깨끗하고 정돈되어 있었다.

입국장에는 일장기와 태극기가 동시에 걸려 바람에 걸려 나부끼고 여행사직원 3명이 5미터의 천에 쓴 '나가사키에 오신 것을 환영합니다'라는 현수막을 들고 서 있었다. 무대접인 중국과는 비교가 됐다.

나가사키현은 바다를 사이에 두고 중국 대륙, 한반도와 마주하고 있기 때문에 오래 전부터 대륙으로 통하는 관문이었다. 17세기 이후에는 포르투갈·네델란드와 무역항도 설치했고 한 때는 기독교 포교의 중심지였기 때문에 이국적 분위기가 물씬 풍기는 도시다.

일본 최초의 국립공원인 운젠화산 - 지옥온천으로 유명해

일본 28개의 국립공원 가운데 세토나이해 기리시마야쿠와 함께 1934년 3월 16일 일본 최초의 국립공원으로 지정된 운젠은 운젠다케 남서쪽

1 운젠온천을 구경하고 있는 학생들. 땅에서 솟아오르는 온천의 모습이 지옥을 닮았다하여 여러 가지 이름이 붙여진 지옥온천이 많다

2 선상무지개학교 학생일행에게 환영 꽃다발을 전하는 나가사키 관광협회 직원들. 중국과는 다르다

3 노천 온천에서 삶은 달걀을 꺼내는 주민

4 하우스텐보스에 있는 유럽풍거리

5 운젠온천 인근의 '오바마'라는 지역 노천온천 족욕장

6 하우스텐보스의 모습

7 목포해양대학 실습선인 새누리호 강의실에서 규슈대학 하세가와 교수로부터 로봇 강의를 듣는 학생들

기슭 해발 700m의 고원지대에 펼쳐진 온천마을이다.

운젠의 온천가는 후류우, 아라유, 쇼지고쿠로 구분할 수 있는데, 운젠 지옥의 북서쪽에 위치한 후류우가 가장 인기 있다. 사계절 내내 아름다운 자연 풍경과 뛰어난 유황성분의 온천을 즐기는 관광객 수가 매년 35만 명이나 될 만큼 인기를 끌고 있다.

운젠 버스터미널에서 내려 산중턱 약 300미터에 걸쳐 만들어 놓은 산책로를 따라 올라가면서 온천수가 끓어오르는 모습이 지옥과 같다하여 붙여진 이름은 달표면지옥, 팔방지옥, 아비규환지옥, 참새지옥, 여인지옥 등이다.

학생들은 온천에 갈 수가 없어 10여분 거리에 떨어진 해변의 '오바마'라는 지역 해변을 중심으로 설치해놓은 시설에서 족욕을 즐겼다. 적당한 온도의 온천수에 발을 담그면 온몸의 피로가 풀리는 느낌이다. 족욕을 하며 뜨거운 온천에 삶아진 계란을 먹는 맛은 별미다.

17세기 네델란드 풍경을 재현한 하우스텐보스

17세기 네델란드 왕궁과 거리를 재현한 하우스텐보스는 일본속의 네델란드라 불린다. 하우스텐보스는 네델란드어로 '숲속의 집'이란 뜻. 46만 평이 엄청난 부지에 30만 종의 회초가 자라고 6㎞의 운하가 있는 하우스텐보스는 1992년에 지자체가 중심이 되어 건설했다.

공원 내에 우체국, 은행, 소방서 등이 있어 작은 도시를 연상케 하며 신비한 에스허르, 대항해 체험관, 노아의 극장, 천성홀, 호라이즌 어드벤처 등의 시설이 인기를 끌고 있다.

'신비한 에스허르'는 착각 그림으로 유명한 네델란드의 화가 에스허르의 착상을 바탕으로 극장 계단을 만들어 이용객들로 하여금 방향 감각을 잃게 한다. '대항해 체험관'은 거대한 스크린에 비치는 영상에 맞추어 바닥이 움직이는 장치로 17세기 범선에 탄 것 같은 느낌을 준다.

하우스텐보스를 구경했던 이민영(영암중 2년)은 "일본에서는 느낄 수 없는 서양 유럽풍의 느낌을 받았어요." 라고 소감을 말했다.

관광지에서 돌아온 저녁 8시에는 규슈대학의 하세가와교수로부터 로봇 강의를 들었다. 로봇에는 걷거나 손을 흔들며 간단한 일을 하는 휴먼로봇, 산사태나 위험 지역에서 사람을 대신해 작업을 하는 로봇, 반도체 클린룸 등에서 정밀하고 반복적인 일을 하는 산업용로봇 등이 있다. 하세가와 교수의 설명이다.

"사람하고 가위바위보를 하면 백 번 해도 로봇이 이깁니다. 로봇은 1/1,000초 동안에 사람이 하는 일을 인식해 알아내기 때문입니다."

한국에서는 볼 수 없는 노천온천과 유럽풍의 하우스텐보스를 본 학생들. 한국과 '틀림'이 아닌 '다름'을 체험했다. (11. 08. 24)

흰종검글? 이건 대체 무슨 뜻일까

커뮤니티의 중심에 선 경북 문경 샨티학교 도서관

"흰종검글이 무슨 의미인지 상상해보세요."

문경에 있는 대안학교 샨티학교를 방문한 첫날 권술용 교장이 내게 물은 말이다. '흰종검글' 상상력을 아무리 발휘해도 생각이 나지 않았다.

"도서관을 만들며 학생들에게 도서관 이름을 공모했더니 학생들이 작명한 이름입니다. 흰건 종이고, 검은 건 글이라는 뜻입니다."

대단한 상상력이기도 하고 고개가 끄덕여지는 재미있는 이름이다. 사람들은 흔히 어떤 책에 대해 잘 모를 때 '흰 건 종이고, 검은 건 글씨야'라고 얼버무리며 넘어가는 말이기도 하다. 무지를 표현한 말일까? 아니면 그만큼 책을 밀리했다는 말일까. 어쨌든 재미있다는 생각이 들어 도서관을 찾았다.

지난해 4월 21일 문을 연 샨티학교 흰종검글 도서관은 교실 두 칸을 합쳐 만들었다. 아래 칸은 서고로, 창고로 쓰였던 위 칸은 바닥에 장판을 깔아 앉거나 누워서 편하게 책을 볼 수 있게 설계됐다. 학생들은 방바닥에 엎드려 책을 보거나 누워서 책을 보다가 잠들기도 한다. 딱딱한 도서관의 자라는 기존의 관념을 깨고 집안 분위기를 살렸으니 학생들이 좋아할 수 밖에.

흰종검글 도서관장은 이애경 교사다. 그녀는 원래 사서를 전공한 사람이 아니다. 전공도 중요하지만 무엇보다 중요한 것은 일에 대한 열정이다. 그녀가 도서관에 흥미를 갖게 된 연유가 있다. 파주에 살 적 우연히 일산의 작은 도서관에서 책읽기에 관심 있는 엄마들과 어울려 동화 읽는 어른 모임에 참석하면서부터다.

아이들 책을 읽고 토론하면서 어린이 도서관에 깊은 관심을 갖게 됐다. 이웃도시인 일산은 걸어서 가는 작은 도서관이 많았고, 도서관에 대한 지자체의 지원도 풍성해 부러워하다가 막 걸음마를 시작하는 파주의 한 작은 도서관에서 자원봉사를 하게 됐다.

지역 환경단체와 생협 활동을 함께하면서 지역 엄마들과 함께 책모임을 시작한 그녀는 작은 도서관을 만들기 시작했다. 도서관은 교육에 관심 있는 여성들이 모여서 무궁무진한 일을 할 수 있는 문화공간이었기 때문이다.

2년 동안 십시일반 모은 돈으로 2,000여 권의 책을 마련해 작은 도서관을 운영하던 어느 날 남편이 시골로 내려가 생활하자고 제안했다. 공기업 책임연구원으로 직장생활을 하는 남편은 회사가 지향하는 것이 몸에 맞지 않았고 안정적이긴 하지만 정체된 생활을 싫어하는 스타일이다.

환경오염은 날로 가속화되고 에너지 위기는 날로 심화돼 가고 있다. "다가올 에너지위기에 대비하는 삶을 살기 위해서는 바른 먹거리, 바느질, 집짓기, 자연의학, 대체의학, 대안에너지를 통해 현대문명이 주는 여러 가지 문제를 스스로 해결해야 한다."고 생각한 부부는 시골로 내려갈 곳을 물색하다 문경에 있는 샨티학교를 택했다.

부부의 교육관은 자신을 책임질 수 있는 자립교육이 기본이 돼야 한다는 생각이다. 두 아이를 키우면서 획일적이며, 수동적이고, 경쟁적인 교육시스템이 싫은 부부는 아이들을 홈스쿨과 대안학교에 보냈다.

1 샨티학교의 흰종검글도서관에는 두 개의 교실이 있다. 방처럼 만든 윗칸에서는 자유로운 자세로 책을 읽을 수 있다

2 흰종검글도서관장인 이애경 교사

3 독서치료 중. 교사가 선정한 책을 읽고 소감을 말하는 동안 마음속에 응어리진 아픔이 치유된다

4 아래쪽에 자리한 서고에서는 정좌하고 독서를 한다. 도서의 양과 질에서 부족해 뜻있는 독지가의 후원이 절실하다

5 수업이 끝난 밤에 열린 귀농 귀촌인들의 회의 모습. 지역민들의 사랑방 역할을 한 셈이다

6 독서치료 중인 학생이 읽은 책들. 부모님의 마음을 이해할 수 있었다고 한다

도시형 대안학교인 하자작업장학교에 입학했던 큰 아이는 후쿠시마원전 폭발을 계기로 탈핵을 지향하는 프로젝트 학습을 하다가 아빠와 함께 대안에너지 연구에 몰두하고 있다. 한편 기숙형 대안학교인 샨티학교에 다니며 내면의 힘을 키우며 솔직하고 깊은 인간관계를 맺고 있던 둘째는 올해 서울의 하자작업장 학교 고등과정에 입학했다.

문경의 샨티학교로 내려오자 학교에서는 남편에게 과학교사를, 이씨에게는 도서관 운영을 제안해 현재 도서관장을 맡고 있다. 이애경씨가 흰종검글 도서관을 운영하는 방침은 주민과 함께 하는 것이다.

흰종검글도서관의 운영방침, 커뮤니티의 중심으로!

생명 존중과 사랑, 평화로운 세상을 꿈꾸는 흰종검글도서관의 캐치프레이즈는 참여, 소통, 어울림이다. 흰종검글도서관은 동네 아이들의 즐거운 놀이터, 주민들의 편안한 사랑방으로 어린이, 청소년, 어른 누구나 와서 자유롭게 읽다가는 도서관이다.

지역 어린이들에게 책을 이용한 문화프로그램을 운영하면서 때론 지역주민을 위한 영화관으로, 때론 주민들이 모여 지역현안을 논의하는 사랑방으로, 때론 행사장으로 사용된다. 벼룩시장, 친환경농산물 직거래장터는 이들과 연계된 행사 중 하나다.

아직 비치된 책이 부족해 경북도교육청 소관인 점촌공공도서관에서 한 달에 한 번씩 50~100권씩 빌려와 책을 읽도록 권장하지만 양과 질에서 많이 부족한 편이다. 때마침 도서관 위칸에서 학생들과 책을 읽으며 독서치료수업을 하던 최문희 교사를 만나 독서치료에 대해 들었다.

"독서치료란 심리치료 방식의 하나로 마음의 상처를 가진 사람들에게 책을 읽고 자신을 뒤돌아보는 방법입니다. 책을 읽는 도중에 마음속에 내재된 응어리를 인식하고 치유하는 방법이죠. 책속의 상황이 나와 같다고 생각하면서 자연스럽게 치유가 되는 겁니다. 교사가 상황에 맞는 독서 자료를 선정해주는데 자료로는 소설, 동화, 그림책 등이 있습니다."

<나는 부모와 이혼했다> <나는 더 이상 당신의 가족이 아니다>라는 책을 읽으며 독서치료를 받고 있던 K(고2)양에게 소감을 물었다. K양은 상담을 받으면서 심리학이 마음에 들어 대학에서 전공하고 싶지만 사회복지학을 전공할 예정이라고 한다.

"학교에 오기 전 부모님과 갈등이 있었어요. 그 책을 읽으며 반성하게 됐고 부모님을 이해할 수 있었어요."

샨티학교는 문경시 농암면 농암리에 있는 조그만 학교다. 하지만 도서관이 샨티학교에 생기면서 다양한 문화행사를 통해 지역주민들이 역량을 키워나가고 있다. 전 미국도서관협회 새러 앤 롱(Sarah Ann Long) 회장은 재임 기간 동안 테마를 "도서관이 커뮤니티를 세운다."고 했다. 지역의 중심이 될 흰종검글도서관의 밝은 미래를 그려본다. (13. 04. 18)

내가 찍은 '흉물 골프장' 사진, 교과서에 실렸네

훼손시키면 돌이키기 힘든 자연, 후대에 교훈으로 남길

지난달 30일에 있었던 일이다. 받은 메일함에 처음 보는 여성 발신자 이름이 들어있었다. 스팸메일이 아닌가 의심하다가 손해 보는 셈치고 메일을 열어봤다.

"안녕하세요. 한국복제전송저작권협회입니다. 우리 저작권법은 교육 목적 등에의 저작물 이용에 대하여 저작권에 제한을 두어 교과용 도서에 공표된 저작물을 이용하는 경우에 우선 저작물을 게재하고, 문화체육관광부장관이 정하는 고시기준에 의해 산정된 보상금을 본 협회를 통해 저작권자에게 지급하도록 하고 있습니다. 이는 비록 공익적인 목적을 위해 불가피하게 저작권자의 권리를 제한하지만, 저작권자에게 최소한의 경제적 이익을 보상하고 창작활동을 장려하기 위함입니다."

내용을 읽어 보니 몇 년 전 일이 떠올랐다. 4년 전 어느 날, 천재 출판사 직원이라는 여성으로부터 한 통의 전화를 받은 적이 있었다.

"기자님의 기사 내용에서 사진을 발췌해 교과서에 싣고 싶은데 허락해 주시겠습니까?"

나는 '무슨 교과서, 무슨 과목에 어떤 내용의 글과 사진을 이용할 예정이냐'는 질문을 한 후 대답을 들은 뒤 '좋다'고 허락했다. 해당 기사는

2009년 12월 <오마이뉴스>에 실린 '골프장, 삶의 가치관의 문제죠'로, 학교와 주민들이 살고 있는 도심 한 복판에 골프장을 건설하는 것이 온당한지에 대한 내용이었다.

한 치 앞도 못 보는 사람들... 흉물이 돼 버린 골프장

여수엑스포를 앞두고, 당시 여수에는 골프장 건설로 돈을 벌기 위해 혈안인 사람들이 8개의 골프장을 건설하겠다고 나서 환경파괴를 우려하는 시민단체와 심각하게 대립하고 있었다. 엑스포가 끝난 지금 여수에는 세 개의 골프장이 완공됐고, 수익이 예상했던 것보다 훨씬 더 저조한 가운데 운영한다는 소리가 들린다. 한 치 앞도 못 보는 사람들이다.

교과서에 나오는 골프장은 현재 여수 도심 한 가운데 산을 깎아 만들어 흉물이 되고 있다. 순천을 거쳐 여수로 들어서는 길목에 있어 외지 사람들이 여수로 들어올 때 한눈에 보이는 곳이기도 하다. 외지인 중에는 "도심 한 가운데 바위산을 깎아내고 골프장을 만들다니" 라며 혀를 차는 사람도 있다.

원래 그곳에는 수십 년 된 나무가 울창하게 자라고 있을 뿐 아니라 왜적을 방비하기 위해 쌓은 토성이 있었다. 골프장을 건설하던 당시, 시민단체들이 반대하자 사업주는 약 100억 원을 들여 청소년수련관을 짓겠다고 약속했다. 그러나 지금은 약속을 이행하지 않은 채 다른 사람에게 골프장을 양도하고 여수를 떠나버렸다.

'닭 쫓던 개'가 되어버린 여수시민들. 시내 중심가에 골프장 건설을 허가한 여수 시장은 누구인가? 그러나 지탄받는 행정행위에 대한 책임추궁은 사라지고, 시민들은 이제 '힘없는 시민'임을 자책하며 산다. 그런데도 시정에 무관심한 일부 시민은 망각이라는 편리함에 익숙해져 잊어갈 뿐이다.

내가 찍은 사진과 함께, 천재출판사 중학교 1학년 과학 교과서에 나오

삼면이 바다로 둘러싸인 우리나라는 수심이 얕은 서해안과 남해안의 간척 공사로 해안 지형이 많이 변하였다. 경기도 시화호와 화옹호, 전북 새만금 지역은 간척 공사로 지형이 바뀐 대표적인 곳이다. 고속 철도나 고속 도로를 건설하기 위한 터널 공사, 대규모 댐 건설 공사, 주택 단지나 산업 단지 조성 공사 등에 의해서도 지형이 많이 변했다.

이러한 인위적인 지형 변화는 사람들의 필요와 편리를 위한 것이 대부분이다. 하지만 이런 지형 변화의 결과가 오히려 사람들의 생활에 나쁜 영향을 주기도 한다. 하천의 직선화 공사나 산을 깎아 도로를 건설한 경우 홍수나 산사태가 일어나기도 하며, 생물의 서식 환경이 변하거나 생물 종이 멸종될 수도 있다.

자연은 변형시키기는 쉽지만 회복되기 어렵다. 따라서 자연을 변형시키려고 할 때에는 인위적인 지형 변화로 발생할 수 있는 문제에 대하여 충분히 검토해야 한다.

천재교과서 중학교 1학년 과학책에 실린 사진(오른쪽 가운데).
당시 기사에 첨부했던 공사 현장 사진을 확대해서 실었다

는 내용은 다음과 같다.

"자연은 변형시키기는 쉽지만 회복되기 어렵다. 따라서 자연을 변형시키려고 할 때는 인위적인 지형 변화로 발생할 수 있는 문제에 대해 충분히 검토해야 한다."

저작권료로 얼마를 보상해주는가는 중요하지 않다. 그보다는 교과서를 집필하는 저자가 내가 쓴 기사를 읽고 공감해 교과서에 실었다는 의미가 크다. 기사는 당시 여수 석천사에 계시는 진옥스님과 대담하며 생각을 정리한 글이었지만, 이제 학생들을 가르치는 교과서에도 실려 후대에 교훈을 주는 자료로 남는 것에 보람을 느낀다. (13. 06. 03)

4개국 문화가 한자리에… 이런 거 '알랑가몰라'

여수 무선중학교에서 열린 다문화 체험의 날

11일, 여수 무선중학교에서는 다문화 체험의 날 행사가 열렸다. 1학년을 대상으로 1교시부터 4교시까지 계속된 체험행사는 출신국가 소개, 전통놀이, 전통 춤에 이어 각국의 요리를 직접 만들어 맛보는 순서로 진행됐다.

교육과학기술부지정 다문화교육정책연구학교인 무선중학교에는 9명의 다문화가족 자녀가 재학 중이다. 새로운 문화에 대한 호기심을 증진시키고 다문화에 대한 감수성을 기르기 위해 열린 행사에는 여수에 사는 결혼이주민 여성 13명이 강사로 나섰다. 이들은 여수시 관광해설사, 방과후강사, 통역봉사, 다문화이해교육 강사로 열심히 활동 중이다.

전통 복장을 한 강사들이 교실로 들어서자 이색적인 모습에 "와!" 하는 환호성이 터졌다. 첫 시간은 파워포인트를 이용해 출신 국가의 문화와 경제 및 의식주를 소개하는 시간이다.

몽골 출신의 바야르씨가 "몽골이 어디 있어요?" 하고 묻자 한 학생이 "동남아시아에 있어요" 하고 대답한다. "동남아시아야! 아니야! 동북아시아야!"라며 옥신각신하던 학생들은 TV화면에 몽골과 함께 우리나라가 그려진 지도를 보자 "아! 그렇구나!" 하고 고개를 끄덕인다.

2교시 전통놀이 시간이다. 일본 출신의 에이꼬씨가 '가미스모(종이씨름)' 게임을 소개한다. '가미스모'는 사방 30센티미터쯤 된 종이상자 위에 스모 선수가 그려진 종이를 놓고 두드려 움직인 스모선수가 상대방 선수를 쓰러뜨리는 게임이다.

조선족 출신의 김매화씨가 '잰즈' 만들기 시범을 보인다. 열심히 가위질을 해 작품을 만든 학생들이 "해냈다!"며 기뻐했다. '잰즈'는 기쁠 '희(喜)' 자 두 개를 잘라 창문에 붙이는 것으로 결혼할 때 사용한다고 한다.

몽골 출신 바야르씨가 '샤가이' 놀이를 선보인다. 샤가이는 양의 복숭아뼈를 이용해 하는 놀이로 우리의 윷놀이와 거의 비슷하다. 플라스틱이 아닌 실제 동물의 뼈를 이용해 만들었다는 놀이기구를 신기해하던 학생들

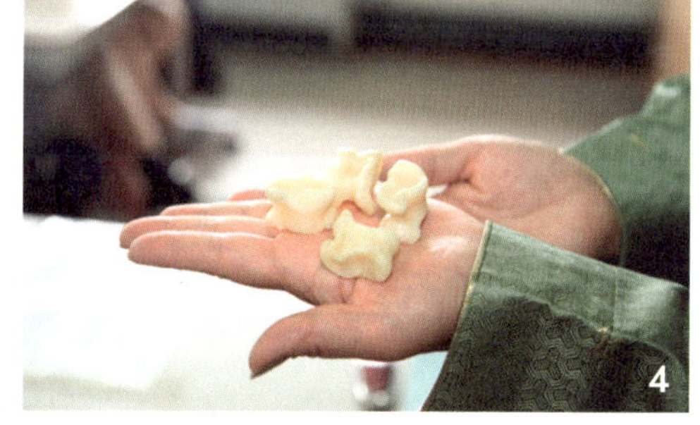

1 11일(화). 여수 무선중학교에서는 다문화 체험의 날 행사가 열렸다

2 중국 전통 복장을 설명하고 있는 김수현씨. 조선족 출신이다

3 다문화 체험의 날 행사에 출신국가의 문화를 설명하기 위해 모인 강사들과 교감 선생님

4 몽골의 전통 놀이인 샤가이 재료. 양의 복숭아뼈로 만들었다

1 일본 전통 놀이인 가미스모에 열중하고 있는 학생들

2 필리핀 출신 채릴이 학생들과 필리핀 전통 음식을 만들고 있다

3 몽골 전통 음식인 조이반을 맛있게 먹고 있는 학생들

4 중국 전통 풍습인 '잰즈'는 기쁠 '희'자 두 개를 겹쳐 만들며 결혼식 때 창문에 붙인다. 자신이 만든 잰즈를 들어보이는 여학생

5 필리핀 전통 복장을 입고 있는 이아라(가운데) 양. 학생들이 "와! 예쁘다"를 연발하자 환하게 웃고 있다

6 일본의 새해 첫날 하는 놀이로 '웃으면 복이 온다'는 뜻이라고 한다

이 이내 샤가이 놀이에 빠져든다.

필리핀 전통 문화와 풍습을 소개하는 시간이다. 채릴과 라몬디따가 필리핀 여성들이 입는 '바롯 사야'와 '마리아 클라라'를 이아라 학생에게 입혀 본다. 화려한 '바롯 사야'는 평민이 입고 '우아한 마리아 클라라'는 귀부인들이 입는다. 마리아 클라라를 입은 이아라 양을 본 학생들은 여기저기서 "야! 예쁘다"를 연발한다. 이양에게 옷을 입어본 소감을 들었다.

"처음 입어본 필리핀 옷이 이쁘고 신기해요."

우리나라 볶음국수의 일종인 '조이반'은 몽골 전통음식이다. 몽골 초원에서 유목 생활할 때 주식으로 먹는 '조이반'은 원래 소고기와 밀가루로 만든다. 하지만 야채를 듬뿍 넣고 만들어준 조이반은 학생들에게 인기 있는 음식이다. "짭짤하니 맛있다"며 먹는 그들의 입맛은 이미 국제화가 되어있었다.

필리핀 음식으로 보기에도 화려한 '룸비아'를 만드는 학생들의 손길도 바쁘다. 룸비아 재료는 양파, 양배추, 당근, 식용유와 필리핀 소스가 들어간다. 수업을 마친 중국 출신 김수현씨가 소감을 말한다.

"너무 좋았어요. 특히 아이들 반응이 너무 좋았고 만두가 맛있어 더 달라고 해도 줄 수가 없어 미안했어요. 기회가 되면 다음에 한 번 더 온다고 약속했어요."

대한민국에 거주하는 외국인이 150여만 명에 이르고, 결혼하는 10쌍 가운데 1쌍이 국제결혼 하는 다문화 사회로 접어들었다. 이들은 이제 우리와 함께해야 할 이웃이자 대한민국의 운명공동체라는 새로운 마음가짐이 필요할 때다. (13. 06. 12)

화장실에서 치킨파티를 한 교장선생님

여수석유화학고등학교 조영만 교장을 찾아서

지난 25일, 여수석유화학고등학교 조영만 교장 선생님을 만나기 위해 학교를 방문했다. 이 학교에서 근무하는 한 교사로부터 훌륭한 교장 선생님이라는 추천이 있었기 때문이다. “매일 아침 등교하는 학생들에게 하이파이브를 하며 격려해주기도 하지만 예사 교장이 아니니 와보면 알 것”이라고 추천해줬다.

교사 출신이 아닌 기업체 출신 공모교장이니 뭔가 다르겠지만 크게 기대는 안 하고 교장실에 들어가 학교 현황과 경영관에 대해 듣다가 충격을 받았다. 훌륭한 교장이란 말이 빈 말이 아니다.

조영만 교장선생님은 올해 3월 초에 학교에 부임한 공모 교장이다. 여수산단에 소재한 LG화학에서 28년을 근무한 기업체 출신인 조교장이 교육계획서를 보여주며 학교운영계획에 대해 설명하기 시작했다. 기존 학교와 다른 학교장 교육목표가 눈에 띈다.

설명을 들은 후 교장선생님의 학교 경영철학이 무엇인지를 물었다. 교육계획서는 대개 교무부장이나 연구부장이 만들기 때문이다. 잠시 후 책상에서 서류 몇 가지를 가져온 교장이 자신이 제작한 공모계획서와 이력서를 보여준다.

아니! 교육계획서의 학교장 교육목표와 공모계획서가 똑같지 않은가! 나는 당연히 교무부장이 만든 줄 알았다. 학교 경험이 없는 분이 어떻게 저런 교육목표를 말할 수 있을지 의아해 하고 있는데 교장선생님의 학교 경영관을 듣다가 귀가 번쩍 띄었다.

"연초에 전국 폴리텍대학 주최 전남 교장연수가 있었어요. 광주전산고 이영주 교장선생님 말씀이 '취업과 관련 각 기업 CEO를 만나 어떤 인재를 원하느냐고 여쭤보니 전문기술은 회사에서 가르칠 테니 학교에서는 인성 교육이나 똑바로 해달라'는 얘기를 했어요.

그리고 2010년도에 여수시 테크니션스쿨 인재상을 만들기 위해 여수산단 인사팀장들을 만났는데 인사팀장들의 요청은 첫째도 인성교육, 둘째도 인성교육, 셋째도 인성교육을 시켜서 회사에 보내달라는 겁니다. 기업체에서 필요한 전문적 지식도 중요하지만 기술인이기 전에 갖춰야 할 인성이 더 중요하다는 것입니다. 저는 글로벌 마인드를 지닌 장인을 길러내겠습니다. 그 중에서도 긍정 마인드를 가진 장인을요."

꽉 다문 입과 자신감 넘치는 말투에서 그의 신념을 읽을 수 있었다. "성공하는 사람들의 공통점은 긍정주의자이며 일을 시키면 안 되는 이유보다는 될 수 있는 방안을 찾는 사람을 육성하는 게" 교장의 꿈이다.

진정성이 없으면 안 된다며 무감독 시험을 이뤄내는 것도 그의 목표다. 패배감에 젖어 있는 학생들에게 자신감을 심어주고 강점을 개발해 현장을 혁신할 기술명장을 기르겠다는 포부로 조교장이 내세운 슬로건을 보면 그가 얼마나 의식개혁에 치중하는가 알 수 있다.

능력의 차이는 열배, 의식의 차이는 백배

산업체가 바라는 인성을 길러 학생들에게 비전을 심어주고 교직원들에게는 보람을 심어주려는 게 목표인 그는 학생과 교직원들에게 자신이 금

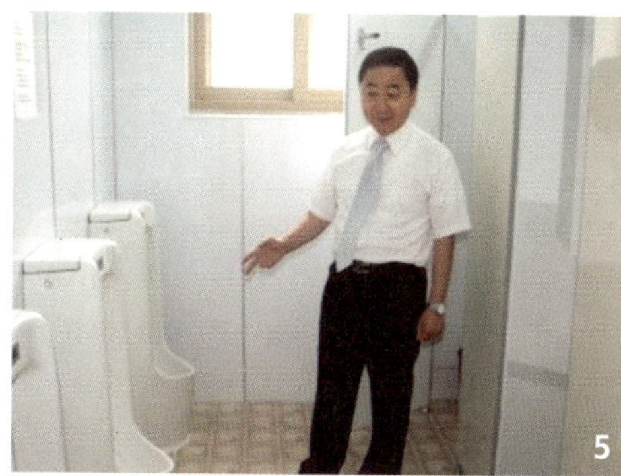

1 여수석유화학고등학교 조영만 교장선생님. 엔지니어 출신으로 올 초 부임한 공모 교장이다

2 매일 아침 40분씩 정문에 서서 등교하는 학생들과 하이파이브를 하며 격려하는 조영만 교장선생님 모습

3 3학년 1반 화공과 학생들이 담당하는 제3호 청결 화장실 팻말

4 여수석유화학고등학교 모습

5 부임하자마자 개혁을 시도한 화장실 모습. 예고도 않고 방문한 화장실이 호텔 못지 않게 깨끗하다. 이곳에서 치킨파티가 열렸다

6 학생회장 이순선(3년)양. 교장 선생님께서 솔선수범하는 모습이 신선한 충격이었다고 한다

과옥조로 여길 행동규범을 만들 것을 제시했다.

학생들은 교장선생님이 준 숙제를 하느라 요즘 머리를 싸매며 고민하고 있다. '나의 인생 사명서'와 '인생목표 100가지'는 전교생이 의무로 제작해야 하며 전교생이 참여한 공통신조도 작성 중이다. 게다가 연말까지는 반별 10계명도 만들어야 한다. 이들의 목표를 모아 책을 펴낼 것도 그의 플랜이다.

조교장과 대화하면서 의문이 들었다. 교육현장에 계시지 않았는데 어떻게 이렇게 학생들을 잘 알고 비전을 제시할 수 있을까? 대화하는 동안 의문이 풀렸다. 공대에서 기계설계를 전공해 회사에 근무하다가 LG화학 인재개발팀장을 맡으며 직원들의 인성교육과 전문성교육을 해왔다.

28년 동안의 회사 근무를 마친 그는 2010년 여수시 테크니션스쿨 원장으로 초빙 받아 기업에 필요한 인재상을 만들고 직업교육에 전념했다. 여수시 테크니션스쿨은 여수산단에 필요한 인재를 양성하기 위해 여수시가 만든 일종의 직업전문학교다. 전문기술인들을 양성하면서도 중점을 둔 것은 인성교육이다. 전원 금연, 무감독시험, 매일 감사일기 쓰기를 통한 품성함양이 주효했다.

그와 맺은 인적네트워크와 여수석유화학업체들의 적극적인 인재등용으로 1기생 100%, 2기생 94%의 대기업 취업률을 달성해 2011년 여수시가 선정한 시책에 넘버원으로 선정됐다. 서울에서 명문대를 나와도 입사시험에 떨어지는데 고졸 출신들로만 이뤄진 테크니션스쿨 출신들이 대기업에 합격한 것이다.

박사 학위를 가진 그가 취득한 자격증은 10개나 된다. 그중에서도 눈에 띄는 것은 중등학교 2급 정교사자격증. 그는 대학시절 교사가 꿈이기도 해 교직을 이수하기도 했던 것. 전남대 경영대학원 CEO리더십과정을 비롯한 34개의 강의실적도 그의 능력을 입증해준다.

조교장은 부임하기 전 학교를 둘러보다 더러운 화장실에 크게 실망했다. 부임하자마자 간부들과 회의를 하며 화장실 개선 방안에 대해 논의했다.

화장실을 개혁하기 위한 약속, 치킨 파티

"화장실을 제대로 사용할 줄 모르는 학생이 사회에 나가 무얼하겠습니까? 화장실을 깨끗이 사용하도록 하고 화장실에 화장지를 비치합시다."

"안됩니다. 학생들이 화장지를 둘둘 말아 변기에 처박아 변기를 뚫은 게 한두 번이 아닙니다"

"안 된다고 하지 말고 이걸 통해서 인성교육을 한번 해봅시다. 화장지 하나도 관리 못하는 학생을 어떻게 산단에 취직시킬 수 있습니까?"

그는 부임하자마자 전교생에게 "화장실이 깨끗해지면 담당학생들과 화장실에서 치킨파티를 열겠습니다."라고 공언했다. 이틀 후 한 학생이 교장실에 찾아와 물었다. 다음은 교장선생님과 학생이 주고받은 대화 내용이다.

"교장선생님, 진짜로 치킨파티를 해요?"

"당연하지!"

"진짜로요?"

"진짜라니까."

3월 29일이다. 깨끗해진 어느 화장실에서는 신소재 3학년 2반 학급 전체가 참여해 20마리가 차려진 치킨파티가 열렸다. 예고도 않고 방문한 화장실은 웬만한 호텔 화장실 같았다. 매일 등교하는 학생들과 하이파이브를 하고 학교를 혁신하는 것이 학생들에게 어떻게 비치는지를 확인하기 위해 학생회장(이순선 3년)을 불렀다.

"전임 교장선생님은 위엄이 있어 다가가기 힘들었는데 현 교장선생님은 학생들과 같이 소통하고 매일같이 이른 시간에 나와서 선도부랑 40분 동안이나 정문에 서서 등교하는 학생들과 하이파이브를 해요. 하이파이브를 하시면서도 똑같은 말만 하는 게 아니라 오늘 행복지수는 얼마죠? 행복한 하루 되세요. 오늘도 열심히 공부하시고~. 밥 맛있게 드세요. 하시면서 상쾌하게 인사해 주세요. 되게 신선한 충격이었죠. 대부분 학생들은 엄청 좋아해요."

인터뷰를 마치고 나오는 길. 진정한 개혁을 위해 달라질 학교가 빛나 보였다. 좌절에 빠지지 않고 희망을 꿈꾸며 나아갈 학생들의 모습이 눈에 선하다. 사회의 일반 통념은 실업계 진학을 꺼린다. 하지만 조영만 교장선생님과 함께 희망과 신념으로 가득찬 여수석유화학고 학생들의 달라질 모습이 눈에 선하다. (13. 06. 28)

긴 호흡으로 갈 때라야 희망은 보여!

사랑어린학교에서 열린 정해숙 선생님의 '즉문즉설'

현대사의 산 증인이자 한국교육운동을 대표하는 전 전교조 위원장 정해숙(78) 선생님의 즉문즉설이 순천 해룡면에 있는 사랑어린학교 관옥나무 도서관에서 열렸다. 16일(화) 오후 7시부터 열린 모임에는 학부모와 전교조 교사 및 시민단체 회원 백여 명이 참석했다.

일제강점기를 거쳐 분단의 세월을 사는 지금 우리 사회는 대립과 반목의 정서가 자연스럽게 내면화되어 있는 사회다. 빈부격차의 심화, 지역갈등, 이념대립에 의한 진보와 보수 논쟁으로 공동체가 무너지고 탐욕이 도를 넘어 폭력과 불신이 뿌리 깊게 자리하고 있다.

성해숙 선생님은 이 시대를 살아가는 사람들에게 소중한 가치는 무엇이고 삶의 방식은 어떠해야 하는가 등에 답하기 위해 지난 6월 27일 자서전을 출판했다. 군부독재 정권에 맞서 민주화운동, 통일운동, 참교육을 위해 온몸을 던져 살아온 정해숙 선생님은 "부끄럽다"는 한마디로 저서전 출판에 대한 소견을 묻는 질문에 답했다.

정해숙 선생님은 인권이 짓밟히고, 뭇 생명이 죽임을 당하는 시대를 겪으며 처절한 절망감 앞에서도 시대를 극복하는 힘이 우리에게 있음을 깨달았다. "함께하는 걸음이 쉽지 않지만 서로 다독이고 조화를 이루며 긴 호흡으로 가야 희망의 빛을 볼 수 있다"고 강조한 그녀와의 대담은 박두규 시인의 사회로 이뤄졌다.

우리사회의 문제, 특히 교육문제를 진단하고 해법을 찾기 위해 마련한 이 자리의 질문은 청중이, 대답은 정해숙 선생님이 했다. 다음은 청중의 질문과 답변 내용이다.

– 참교육의 의미와 참교육을 하는 교사는 어떤 모습이어야 할까요?

"나이가 들면서 말을 한다거나 언론에 표현한다는 것이 때론 진리가 되지 못한다는 느낌이 듭니다. 전교조 위원장을 하고 있을 때 덴마크에서 23개 노동조합 책임자들이 저희 사무실을 방문했어요, 전교조가 지향하는 방향에 대해 설명을 들은 후 두 분이 질문을 했습니다. '한국에서 가장 개혁적인 단체를 방문했는데 글로벌시대에 어떻게 민족교육을 강조하십니까?' 하며 물었어요. '민족교육이란 하루 빨리 통일을 이루는 교육'이라고 답변했더니 수긍을 하더군요. 참교육은 통일, 민주, 인간화 교육입니다.

참의 반대는 거짓입니다. 일제강점기를 거쳐 이승만·박정희 정권을 거치면서 거짓이 주를 이루고, 거짓이 참인 것처럼 되는 세상이 됐습니다. 5·18 직후 광주 북성중학교에서 수학을 가르치다가 수업 중에 목이 메어버렸습니다. '이 아이들이 바르게 자라면 우리나라가 바르게 될 텐데, 현실을 바로 알려줘야 할 텐데' 생각하다가 목이 메어버린 거죠. 숨죽인 채 목메인 저를 바라보는 아이들의 눈망울을 지금도 잊을 수 없어요.

수학을 가르치면서도 도덕을 가르칠 때입니다. 반공교육 부분에서 북한은 독침을 가지고 있는 나라이며 지구상에서 가장 못사는 나라라는 거짓교육을 해야만 했어요. 당시 저는 '북한은 우리 형제자매들이다. 하루빨리 통일을 해야 한다'고 가르쳤는데 단 한 명도 이의를 다는 학생이 없었습니다. 1986년 5월 10일 전국 5개 도시에서 교육민주화 선언을 했습니다. 해방 이후 처음으로 교육독립선언을 했죠. 거짓 없는 세상, 참된 인간을 만들자는 선언입니다."

- 살면서 존경하고 따르고 싶은 선생님이 있었는지요?

"주위의 모든 분들이 스승입니다. 부모님, 선후배, 자녀들까지도 스승입니다. 30대 때 간디 자서전을 읽었습니다. 간디가 영국에 있을 때는 '사람을 사랑하라'고 했어요. 인도로 돌아와서는 '모든 생명을 사랑하라'고 했습니다.

한번은 증식하는 사리가 나왔다고 해 구경을 갔어요. 무생물인 사리가 생명처럼 증식하는 모습을 보았죠. 5·18 당시 많은 사람이 죽었습니다. 5·18을 경험하면서 생명에 관한 공부에 착수했습니다. 5년간 성경 공부

1 정해숙 선생님과 청중들간의 즉문즉설 시간. 대담은 박두규 시인의 차지다

2 사랑어린학교 정문 앞에서 선 학교 안내간판

3 아름다운 사랑어린학교의 교정모습

4 사랑어린학교 학생들이 참가자들을 위해 정겨운 동요를 불러주고 있다

를 마치고 불교 경전 공부에 들어갔습니다. 불교 공부하다가 청화스님을 만났어요. 겸손하고 가르침이 쉽고 명쾌했습니다. 이때 깨달았죠. 모든 생명은 하나다. 우리 모두는 인드라망처럼 얽혀 있는 하나다. 서로가 하나의 생명이라는 것에 동감했습니다."

– 사람답게 산다는 것은 무엇입니까?

"이 나이가 되도록 자신도 모르게 자본주의의 틀 속에서 성장해왔어요. 물질의 풍요 속에서 그것이 최고인 것으로 착각하고 살았습니다. 철학의 빈곤시대, 물질의 풍요가 삶의 척도인 것처럼 여겨지는 세상입니다. 학생과에 학생들을 불러와 반성문을 쓰게 하는데 반성문은 어른들이 써야 합니다. '세상의 평화를 원한다면 내가 먼저 평화가 되자'라는 생명평화 사상에 공감합니다.

– 가르친다는 뜻은 무엇입니까?

"가르친다는 것은 배우는 것입니다. 할아버지도 손자한테 배우죠."

– 21세기에 우리 아이들에게 참교육과 통일을 어떻게 설명해야 할까요?

"자본주의를 뛰어넘는 기획은 귀농입니다. 많이 변했지만 아직도 노동은 천한 것이라는 인식이 확산되어 있어요. 인간이라는 것은 돈의 힘으로, 빵의 힘으로만 사는 것이 아니라 꿈을 가지고 삽니다. 마음을 중요한 가치로 여겨야 합니다. 우리 사회가 너무나 증오심을 조장하는 사회가 되어버렸습니다. 경쟁교육에 빠진 아이들. 행복은 성적순이 아니잖아요?"

즉문즉설은 밤 9시가 넘어서야 끝났다. 뒤풀이를 하기 위해 남은 사람들을 두고 집으로 돌아오는 길은 캄캄했다. 사방은 적막하고 논밭에서는 개구리 울음소리만 들린다. 하지만 정해숙 선생님이 던져준 화두가 머릿속에서 맴돌고 밤길이 어둡지만은 않았다. (13. 07. 17)

세상에서 가장 아름다운 '무녀'를 소개합니다

'성인문해교육' 현장 여수 신촌문해교실을 찾아서

"제가 성인문해교실을 시작한 계기가 따로 있습니다. 노인들이 글자를 못 배웠기 때문에 선거 때 무조건 1번만 찍었다고 해요. 1번은 엄지손가락을 의미하고 1이라는 숫자는 가장 좋은 숫자이며 1등이라고 생각했다고 합니다. 이래서는 안 되겠다, 이분들 눈을 뜨게 해 세상을 바꾸는 일에 나서야겠다고 생각했어요. 노인들이 글을 배운 후 세상 밖으로 나가서 간판만 읽은 게 아니라 세상을 읽기 시작했습니다."

지난 14일 여수시 화장동에 있는 신촌문해교실. 한글을 깨치지 못한 노인들에게 한글을 가르치는 돌산 노인복지원 박일순 원장의 말이다.

성인문해교실이란 18세 이상 성인 중 한글을 깨치지 못한 사람에게 한글을 가르치는 교실을 말한다. 문해능력은 단지 글을 쓸 줄 아는 능력이 아니라, 모든 교육의 토대가 되는 인간 생활의 가장 기본적인 능력으로 개인이 교육받을 수 있는 권리를 실현하는 기본 전제다.

2시간 반 수업, 졸리지 않느냐고 물어보니…

2010년 통계청 조사에 따르면 현재 기초학력 취득기회를 놓친 저학력 성인은 약 577만 명에 이른다. 이들은 국민 누구나 가진 '교육받을 권리'를 누리지 못하고 있었다. 노인들이 너도나도 교육받지 못했던 이유를 설명해 줬다.

"너무나 가난해서." "여자가 무슨 공부를 한다고." "오빠 언니들한테 치여서." "엄마가 바빠 동생들 업어주며 애기 돌보아 줘야 하니까."

여수국가산단이 생기며 두암마을 인근에서 이주한 분들이 주축이 돼 모인 노인들은 매주 2회(화·목) 수업을 듣는다. 2시간 반 동안의 수업시간(낮 1시 반부터 오후 4시까지) 내내 쉬는 시간 없이 수업이 진행된다. 그래도 조는 사람은 없단다. "정말 졸리지 않습니까?"라고 묻자 노인들이 이구동

1 수업 중에 농담을 했더니, 즐거워 하는 할머니들

2 할머니가 생선들을 그리고 밑에 이름을 적었다. 무너 - 문어, 가우리 - 가오리, 돕 - 돔 등의 오타가 보이지만 할머니들은 세상을 다 얻은 것처럼 행복한 얼굴들이었다

3 무슨 뜻인지 한참을 들여다보다가 이해가 됐다. "고추와 콩은 노랗게 익어서 끊어 가지고 집에 와서 콩알을 보니 사랑 합니다."란 뜻이다. 남의 눈과 손만 빌려 살던 할머니들이 독립을 시작했다

성으로 대답했다.

"공부하고 싶어 애가 터지는데 왜 졸려요?"

원래 수업을 듣는 학생은 14명인데, 오늘 두 명이 결석했다. 사연을 물은 즉, 한 명은 병원에 계시고 한 명은 공공근로를 나갔다고 한다. 학생들 중 가장 나이 많은 학생은 권분남(85)씨. 허리가 안 좋아 매일 병원에 다니면서도 복대를 차고 공부하러 오니 나이가 비교적 어린 60~70대 후배들에게 귀감이 돼 모두 공부하는 분위기다.

박일순 원장이 2014년 3월 처음 교실을 열었을 당시 상황을 이야기해줬다.

"지난해 3월에 처음 공부를 가르치러 왔을 때 종이박스 위에 책을 놓고 공부를 하고 있었어요. 안 되겠다 싶어 포스코건설에 도움을 요청해 앉아 사용할 수 있는 책상 15개와 학용품을 후원받았어요. 저분들 지금 다리를 뻗고 편히 공부하시잖아요. 종이상자를 놓고 어떻게 다리를 폈겠어요.

모두 다 농사짓다 오신 분들이라 고관절 수술을 하거나 무릎이 안 좋아 다리를 뻗고 공부해야 합니다. 책상과 의자가 구비돼 더 편하게 공부할 수 있는 교실이 있으면 좋겠습니다."

노규남 할머니가 지금껏 공부한 자료를 모은 파일 속에는 손주 동화책 속에 나오는 그림과 글을 그내로 베낀 또 다른 그림책이 있었다. 이면지를 활용해 꼼꼼하게 쓴 글씨와 그림을 보다가 "소원이 무엇인가요?"라고 묻자 그는 환하게 웃으면서 답했다.

"손주한테 동화책 읽어주는 게 꿈이었어요. 그동안 못 읽어줬지요. 이제는 잘 읽어 줍니다."

한글 배우는 할머니의 꿈

성인문해교실을 취재하려 하면, 그곳에 다니는 할머니들은 한글 못 읽는 것을 부끄러워하며 숨기려고 한다. 박일순 원장이 동여수복지관에서 한글 가르칠 때 일화를 설명해줬다. 어떤 이는 공부하러 올 때 창피하다며 시장바구니를 들고 강의실에 오거나, 등산 간다며 등산복을 입고 오는 경우도 있었다. 누가 볼까 두려워하는 그들을 위해 처음 6개월은 커튼을 치고 수업하면서 계속 설득을 했다고 한다.

"'여자가 못 배운 이유는 딸이기 때문이거나, 시대적인 상황, 전쟁, 가난 때문입니다. 공부가 창피한 것이 아니니 부끄러워 하지마세요'라고 계속

1 신촌문해교실에서 할머니들에게 한글을 가르치는 돌산노인복지원 박일순 원장

2 85세 최고령 할머니. 허리가 아파 병원에 다니면서도 복대를 하고 공부해 후배들에게 귀감이 되어 주셨다

3 손자의 동화책 속 그림과 글을 이면지에 그대로 베껴 그림 동화책을 만든 할머니. 손자에게 동화책 읽어주는 게 소원이었는데 이제 소원풀었다고 한다

4 손자의 동화책을 이면지에 그대로 베껴 그림 동화책을 만든 할머니. 손자에게 동화책 읽어주는 게 소원이었는데 이제 소원풀었다고 한다

교육을 한 뒤 커튼을 올렸어요."

돌산 노인복지원에서 한글을 가르칠 때 할머니 한 분이 펑펑 울었던 일화도 들려줬다.

"성인문해교실에서 수업을 하고 있는데 하루는 방수복을 입고 고기 잡던 복장 그대로 강의실에 오신 분이 계셨어요. 바다에서 고기 잡다 말고 수업시간에 맞추기 위해 남편이 태워다주는 차를 타고 왔다는 겁니다. 그녀가 교실에 도착하자 비린내가 확 풍겼죠. 글을 읽고 쓸 줄 몰라 외상값을 못 받고 몇 번이나 떼였다며 펑펑 우는 거예요."

공부 가르쳐주는 선생님이 고맙지만 받아쓰기할 때가 제일 무섭다고 한다. 이유를 묻자 "책을 덮어놓고 쓰라고 하니까 틀릴까봐 가슴이 벌벌 떨린다."라면서 손주가 시험 공부하면서 고생하는 심정을 알겠단다.

박일순 원장은 할머니들이 노령연금을 스스로 찾아 쓰도록 하기 위해 은행 전표 사용법, 동사무소 전입신고법, 민원서류 발급 방법 등을 알려줬다. 한글을 알기 전에는 친구들과 식사를 하고도 노래방에 못 갔다는 할머니들. 세상을 읽기 시작한 이들에게 노래방은 더 이상 두려운 존재가 아니다.

삐뚤빼뚤한 글씨에 오타가 있어 한참을 읽어야 해석이 가능한 글씨들. 금방 배워도 까먹고, 해보려고 해도 어렵지만 간판도 읽을 수 있고, 혼자서도 병원에 갈 수 있다는 할머니들의 걸음마에 박수를 보낸다.

(15. 09. 17)

뿔난 전남대 여수캠퍼스 동문 "차라리 분리독립하자"

전남대 여수캠퍼스 분리 위한 범시민 대책위원회 열려

지난 5일 오후 6시 반, 전남대 범시민 대책위원회 구성을 위한 준비위원회가 여수 마띠유호텔에서 열렸다. 이 자리에는 (전)여천시장인 정채호 씨와 여수시의회 노순기, 전창곤의원을 비롯한 시민단체 관계자 14명이 참석했다.

참석자들의 분위기는 무거웠다. 이유가 있었다. 2005년 정부는 국립대학 1도 1대학으로 통합하고 법인화하여 경쟁력을 높인다는 정책을 발표하고 국립대학간 통합을 추진했다. 이에 따라 국립전남대학교와 국립여수대학교는 통합합의각서를 체결(2005. 6. 14) 후 통합했다.

상호 대등한 입장에서 대학교육의 질 제고와 경쟁력을 강화해 지역거점 국립대학교로서 지역발전을 선도한다는 명분이었다. 통합 후 10년이 지난 현시점에서 전남대학교 여수캠퍼스의 성적을 평가한 총동창회와 지역민들은 "통합각서 이행 거의 안 됐다! 차라리 분리 독립하자."라면서 분개하고 있다.

여수시가 한국지식산업연구원에 의뢰해 발표한 '전남대 통합 성과분석 용역(2015. 7)' 결과가 통합 결과에 의구심을 갖고 부글부글 끓던 지역여론에 기름을 부었다. 용역 결과 발표 후 합의각서 이행을 촉구하는 성명서 발표와 시민토론회가 열렸다. 장차 지역 시민사회단체가 전남대(광주) 항의 방문을 계획하고 있고 법정투쟁 등의 행동계획을 밝히며 범시민대책위도 구성할 예정이다.

동문회와 지역민이 분개한 이유

대책위원회는 전남대학교 여수캠퍼스 지역거점대학 기능 회복을 위한 범시민운동을 지원할 예정이다. 또한 전남대학교 여수캠퍼스 장·단기 발전 전략을 수립한 후 청와대, 교육부, 국회, 대학교육발전협의회, 전남대 등의 관계기관을 찾아 대책 수립을 촉구할 예정이다.

전남대 여수캠퍼스 총동창회와 지역민들이 분개하는 이유를 알아보기 위해 당시 교육인적자원부 김진표 부총리가 직접 서명 날인한 통합양해각서(2005. 6. 14) 내용을 살펴봤다.

▲각서 1호 - 완전통합을 원칙으로 하고, 상호 대등한 입장에서 구성원의 의견을 모아 추진

▲각서 3호 - 여수캠퍼스 특성화는 기존 특성을 살려 광주캠퍼스와 차별화되는 분야를 중심으로 학과 및 대학 재구성

▲각서 4호 - 한의대(한방병원 포함) 설립

▲각서 6호 - 교수 배정과 연구사업비 지원 등 통합과 관련된 행·재정적

지원을 여수캠퍼스 특성화분야에 최우선 지원

▲각서 9호 – 의료기관(전문병원)을 여수캠퍼스(국동)에 설치 운영

통합된 후 양 캠퍼스의 변화를 분석한 한국지식산업연구원의 결과를 모아 표로 만들었다.

	광주캠퍼스	여수캠퍼스	비　　고
재정지원	1181억원(2006년) 1645억원(2013년)	70억원(2006년) 33억원(2013년	광주캠퍼스 39.2%증가 여수캠퍼스 112.1%감소
학과 및 대학재구성	2016년 시각정보 디자인학과, 특수 교육학과 단계적 통폐합 예정	4개 단과대 38개 전공 → 3개 단과대 31개 전공	여수캠퍼스 1단과대 7전공 축소, 여수캠퍼스- 5개 특성화 사업 분야 감소
한의대 및 전문병원		국동캠퍼스 (평생교육원) 운영예산 1억1천 3백만원	
전임교수 신규임용	268명	24명	
재학생수		935명 감소	여수지역 소득효과 감소액 - 1238억원 추정

여수시 용역보고서에 대한 전남대 측의 답변… ‘궁색’

여수시 용역보고에 대한 전남대측의 답변(2015. 9. 8)을 보면 통합이후 여수캠퍼스에 아래와 같은 성과가 있었다고 발표했다.

▲신입생 충원율 84.2%→99.4%

▲입시 경쟁률 2.96:1 →4.22:1

▲교수 연구력 121개 과제 10,229백만 원 →265개 과제 16,288백만 원

▲장학금 규모 1,785백만 원 →9,443백만 원

여수캠퍼스 특성화 부문에 대한 답변도 6개 과제를 예로 들었으나 1,000여억 원의 예정된 계획만 제시됐다. 국동캠퍼스 활용 방안에 대한 답변은 “한의학전문대학원 유치, 노인전문병원 등의 유치를 추진해 왔으나 가시적 성과를 내지 못했다.”라는 궁색한 답변을 내놨다.

또한 “여수시 용역보고서가 재정, 학생수, 교직원수 등 만을 부각하고 통합 본래 목적인 교육, 연구, 취업 등 대학 전반의 경쟁력 향상과 인지도 상승 부분은 간과하고 있다.”라고 지적하며 입학정원 감소는 학령인구 감

소에 따른 전국적인 현상이라고 반박했다.

해양·수산 분야 최고였던 여수캠퍼스, 특성이 사라졌다

통합 전 국립 여수대학교는 98년의 역사를 간직한, 해양·수산 분야에서 국내최고의 전통을 가진 대학 중 하나였다. 그런데 해양수산 분야가 빠져 버리고, 학과와 전공 숫자가 통합 전 6학과 10전공에서 4학과 8전공으로 축소됐다.

의료기관(전문병원)을 여수캠퍼스(국동)에 설치 운영하기로 한 약속도 전혀 이행되지 않았다. 게다가 추진할 의지마저 없는 것으로 보인다. 그뿐만 아니다. 상호 대등한 통합과 운영이라는 취지는 이뤄지지 않았고, 여수캠퍼스를 단과대학이나 분교 수준으로 격하시켰다는 평가도 나온다.

각 대학별 재학생수 증감 비교

구 분	2005년	2015년	증감	비율
광주캠퍼스	22,691	22,421	-270	-1.19%
여수캠퍼스	4,534	3,492	-1,042	-22.98%
순천대	8,189	7,798	-391	-4.77%
목포대	8,844	9,071	+227	+2.57%
목포해양대	2,418	2,504	+86	+3.56%

양 캠퍼스의 유사학과 통폐합 과정에서 10년간 9개 학과가 여수캠퍼스에서 광주캠퍼스로 이전됐지만 광주캠퍼스에서 여수캠퍼스로 이전된 학과는 없었다. 뿐만 아니라 여수캠퍼스에서 가장 경쟁력 있는 특수교육학과와 기업경영학과가 2017년 광주로 이전돼 경쟁력은 더욱 약화될 전망이다.

한의대 설립 약속 믿었던 여수시민 "우리가 순진했다"

통합이 한창 논의될 무렵 여수시민과 총동문회가 동의해준 가장 중요한 이유는 '국동캠퍼스에 한방병원을 포함한 한의대를 설립(통합각서 4호)하고 전문병원을 통합완성 전까지 설치 운영한다(통합각서 9호)'는 것이었다. 하지만 이미 물 건너간 것이나 마찬가지다.

순천 신대지구에 500병상 이상의 종합병원이 세워질 예정이기 때문이다. 2014년 11월, 미국 비즈포스트그룹과 베일러글로벌헬스그룹은 전남도와 전남대병원, 광양경제청, 순천시와 협약을 체결했다.

협약체결 당사자속에는 '전남대병원'도 들어있다. 총장은 몰랐을까? 아니면 통합각서 이행은 안중에도 없었을까. '닭쫓던 개'와 같은 처지가 되어버린 총동창회와 여수시민은 화가났다. 한 시민의 얘기다.

"한의대를 설립해주겠다는 말만 믿고 동의해줬는데 우리가 너무 순진했어요."

이에 여수캠퍼스 총동창회는 지난 1일 성명서를 발표했다. 다음은 총동창회 성명서 내용의 일부이다.

> 지병문 총장은 총장 후보 토론회 때 "여수캠퍼스의 중요사항에 대한 결정이 광주가 아닌 여수에서 결정하도록 자율권을 주겠다."고 약속했음에도 반대로 하고 있다. 여수캠퍼스 부총장에게는 인사권, 예산권, 행정 전결권 등이 없다.
>
> 심지어 2015년 후기 졸업식을 위해 학생과 학부모들을 광주캠퍼스로 오라고 했다. 지금까지 여수학생들은 여수캠퍼스에서 졸업식을 했다. 그것뿐만 아니다. 2015년 2월 ROTC 임관식을 총장 일정이 바쁘다고 임관식 당일에 취소해 학생, 학부모, 기관장, 총동창회 등의 분노를 샀다.
>
> 총장은 역사와 전통이 전혀 다른 여수캠퍼스동창회를 광주동창회와 통합하라고 강요했다. 더우기 여수캠퍼스입학생들의 동창회 입회금을 광주동창회로 입금시켜버리고 그동안 광주동창회에서 여수동창회로 주던 입회금을 올해는 아직도 주지 않고 있다.
>
> 통합 이후 광주에서 여수로 이동한 학생은 1명인데 여수에서 광주로 이

동해간 학생은 808명이나 돼 '여수캠퍼스가 광주로 전과하기 위한 '징검다리' 역할만 하는 게 아니냐'란 비아냥을 듣고 있다.

범시민대책위는 전 여천시장 정채호씨를 회장으로 선출한 후 향후 지속적인 활동에 합의하고 개선이 아닌 분리 독립을 통해 지역특성을 살린 대학을 목표로 하고 있다. (15. 10. 09)

33년 교직생활 되돌아 보게 만든 한 수업

광양제철초등학교 하브루타 & 비주얼씽킹 수업 참관기

지난 24일 오후 3시, 광양제철초등학교 4학년 1반 교실에서는 담임인 고종환 교사가 진행하는 '하브루타 & 비주얼씽킹(Havruta Learning & Visual Thinking) 행복수업'이 진행됐다.

4학년 1반 학생 28명과 전교사가 참관한 과학수업의 학습단원은 교과서 64쪽부터 77쪽(11/11차시)에 나오는 '식물의 한 살이'다. 학습주제는 '식물의 자람과 나의 자람에 대하여 이야기하기'였다. 다음은 하브루타 비주얼씽킹의 수업모형을 통해 고종환 교사가 제시한 수업목표이다.

"식물이 자라면서 모양과 크기와 형태가 변함을 말할 수 있다. 식물이 자라는 과정을 내 삶의 이야기로 말할 수 있다."

학생이 묻고 답하며, 내가 내게 묻고 내가 내게 답하는 하브루타 수업

공부를 잘하는 학생과 못하는 학생의 차이는 어디서부터 출발할까? 답은 질문에 있다. 상위 1% 학생들은 항상 질문하지만 하위 99% 학생은 궁금한 것도, 배우고 싶은 것도 없어 질문을 하지 않고 공부 포기자가 된다.

공부를 포기한 학생은 수업시작 5분이 지나면 집중력이 떨어지고 짝꿍과 장난하거나 고개 숙이고 잠을 잔다. 이들의 공부에 대한 목마름을 잠재워 버린 건 뭘까? 대부분은 교사와 학부모가 제한해버렸다. 학생들의 자발적 성장을 제한한 건 "아직 어린애들인데 알긴 뭘 알아!" "시키는 것이나 잘해!"라는 어른들의 편견 때문이다.

어른들의 일방적 지시에 학생들은 수동적으로 따라만 가던 학교현장이 변하고 있다. 아이들에게 학습주도권과 학습선택권, 질문선택권을 준 하브루타 학습법. 유태인 교수법인 하브루타는 교사와 학부모가 주도하는 학생들의 학습권을 학생들에게 준 교육방법이다. 하브루타는 짝을 지어 질문하고, 대화하며 토론하고 논쟁한다.

1 24일(수) 오후 3시, 광양제철초등학교 4학년 1반 교실에서 열린 하브루타 수업모형을 보여주는 고종환 교사와 학생들 모습

2 쉬는 시간에 정원에 모여 "다리 하나가 없는 개구리가 있어 물가에 풀어주는 중"이라는 아이들의 자연사랑에 대한 생각을 볼 수 있었다

3 모둠별 토론을 통해 자신의 생각을 적은 내용을 발표하는 학생들

4 학교라는 생각이 들지 않을 정도로 단아하고 정갈한 광양제철초등학교 모습

하브루타는 나만의 생각, 새로운 생각, 남과 다른 생각을 하게 만든다. 하브루타는 질문으로 시작해 질문으로 끝난다. 공부는 동기부여가 50%, 공부 방법이 50%이다. 하브루타 학습법은 스스로 질문하고, 스스로 답하기 때문에 동기부여가 돼 학습능률도 높다.

스스로에게 질문하고 친구들과 논쟁을 통해 성장해가는 아이들

필자는 2016년에 전라남도학생교육문화회관에서 전라남도 초·중학생

1 고종환 교사가 TV화면에 나태주의 시 <풀꽃>을 보여줬다

2 시 <풀꽃>과 <대추 한 알>을 듣고 참나무를 그린 최진 학생이 자신의 생각을 말했다. 참나무를 그린 최진 학생은 "몸이 튼튼하고 건강한 참나무와 같은 사람이 되겠다"며 노력할 점으로는 "참을성을 키워 태풍, 천둥, 벼락에도 버틸 수 있는 나"를 설정했다.

3 교사가 되고 싶은 채윤서(오른쪽) 학생은 "저도 배운 방법으로 아이들을 가르치고 싶어요"라고 말했다

4 고종환 교사는 전국으로 다니며 하브루타 감성수업을 강의한다. 고종환 교사의 책상머리에는 가난해서 초등학교도 제대로 못 다니고 중퇴했다는 '어머니의 편지'가 있었다. 아들과 며느리에게 보내는 편지에서 자식을 사랑하는 마음이 적혀있어 감동을 줬다

들에게 다문화교육을 했었다. 이런 사실을 들은 고종환 교사가 5, 6교시에 다문화수업을 해달라고 요청해 학생들과 재미있는 수업을 한 터라 반 학생들이 우수한 학생들이라는 걸 알 수 있었다.

차별철폐를 외친 사람들에 대한 사진을 보여 주며 마틴 루터킹 목사, 간디, 넬슨 만델라 사진을 보여주자 상당수 학생들이 이름과 행적을 말해 놀랐다. 타 중학교 학생들이 간디와 만델라는 알아보지만 마틴 루터킹 목사는 모르는 경우가 많았기 때문이다.

학교 누리집에서 연혁을 살펴보다가 고개가 끄덕여졌다. 2016년 국제수학경시대회 2년 연속 최우수단체상, 관악합주단 유럽연주 체험(3개국), 제15회 스마트 ICT콘텐츠 공모전 최우수학교상을 받은 경력이 기록돼 있었다.

수업이 시작됐다. 동기유발을 위해 '푸른 세상 만들기' 노래로 분위기를 띄운 고종환 교사가 A4 용지를 나눠주며 식물의 자람에서 배운 내용을 정리하기를 요청했다. 학생들은 버블맵 만들기를 통해 그린 그림을 보며 대답했다.

"잎의 개수와 크기가 달라집니다. 줄기의 굵기와 길이가 달라집니다. 줄기의 개수가 달라집니다."

두 번째 활동은 '나의 자람 생각하기'다. 교사가 TV를 통해 나태주의 <풀꽃>을 보여줬다. "자세히 보아야 예쁘다. 오래 보아야 사랑스럽다. 너도 그렇다."

이어 장석주 시인의 <대추 한 알>시가 화면에 제시됐다.

"저게 저절로 붉어질리 없다. 저 안에는 태풍 몇 개. 저 안에 천둥 몇 개. 저 안에 벼락 몇 개. 저게 저 혼자 둥글어질 리는 없다. 저 안에 무서리 내리는 몇 밤. 저 안에 땡볕 두어 달. 저 안에 초승달 몇 날."

TV 화면에서 시를 읽고 난 몇몇 학생들이 고개를 끄덕이는 사이 고종환교사가 창가에 놓인 강낭콩을 보여주며 설명했다. 햇볕이 내리쬐는 창가지만 강낭콩은 시들어 가고 있었다.

“여러분, 이 강낭콩이 잘 자라지 못하는 이유는 무엇일까요? 바깥에서 태풍과 비바람도 맞고 번개도 맞아야하는데 집안에서 자라기 때문에 죽어가고 있습니다. 여러분도 살면서 많은 어려움을 겪으며 성장해야 튼튼해집니다.”

‘활동의 세 번째는 ‘식물의 자람과 나의 자람을 이야기로 표현하기’였다. 고종환 교사가 수업의 주안점을 둔 것은 식물의 자람과 나의 자람에서 차이점, 공통점, 융합점 찾기다. 친구와 모둠을 통해 그린 그림을 들고 앞에 나간 학생들이 발표에 나섰다.

“나는 예쁘고 사랑스럽게 자라납니다. 자라나기 위해서는 어려움도 이겨내야 합니다. 햇빛, 공기, 물, 온도, 거름처럼 부모님과 선생님의 사랑, 건강 등이 필요합니다.”

맨 앞자리에서 열심히 발표하던 이종현 학생과 김강인 학생이 이날 수업을 통해 느낀 점을 발표했다.

김강인 : “식물도 사랑이 필요하기 때문에 식물을 함부로 꺾지 않겠습니다.”

이종현 : “저는 항상 식물이 하찮다고 생각했는데 식물의 중요성을 깨달았습니다.”

쉬는 시간에 학생들이 뛰노는 정원으로 나갔다. 몇몇 학생들이 빙 둘러선 현장에 가서 “지금 무엇을 하고 있느냐?”고 묻자, “개구리 한 마리가 다리가 없어요. 그래서 물속에 데려다 주려고요.” 하며 물가로 가고 있었다. 수업이 끝난 후 부반장인 채윤서 학생에게서 하브루타 수업에 대한 반응을 들어보았다.

“하브루타 수업은 항상 재미있어요. 그림으로 그리니까 표현하지 못했던 것들도 표현할 수 있어 상상력이 더 풍부해진 것 같아요. 3학년 때와 다른 점은 하브루타 수업을 통해 수업이 더 재미있고 집중이 잘 돼 이해하기가 쉬워요.

글로만 설명하면 이해하기 어려운 부분도 있는데 그림를 그려 서로에게 설명해 주니까 더 재미있어요. 저도 나중에 커서 아이들을 가르치는 일을 하고 싶은데 하브루타 비주얼 씽킹으로 하고 싶어요."

집으로 돌아오려고 교실을 나서자 학생들이 다가와 여러 가지를 질문했다. 한번도 본 적이 없고 단지 세 시간여만 함께 지냈던 학생들의 순수하고 초롱초롱한 눈망울이 사랑스럽다. "안녕히 가시라!"는 그들의 인사를 들으며 학교를 나서는 순간 33년간의 교직생활을 되돌아보며 감동이 밀려왔다.

학교가 변하고 있구나! (17. 05. 25)

베를린 장벽 무너지는 모습 본 독일인 "DMZ 보고 전율"

독일통일 30주년 기념 국제교류 합동연주회 열려

2019 한·독 국제 교류 평화통일 공감메아리 연주회가 끝났다.

10월 3일, 35명의 독일청소년 오케스트라 학생들과 14명의 연주자들이 방한했다. 이들은 한국의 청소년오케스트라(유진)와 여수예울마루, 임진각에서 통일을 염원하는 합동 평화콘서트를 열었다.

교류 행사에는 독일자유청소년 오케스트라음악학교(Freie Jugend Orchester Schule, 유켄트) 학생 및 교사와 여수 연합오케스트라 단원들이 함께했다.

다양한 경험 쌓은 독일 학생들

독일에서 온 학생들은 한국 학생들 집에서 2박 3일간 홈스테이를 하며 우정을 쌓았을 뿐만 아니라 특이한 체험도 했다. 한국학생들과 함께 연습한 이들은 9일 예울마루에서 합동연주를 가졌다. 10일부터는 호국사찰로 유명한 여수 흥국사에서 1박 2일 동안 템플스테이를 하며 가을 산사의 아름다움에 푹 빠졌다.

다음날인 11일 저녁 7시에는 대웅전 마당에서 야외산사음악회도 열었다. 산사음악회에는 '자유청소년오케스트라음악학교'의 교수진과 여수에

1 여수 예울마루에서 열린 "2019 평화통일 공감 메아리" 공연 모습

2 독일 학생들의 홈스테이 모습 ⓒ 오병종

3 국악소녀 윤로사(광양여중3)양이 소프라노 박소은씨와 함께 <통일 아리랑>을 부렀다. "DMZ철조망을 처음 봐서 무서웠지만 제 노래를 듣고 사람들 마음속에 통일을 해야겠다는 생각이 들었으면 좋겠다"고 했다

4 한국에 온 독일 학생들은 다양한 체험을 했다. 한 학생이 여수 흥국사에 템플스테이 하는 모습을 촬영했다. ⓒ 오병종

5 여수 출신 소프라노 박소은씨가 열연하고 있다

6 "2019 평화통일 공감 메아리" 행사를 총괄기획하는 이은주 대표가 여수 해양공원에서 기념 촬영했다

거주하는 전문 음악인들이 함께 참여했다.

여수 돌산의 여수예술랜드에서 음악캠프를 연 오케스트라단원들은 여수를 떠나 DMZ방문 후 임진각에서 평화통일연주 합동공연을 마치고 15일 오전 인천에서 독일로 떠났다.

평화통일에 방점 둔 시간

'한·독 국제 교류 평화통일 공감메아리 공연'은 올해가 여섯 번째다. 지난 2014년 여수소호초등학교가 독일음악학교를 방문해 11일간 '베를린장벽붕괴 25주년 기념음악회'에 참석했고 2015년에는 독일음악학교가 소호초를 방문해 여수 예울마루에서 열리는 '광복70주년 기념음악회'에서 연주했다.

2016년에는 소호초와 외서초가 독일 포츠다머 플라츠 '국제오케스트라페스티벌'에 참가했고 다음해에 독일음악학교가 임진각평화누리공원에서 열린 '한독 평화통일 메아리연주회'에서 공연하는 등 오랜 우정을 보여주고 있다.

한편 '한독아카데미'는 유럽 거장들과 함께 하는 음악회를 주최하고 여수여명학교와 장애인복지관, 초등학교에 매년 '찾아가는 음악회'를 기획하는 등 지역 꿈나무를 위해 꾸준히 활동하고 있다.

아이들이 성장하는 것에 보람 느껴

100여 명 이상의 단체가 10여 일간 한꺼번에 움직이려면 굉장한 노력이 필요하다. 경비, 교통, 숙식, 공연장 준비 등. 더군다나 독일 공연팀은 외국에서 온 손님 아닌가?

특별한 도움 없이 이 모든 과정을 혼자서 해내느라 동분서주하는 이은주 대표를 만나 이야기를 나눴다. 이은주 대표는 독일 카셀음대를 졸업하

1 수학 교수 루이제(중앙)씨가 '2019 평화통일 공감 메아리' 행사에 참여했다. 그녀는 9살에 베를린 장벽채체를 보았다. "한국 DMZ을 바라본 순간 전율했다."고 한다

2 독일청소년 오케스트라단과 독일국립음대 "라이너 펠트만" 교수의 연주. 한글로 <아리랑>을 불렀다. 2년전 보트 한 척 없는 임진강을 본 후 충격을 받아 "임진(IMJIN)" 곡을 작곡해 공연을 하기도 했다

3 임진각에서 합동공연을 끝낸 후 기념 촬영했다. 여수 지역 국회의원인 이용주 의원(중앙)

4 <통일아리랑>을 만든 사람들로 작곡자 여도초등학교 조승필(왼쪽) 교사와 작사자 광양남초등학교 고종환(오른쪽) 교사 모습이다

5 초등학교 교사 박영희씨가 공연이 끝난 순간 울고 있다. "공연을 준비하는 동안 너무 힘들었는데 잘 마무리했기 때문"이라고 했다. 이은주 대표와 김사도 지휘자님 두 분께 정말로 감사드린다고 했다

6 홈스테이 하며 정들었던 친구들과 헤어짐을 아쉬워하는 학생들

고 대학에서 음악을 지도하고 있다.

"한·독 평화음악교류를 시작하게 된 계기는 2014년 여수 소호초등학교 학생들을 인솔해 독일로 건너가 합동 공연을 시작하면서입니다. 이번 공연에 참여한 한국 학생들(48명)은 오디션을 거쳐 선발했어요. 내년에는 현대음악 페스티벌에 참여할 계획입니다.

보람이 뭐냐고요? 아이들이 성장하는 걸 바라보는 것입니다. 아이들 중에는 독일 현지에 가서 음악을 배우고 싶어하는 아이들도 있거든요. 하나부터 열까지 도맡아 하기 때문에 힘들었지만 옆에서 도와주는 학부모들의 도움이 없었으면 해낼 수 없었습니다. 그분들이 너무 고마웠습니다."

분단과 평화통일이라는 공감대 형성

독일 학생과 학부모는 베를린에서 왔다. 2차 세계대전 후 분단됐다가 재통일을 이룬 경험 때문에 분단된 한국 상황이 남의 일처럼 여겨지지 않는다. 학부모 중에는 재통일이 되기 전 동베를린에 살았던 루이제(Luise)가 있었다. 대학에서 수학을 가르친다는 그녀는 두 명의 아이들과 함께 한국을 찾았다. 그녀와 필자의 대화 내용이다.

- 교사였던 나는 1992년 여름방학 때 한달간 혼자서 배낭을 메고 유럽여행을 했어요. 당시 재통일된 베를린에서 당신들이 부러웠습니다. 독일은 1990년에 재통일 됐잖아요? 베를린 장벽 붕괴 당시 몇 살이었으며 베를린 장벽 붕괴 당시를 본 감회를 말씀해주세요.

"9살 때 동베를린에 살고 있었는데 아빠 손잡고 구경 갔어요. 처음에는 장벽을 다시 쌓으면 어쩌나 하고 걱정했지요. 하지만 현실이 됐을 때 너무나 기뻤어요. 통일이 되자 서베를린에 사는 이모 할머니네 가족들을 다시 만날 수 있어 너무나 기뻤어요."

그에게 "한국의 DMZ을 본 소감과 통일방안에 대해 조언해 달라."고 하자 그가 대답했다.

“국경선은 저를 절망케 했습니다. 친구나 가족을 만나야 한다는 건 누구도 부정할 수 없는 사실입니다. 국경선을 본 순간 전율했고 저를 슬프게 했습니다. 통일을 논의할 때는 북한사람들에 대해 신중을 기해야 합니다. 그들의 정체성을 존중해주면서 통일을 논의해야 한다는 거죠.”

맞는 얘기다. 서독에 비해 경제력이 뒤진 동독에 살았던 그녀는 자신의 경험을 바탕으로 “상대방의 정체성을 존중하면서 통일에 대해 논의하라.”고 충고해줬다. 공연장에는 독일대사관에 근무하는 1등서기관 볼프강 레헨호퍼씨가 참석해 인사말을 했다.

“베를린에 살았던 저는 15살 때 통일이 됐어요. 내년이면 통일 30주년이 되는데, 한국민들도 절대 포기하지 말고 통일에 대한 희망을 잃지 마세요. 독일은 한국민들에게 통일에 대한 경험을 전달하겠습니다. 통일은 사람들의 의지로 이뤄졌어요.”

관현악단의 합동공연 두 번째 곡은 ‘통일아리랑’이다. 이 곡의 작사자(고종환)와 작곡가(조승필)는 초등학교 교사들이다. 작사를 한 광양남초등학교 고종환 교사에게 작사를 한 취지를 들어보았다.

“분단 70년을 넘어가고 있는 아픈 현실을 보며 아직까지 통일의 염원을 담은 노래가 없고 ‘우리의 소원’이라는 동요밖에 없는 현실이라 반드시 남과 북이 하나 되어 마음을 열고 만나 통일을 이뤄야 한다는 간절함을 담았습니다.”

독일청소년 오케스트라 단원들을 인솔하고 온 사람 중에는 베를린 국립음대 교수인 라이너 펠트만(Reiner Feldmann) 교수가 있다. 한국을 몹시 사랑한 그는 중학생인 ‘루이제 파파스’ 양을 지도해 한국어로 아리랑을 부르게 했다.

뿐만 아니다. 2년전 한국을 방문했을 때 바라본 임진강을 보고 ‘임진

(IMJIN)'이라는 곡을 작곡해 공연장에서 연주했다. 그가 임진강을 보고 느꼈던 심정을 이야기했다.

"2년 전 임진강을 바라보고 강한 충격을 받았습니다. 강에 배가 없었기 때문에 죽은 강처럼 보였어요. 게다가 꽹과리, 가야금 같은 한국음악에서 깊은 영감을 얻어 연주할 때 사용하곤 합니다."

'한·독 국제음악교류활동'은 지난 2014년 이후 꾸준히 열리고 있다. 한독아카데미측에서 밝힌 '글로벌 인재육성 현황'을 살펴보면 2008년 독일 하노버 음대에서 바이올린을 전공한 임주연(졸업)과 2010년 독일 로스톡 음대를 졸업한 라하영(바이올린)을 비롯, 현재 독일 바이마르음대와 부퍼탈 음대, 칼스루해 음대, 뮌스터 음대, 쾰른 음대, 베를린 국립 음대에 1명 씩 현재 6명의 학생이 재학 중이다.

여수 일정이 끝나고 DMZ체험 후 14일 임진각에서 한독 한마음(Einheit)오케스트라 평화통일연주 합동 공연을 마치고 헤어지는 순간은 이산가족의 이별 장면같은 장면이 연출됐다. 홈스테이를 하며 정이든 학생들이 이별을 아쉬워하며 부둥켜안은 모습은 보는 이들의 가슴을 뭉클하게 했다. (19. 10. 19)

육지에서 유학오는 학교, "떠나기 싫다"는 학생들

[현장] 여남고, 2019 일반고 우수프로그램으로 교육부장관 표창 받아

여남고등학교가 한국교육개발원이 주최한 '2019학년도 고교학점제 일반고 기반조성 지원(고교 교육력 제고) 사업 일반고 우수프로그램에 선정돼 교육부장관 표창을 받았다.

표창장이 준 의미는 크다. 우수프로그램에 선정된 학교는 전국 17개 시도에 소재한 2천여 개가 넘는 고등학교 중 15개 학교에 불과하고 전라남도에서는 2곳뿐이기 때문이다.

우수프로그램에 선정된 학교는 규모별로 소·중·대로 구분된다. 그중 여남고는 학생 수 65명이 다니는 소규모학교다. 어디 그뿐인가? 여남고는 비렁길로 유명한 금오도에 위치한 조그마한 학교다. 섬에 자동차 길이 나기 전 필자가 배 타고 여남고를 방문했을 때 2시간이나 걸렸던 섬학교이다.

출산율 저하와 도시로 이주해가는 주민들로 인해 농어촌에 소재한 대부분 학교는 폐교를 걱정하고 있다. 고령화와 도시로 떠나가는 젊은이들의 이농 현상은 금오도라고 해서 비켜 갈 수 없다. 금오도가 속한 남면 인구는 한때 1만 명을 넘었지만 고령화로 인해 현재 3,038명 중 65세 이상 인구가 45%에 달하기 때문이다.

1 여남고 학생들은 입학식, 학교 축제, 졸업식 등 학교행사를 학생자치회에서 기획하고 운영한다. © 정규문

2 식당으로 가는 길에는 전교생들의 모습을 타일로 만들어 붙여놨다

3학교 교정 곳곳에 붙어있는 "실수해도, 잘못해도 괜찮아!"라는 표어가 붙어 있었다. 정규문 교장의 교육철학이 묻어있는 내용이다

4 여남고가 자신들을 행복하게 해줬다는 김현정(좌측) 양과 박서린(우측) 양 모습

5 여남고등학교 정규문 교장 모습. "4년전 공모교장으로 부임할 당시 이상적인 학교로 만들어보겠다던 대부분의 꿈을 이뤄 행복하다."고 말했다

육지에서 유학오는 학교

교사였던 필자는 몇 년 전 목포대학교 도서문화원 이재언 연구원과 함께 서남해 많은 섬을 돌아보았다. 섬에 상륙했을 때 가장 가슴 아픈 건 폐교되어 잡초가 무성하게 우거진 운동장과 깨어진 유리창이었다. 필자가 한탄했다. 섬에 아이들이 없는 걸 어쩌란 말인가!

여남고도 그럴까? 섬을 몇 번 방문해본 분들은 선입견 때문에 "여남고도 마찬가지겠지"하고 추측할지 모른다. 하지만 놀라지 마시라. 여남고는 2015년에 전국 최고의 아름다운 학교에 선정된 학교다.

그뿐만 아니다. 2017년에는 도서관 활용 우수학교 표창과 고교 교육력 제고 우수학교 표창을 받았다. 2018년에는 도서관 활용 최우수학교 표창을 받았고 올해는 일반고 우수프로그램 학교로 선정됐다. 학교 방문 후 여수로 돌아오는 배 안에서 이렇게 조그만 학교가 왜 교육력 우수학교로 선정됐는지를 곰곰이 생각해 보았다.

주변환경이 아름다운 학교

여남고는 울창하게 우거진 뒷산을 배경으로 아름다운 남해가 살짝 보이는 포구에 자리 잡고 있다. 학교에 들어서면 촘촘하게 자란 금잔디 운동장에서 마음껏 공을 차는 학생들이 보인다. 점심을 먹은 학생들은 교사와 함께 당구를 치기도 하고 탁구도 친다.

여남고가 위치한 금오도는 작지만 강한 섬이다. 남면사무소 뿐만 아니라 파출소, 해경출장소, 우체국, 보건지소, 농협지점, 한전출장소, 다도해해상국립공원 금오도 분소 등이 있다. 여객선 5척과 마을버스 3대, 택시 2대가 있어 교통도 편리한 편이다.

뱃길이 좋아지고 자동차길도 생기면서 금오도를 찾는 관광객이 연간 50만 명이나 되는 아름다운 섬이다. 천혜의 자연 자원을 보유해 다도해해상

국립공원으로 지정된 해안선을 따라 수백여 미터의 절벽과 기암괴석이 펼쳐져 있는 섬이다.

그래서인지 주말이면 서울 등 각처에서 관광객들이 찾는 섬이다. 육지에서 섬으로 유학 온 학생들은 울긋불긋 차려입은 관광객들을 보며 소외감에서 벗어났는지도 모른다.

면학 분위기 조성 위해 모두가 똘똘 뭉쳐

섬이 아름답다고 해서 면학 분위기 좋은 학교가 될까? 아니다. 오히려 면학 분위기를 저해할 요소가 많다. 면학 의욕이 떨어진 학생과 교사, 교육활동 지원 여건과 지역사회의 무관심은 교육력 저하로 나타날 수 있다.

섬이라는 여건이 준 특혜도 있다. 모든 학생이 기숙사에 기거할 뿐만 아니라 모든 교사가 관사에 산다. 따라서 학생들은 24시간 동안 교사와 함께 사는 셈이다. 학교에서는 이를 사제일촌이라고 부른다.

'일촌(一寸)'은 부모와 자식 사이를 일컫는 사이다. 여남고 학생과 교사는 월요일부터 금요일까지 24시간 함께 기거하며 생활하니 '일촌'이다. 학생이 머무는 기숙사와 교사들이 머무는 관사에서 교실까지 거리는 2분이다. 양자는 한 울타리에서 함께 지내니 한 마을이라는 뜻의 '일촌(一村)'이기도 하다.

이들은 교사 한 명 당 6~7명의 학생이 가족을 구성해 매주 수요일 저녁 '사제일촌 해피타임' 시간을 갖는다. 이날이 되면 방과 후 수업도 없다. 이들은 맛있는 음식을 먹으며 상담을 하기도 한다. 가족 같은 분위기는 얼어붙은 마음을 녹인다. 박서린 학생은 "여수 시내에서 여남고로 진학할 당시 모든 게 낯설어 울기만 했었다"고 회상했다. 박서린(고3) 양과 대화 내용이다.

"중학교 시절 엄마한테서 여남고가 좋다는 말을 들어 여남고로 진학했어요. 처음 입학했을 때 아는 사람이 아무도 없었고 외딴곳에 홀로 남았다는 생각에 적응이 안돼 울었어요. 차츰 친구랑 선생님들이 도와주셔서 적응돼 공부에 집중할 수 있었어요. 여남고가 좋은 이유 중 하나는 앞이 바다이고 뒤가 산이라서 자연 속에 사는 느낌입니다."

그는 비렁길 탐방 프로그램을 통해 선후배와 친해질 수 있는 계기가 된 것을 자랑스럽게 얘기했다. 수능시험 후 3박 4일간의 졸업여행 당시 부산, 경주를 다니면서 견문을 넓힌 것도 커다란 도움이 됐다고 한다. 학생들의 체험활동비는 모두 무료다.

여남고 재학생 65명 중 15명만 금오도 출신이다. 80% 정도의 학생이 육지에서 섬으로 유학 온 셈이다. 금오도 인근 연도에서 여남중을 거쳐 여남고에 재학 중인 김현정(19) 학생에게 여남고가 준 의미를 들어보았다.

"여남중을 졸업한 후 여수 시내 고등학교에 진학할 수 있었는데 여남고로 진학한 것은 선생님들과 함께 살면서 느낀 가족 같은 분위기 때문입니다. 성적보다는 함께 살아가는 분위기가 좋았죠. 졸업을 앞두고 이제 섬을 떠나 대도시로 간다는 기대감도 있지만 여남고가 있어 내가 있었다는 생각이 들며 매우 아쉽습니다."

교장실 게시판에 특이한 내용이 걸려 있었다. 학교발전을 위해 지원한 개인(14명)과 단체(16개) 이름이다. 그중 단연 눈에 띄는 한 분이 있었다. 여남중 졸업생 박판식씨는 매년 3,600만 원을 지원하고 있다. 지역기업인 GS칼텍스에서는 학교에 상주하는 원어민을 위해 매년 5천만 원을 지원할 뿐만 아니라 학생들 석식비 500만 원도 지원하고 있다.

작년 한 해 지역사회와 개인이 지원한 장학금 총액은 7,020만 원에 달했다. 이는 학생 1인당 평균 100만 원을 지원받은 셈이다. 경제적으로 어려운 학생은 3년 동안 500만 원을 지원받은 경우도 있다. 학교에서 먹고 자며 장학금까지 지원받으니 돈 걱정 없이 공부만 할 수 있다는 얘기다.

교육학에는 '교육의 질은 교사의 질을 넘어설 수 없다'는 명제가 있다. 최근 일탈 학생 증가와 교사의 권위실추로 인한 학교붕괴를 걱정하는 소리가 넘친다. 학교 황폐화를 막아줄 방패막이는 교사이다. 여남고가 훌륭한 성과를 보이는 비밀은 훌륭한 교사진이다.

여남고는 소규모학교지만 상치교사가 없다. 상치교사란 중고등학교에서 자신이 전공하지 않은 교과목을 가르치는 교사를 일컫는다. 다만 음악·미술·체육 과목 교사가 중고등학생을 지도한다. 4년 전 초임 교사로 부임한 김희원 교사와 이야기를 나눴다.

"대학을 졸업하고 영국과 서울을 포함해 10년 동안 직장생활을 했어요. 일상이 반복되는 삶이 너무나 답답해서 임용 교시를 봤습니다. 교사라는 직업 자체가 계속 공부를 해야 하는 직업이라 선호하기도 했고요. 교직에 들어오기 전에는 교사가 학생들을 잘 가르치기만 하면 된다고 생각했습니다. 그런데 지금은 교직도 서비스라는 생각이 들어요. 학생과 학부모님들께 정성스럽게 서비스함으로써 좋은 관계를 유지하는 것이 교육의 출발점이라는 확신이 들었습니다.

시내 학생들이 너무 많아 모두를 돌아볼 여유가 부족한 데 반해 여남고는 24시간 같이 생활하면서 한 아이의 문제가 전체의 문제가 됩니다. 제가 학교 다닐 적에 느껴보지 못한 느낌이고 관리자들과 흉허물없이 시내는 분위기가 좋았습니다."

초임 교사 시절 열정이면 된 줄 알고 강의식 수업을 했을 때의 기억을 잊을 수 없다던 그녀는 교사 연수를 통해 학생 수준에 맞는 활동 중심 수업으로 전환했다. 여남고 교사들은 1년에 6번씩 공개수업을 한다. 2번은 지도안을 제출하는 수업이고 4번은 평상시 수업 그대로를 참관한 교사들에게 보여준다. 김희원 교사는 여남고에 4년 재직하는 동안에 20번 이상 공개수업을 했다고 한다.

교직 사회를 모르는 분들은 1년에 공개수업을 6번 한다는 의미를 잘 모를 수 있다. 굉장히 부담스러울 뿐만 아니라 서로 기피하는 게 일상이다. 하지만 공개수업은 수업능력을 향상시키는 계기가 되기도 한다. 김 교사는 "공개수업에 대해 전혀 부담을 느끼지 않는다. 공개수업을 마친 후 교사들과 토론하면서 많이 발전했다."고 말했다.

학교뿐만 아니라 어느 조직에나 적용되는 철칙이 있다. 바로 '사람'이다. "사람은 하늘을 이긴다"라는 속담이 있다. 사람은 하늘의 조화라고 할 수 있는 가뭄, 홍수 따위의 자연재해를 능히 이겨낼 수 있다는 뜻으로, 사람의 힘이 큼을 비유한 말이다. 육지 출신 학생들이 섬학교인 여남고로 진학하도록 한 중심에 정규문 교장이 있다.

학교에 입학할 당시 남 앞에 나서보지 못했던 학생들이 이제는 학교의 주인이 되었다. 수업 시간에 조는 학생들이 없어졌을 뿐만 아니라 입학식, 졸업식은 물론 모든 학교행사를 학생들이 주관하고 있기 때문이다.

취재를 마치고 학교 인근 슈퍼에 들러 주인아주머니한테 "혹시 여남고가 폐교된다면 어떡하실래요?" 하고 물었더니 "말도 안 돼요! 학생들이 있어 섬이 살아있는 것처럼 보이잖아요."라며 펄쩍 뛴다.

여남고는 여수에서 유일하게 4년 연속 대학 진학률 100%를 달성한 학교이다. 취재를 마치고 여수로 돌아오는 여객선에서 여남고가 영원히 번창하기를 빌었다.

(19. 12. 13)

세월호 추모곡 만든 초등학교 선생님

[인터뷰] 여도초등학교 조승필 교사

“정의로운 세상 올 거라는 믿음으로 작곡”

세월호 3주기를 맞이해 희생자 추모 광화문촛불집회에 앞서 열린 전국교사대회(15일 오후 4시)에서 교사들이 부른 합창곡 <작은 바램>. 이 노래의 작사·작곡가인 조승필 교사를 지난 18일 만났다. 다음은 조승필 작사 작곡인 <작은 바램>의 가사다.

작은 바램이 있어요
부끄럽지 않고 싶어요
두 손을 모으고 촛불 하나 밝히고 있지요.

마음과 마음으로
밤하늘 별빛처럼
소망의 바다를 이루어 함께 서 있네요.

때론 어둠이 깊어져 아무도 보이지 않았어
세찬 바람 불어 우리 흔들리고 넘어져도

우리 함께 손잡아요 희망의 끈을 놓지 말아요
언젠가 이뤄질 그 꿈들을 포기하지 말아요

우리 함께 노래해요 정의의 세상을 노래해요
작은 바램 모두 함께 모여 좋은 세상 만들어요

나나나 나나나나 나나나 나나나나
작은 바램 모두 함께 모여 좋은 세상 만들어요

교직경력 19년차인 조승필 교사는 전남 여수의 사립학교인 여도초등학교에 재직 중이다. 조용하고 별로 말이 없는 성격인 그는 음악에 조예가 깊다. 그가 <작은 바램>을 작곡하게 된 동기는 여수지역과 광화문 촛불집회에 참석해 감동받았기 때문이다.

"제가 무엇보다도 큰 감동을 받은 건 130만 명이 참석한 지난 2월 25일 집회였어요. 상식이 통하고 정의로운 세상이 올 거라는 믿음이 왔어요."

앞으로도 계속해 작곡을 할 예정인 그는 우리 주변의 약자와 마음을 다친 사람들에게 위안을 주는 노래를 작곡하고 있다. 그가 작곡을 시작하게 된 것은 교사들의 모임인 전남초등동요작곡연주회(2010년)에 들어가면서부터다.

현재까지 그가 작곡한 동요는 20여 곡이다. 그는 동요라는 범주를 떠나 사회참여 노래도 작곡하고 있다. 인디밴드 '포리스트'의 주요멤버인 그는 멤버들과 함께 작은 음악회를 열고 오라는 곳이 있으면 어디든지 찾아간다. 다음은 그와 나눈 대화내용이다.

1 여수 여도초등학교 3학년 2반 담임인 조승필교사 모습

2 지난 15일 광화문광장에서 열린 세월호 추모집회 모습

3 조승필 교사는 영감이 떠오를때면 피아노와 기타를 연주하며 작곡을 한다.

4 인디밴드인 '포리스트' 멤버들이 학생들과 공연을 마친 후 기념촬영했다

5 지난 15일 세월호 3주기를 맞아 광화문에서 열린 추모집회에서 교사들과 함께 자신이 작사 작곡한 노래를 부르는 조승필 교사 (오른쪽에서 세번째)

– 세월호(촛불집회)에 관한 노래를 작사 작곡했는데 특별한 이유가 있습니까?

"상식이 통하지 않고 부정부패가 난무하는 절망적인 사회 속에서 한 사람의 양심이 촛불이 되고 수백만 명이 모여 마침내 대통령 탄핵까지 이루어 내는 것을 보고 벅찬 감동을 받아 곡을 만들게 되었습니다."

– 동요와 포리스트 멤버들이 부르는 노래까지 포함해 몇 곡이나 작곡했습니까?

"동요 20여 곡과 포리스트 노래 25곡 정도 만들었네요. 동요는 <봄님이 오시는가> <멀리 더 멀리> <너에게로 가는 길> <우리가 만들 수 있어> <내 보물 1호> <난 바보야> <꿈속에서> <마음으로 듣는 세상> 등입니다. 포리스트 노래는 <곁에> <진달래> <별은 너에게로> <너도 처음부터 꽃이었구나> <사랑은 불이어라> <꼭 잡궈라> <그대 다시 만나게 되는 날> < 그리움> <그대 없는 빈 하늘> <행복 그대> <나 하나 꽃피어> <서시> <또 다시 기적처럼> 등이 있습니다."

– 청중을 위해 작곡할 때 가장 역점을 두는 분야는 어디입니까?

"제 곡에 제가 감동받지 않으면 다른 사람에겐 어떠한 감동도 없을 것이라고 생각합니다. 이 노래를 듣고 어떤 면에서 감동을 전달하고 받을 수 있는가에 가장 역점을 두게 됩니다."

– 지금까지 작곡한 곡 중 가장 마음에 드는 곡은 무엇이며 특별한 이유가 있습니까?

"박노해 시인의 <별은 너에게로>를 처음 읽고서 큰 감동을 받았습니다. 한 줄의 글이 이렇게 사람의 마음을 흔들어 놓을 수 있구나 생각하며 이

것이 노래로 만들어져 더 많은 사람들에게 감동을 주었으면 하는 마음으로 곡을 만들게 되었습니다. 실제로 이 노래를 듣고 눈물을 흘린 사람이 여러 명 됩니다."

– 작곡을 하면서 겪었던 재미난 에피소드가 있나요?

"음악을 그냥 듣지 않고 모든 노래를 분석적으로 듣게 됩니다. 이 노래는 여기서 이런 화성을 썼구나. 여기서 이렇게 변조가 자연스럽게 되는구나 생각하면서 들으니, 남의 곡을 많이 들을수록 내공도 쌓여져 가는 것 같습니다."

– 아름다운 곡을 만든 후 보람은 무엇입니까?

"사람들이 제 노래를 듣고 눈물을 흘리며 감동을 받았다고 할 때 나의 진심이 감동으로 통했구나 생각하며 행복과 보람을 느꼈습니다."

– 앞으로 계획은 무엇입니까?

"기회와 능력이 된다면 한 편의 뮤지컬을 만들어보고 싶습니다."

– 학생들이 동요보다 유행가를 더 좋아하는 것 같은데 이유는 무엇이고 이에 대한 대안은 있습니까?

"유행가는 화려하고 TV나 인터넷으로 많이 접하게 되면서 친숙하게 되고 기존 동요는 요즘 아이들의 생활과 동떨어진 내용을 고수하고 있습니다. 그래서 아이들이 공감하고 좋아하고 소통할 수 있는 노래를 만들어보려고 노력하고 있습니다."

– 조승필 교사한테 '음악을 한 마디로 정의해달라'고 요청한다면?

“음악은 희망입니다. 슬픔 가운데서도 일어설 수 있는 힘이 되는 것, 절망 속에서도 바라볼 수 있는 것, 행복 속에서도 찾을 수 있는 것, 눈물 속에서도 애타게 기다리는 것, 바로 음악이 희망으로 다가갈 수 있는 이유이기 때문입니다.”

– 음악에 관해 더 할 말이 있으세요?

“아이들의 해맑은 웃음 속에서 행복을 느끼는 것, 무더운 날씨에 굵은 땀을 흘릴 때 한 줄기 시원한 바람을 맞는 것, 비를 맞고 걷다가 누군가 다가와 우산을 씌워주는 것, 삶의 작은 것에서부터 감동을 느끼려고 찾아다니고 또 음악으로 함께 한다는 것이 참 좋은 길을 선택했다는 생각이 듭니다.” (17. 04. 19)

흉허물 없는 사람 있소? - 사람과 삶 값15,000원

2021년 12월 5일 인쇄
2021년 12월 9일 발행

지 은 이 오문수

교 정 이민숙 김옥선
진 행 문기덕
펴 낸 곳 도서출판 비지아이
펴 낸 이 신익재
출판등록 제2-3315호
등록일자 2001. 04. 19
주 소 서울특별시 양천구 곰달래로 11길 42-1
전 화 (02)2285-2710 FAX (02)2285-2714

ISBN 978-89-92360-62-3